JN233844

グローバル戦略経営

茂垣 広志

学文社

は　し　が　き

　メガ・コンペティションといわれる国際競争の波が日本企業を襲っている。国際競争での生き残りをかけてわが国企業も国際経営の再構築が急がれている。いうまでもなく，かつてのわが国企業の国際競争力の源泉は，いわゆる日本的生産方式と海外への大量輸出によって特徴づけられてきた。しかし，現在多くの企業が海外に拠点を有し，その企業内国際分業のあり方と同時にそれらをどのように統合化するかという問題に直面している。すなわち，世界規模での「分化と統合」の問題である。日本国内中心の経営から国際経営への脱皮である。

　従来の議論は，多国籍企業論で主張されたような本国親会社の有する企業特殊優位性の海外への移転という側面が中心であった。すなわち日本的生産方式の海外への移転あるいはいわゆる「日本的経営」の海外移植可能性の議論である。このようなアプローチに基づくわが国での研究は，かなりの蓄積がなされてきている。しかしながら，このような研究アプローチは，第1に，本社から在外子会社へという一方向的な分析であり，第2に，そこでは現地適応化あるいは修正といった観点に限定されており，多国籍企業という全体でのその有効性が見落とされていることである。

　本書では，そのようなダイアド関係を見る場合でも，企業の国際戦略選択という視点と企業全体の中での在外子会社の有するケイパビリティと役割というコンテクストを重視している。したがって，本社と在外子会社との間や在外子会社間での相互依存関係の視点から国際経営に関わる問題を扱っている。このような観点からの研究は，欧米では比較的進んでいるものの，わが国ではほとんどなされていない。そこでのベースとなる分野は，経営戦略論と経営組織論である。本書の特徴は，従来あまり扱われてこなかった経営戦略論と組織論の側面から国際経営にアプローチし，日系在外子会社に対する実証研究を行って

いる点である。

その際，本書では「グローバル戦略経営」というタイトルを掲げることによって，戦略と組織の相互関係およびその一体的関係を強調した。ここにいうグローバル戦略経営とは，国際競争を勝ち抜くために競争優位を確立ないし形成し，それを維持するための戦略的な経営のあり方を問うものである。本書では，上のような問題の認識，日本企業の国際経営の現状と課題，および方向性を提示した。

本書での主たる研究目的は2つある。第1に，国際経営に関わる議論の提示とそれらに関わる関係領域での議論を整理することである。そのことを通じて国内的企業とは違って，海外に多くの在外子会社を擁する企業に見られる特殊的側面を明らかにする。第2は，日本企業の国際経営上の特徴を明確にするとともにその課題を提示し，進むべき方向を示唆することである。ここでは，従来の議論に加えてわれわれが1996～1998年度文部省科学研究費（国際学術調査）で行ってきた日系在外子会社に対する訪問調査およびアンケート調査（根本・諸上・坂本・茂垣・池田 2000）の分析結果を提示する。

本の構成は，そのような研究目的にそって構成されている。序章では，問題提起としてこれまでの経営戦略論での議論を整理するとともに，経営戦略論から戦略経営論への流れを提示した。そしてその経営戦略論と国際経営戦略との関係，グローバル戦略経営への展開，そして残されている課題について議論する。

第1章では，企業の多国籍化を説明する理論を多国籍企業論で見られる代表的アプローチを検討し，それに対する批判とともに戦略選択としての企業の多国籍化という側面を強調している。

第2章と第3章は，企業の多国籍化に伴う環境の多様性に焦点を当てている。第2章では特に，現地経営環境，多国間関係が企業経営に与える影響と必要とされる経営管理のあり方について論及し，さらにそれらの具体的な例示として近年の地域経済圏の動向に触れる。第3章では，経営環境の中でも「文

化」に焦点を当て，比較経営と国際経営の関係，文化の国際比較，およびその際の基本問題について論じる。

第4章では，外部環境と内部要因との接点として戦略選択の問題を特にPorterの議論を中心に紹介し，その戦略選択と経営組織について論じる。ここでは，従来の多国籍企業組織についての伝統的アプローチの限界を示すとともに，よりミクロで非構造的な組織へのアプローチの必要性が強調される。

第5章では，多国籍企業の経営モデルとして，その代表的な国際経営モデルを紹介する。ここでの焦点は，多国籍企業全体としての経営のあり方に関する代表的なモデルの検討を通じて，研究のための基本的フレームワークに焦点を当てている。

第6章は，日本企業に見られる国際経営管理上の特徴を，欧米多国籍企業との比較から明らかにする。特にここでは，そこでの問題点および課題について検討する。

第7章から第9章までは，先に述べた日系在外子会社に対する調査についてそのモデルと調査結果について報告している。第7章では，調査に先立つ先行研究をレビューし，われわれの調査モデルを提示する。ここでは，在外子会社といってもその役割や能力の面で一律的ではなく，それらの相違に基づいた本社－在外子会社間関係の構築が提起される。そしてそれらの検討を踏まえたうえで，われわれの調査モデルを提示する。

第8章では，1998年に行った日系在外子会社に対するアンケート調査に見られる回答結果の特徴について検討する。それを受けて，第9章では，日系在外子会社を戦略選択の視点から分類し，それら在外子会社類型間に見られる本社－在外子会社間での調整メカニズムの相違を明らかにする。さらに，グローバル段階にある事業に属する在外子会社を再類型化し，そこでの調整メカニズムの相違を明らかにするとともに，日本企業の今後の課題を提示する。

本書を上梓するにあたっては，多くの方々にお世話になっている。まず，筆者の大学学部および大学院を通じての恩師である，明治大学の薗出碩也教授に

は現在でも折に触れてご指導を賜わっている。また，明治大学国際経営研究会のメンバーの先生方にも共同研究を通じてご指導を賜わっている。明治大学の根本孝教授，諸上茂登教授，坂本恒夫教授，文京女子大学の池田芳彦教授の先生方である。本書での日系在外子会社の実証研究は，この研究会の成果であり，私一人のものでないことを改めて記しておく。ただし，本書における文責は一切著者にあり，分析の不備およびデータの解釈の不十分さがあるとすればそれは著者の責任である。これらの先生方は，私の恩師であり，また研究の仲間としてかけがえのない先生方であり，ここに記して厚く御礼申し上げたい。また，その共同研究において訪問させていただいた企業の方々，お忙しい中調査票に記入し，ご返送いただいた方々にもこの場を借りて御礼申し上げる次第である。

　さらに，本書のみならず以前から出版に関して大変お世話になっている学文社の田中千津子社長にも衷心より感謝申し上げたい。田中社長にはこれまで時には厳しく叱咤激励を，そして時には温かい目で見守っていただき，私を研究者として育ててくださったかけがえのないお一人である。

　最後に，本書を，愛妻知絵と愛娘佑香に捧げたい。

2000 年初夏

茂垣　広志

目　次

はじめに ………………………………………………………………… i

序章　経営戦略論の展開とグローバル戦略経営 ……………………… 1
　第1節　経営戦略の体系 ………………………………………………… 1
　第2節　企業戦略論 ……………………………………………………… 3
　第3節　競争戦略 ………………………………………………………… 20
　第4節　経営戦略から戦略経営へ ……………………………………… 26
　第5節　グローバル戦略経営への展開 ………………………………… 29

第1章　企業の多国籍化と国際経営 …………………………………… 38
　第1節　企業の多国籍化と国際経営 …………………………………… 38
　第2節　海外直接投資と企業の多国籍化 ……………………………… 40
　第3節　企業多国籍化の発展段階論 …………………………………… 50
　第4節　戦略選択としての企業の多国籍化 …………………………… 59

第2章　国際経営と経営環境 …………………………………………… 61
　第1節　国際関係の中での多国籍企業 ………………………………… 61
　第2節　国際経営環境の特質 …………………………………………… 65
　第3節　国際経済関係の動向 …………………………………………… 70

第3章　国際比較と国際経営 …………………………………………… 80
　第1節　国際経営と比較経営 …………………………………………… 80
　第2節　文化の国際比較 ………………………………………………… 83
　第3節　Hofstedeによる国民文化の測定 ……………………………… 88
　第4節　文化比較研究の基本問題 ……………………………………… 95

第4章　国際競争戦略と組織構造 ································· 99
第1節　Porter の国際競争戦略 ································· 99
第2節　国際経営組織のマクロ構造 ····························· 107
第3節　グローバル戦略経営における組織 ······················· 119

第5章　国際経営モデル ··· 122
第1節　多国籍化と経営パースペクティブ ······················· 122
第2節　グローバル効率性とローカル適応 ······················· 127
第3節　グローカル経営 ······································· 140

第6章　日本企業の国際経営 ····································· 144
第1節　ヨーロッパ系多国籍企業の特徴：分権化の組織伝統 ······· 144
第2節　アメリカ系多国籍企業の特徴：公式化の組織伝統 ········· 147
第3節　日本企業に見る国際経営の特質 ························· 150

第7章　在外子会社モデル ······································· 162
第1節　在外子会社役割と調整メカニズム ······················· 162
第2節　在外子会社の経営資源レベルと役割モデル ··············· 168
第3節　子会社コンテクストと本社―在外子会社関係の「適合」モデル ··· 170
第4節　ナレッジ・フローに基づく子会社類型 ··················· 173
第5節　在外子会社の役割進化モデル ··························· 178
第6節　本研究での在外子会社類型 ····························· 185

第8章　日系在外子会社の特徴 ··································· 192
第1節　調整メカニズムと調査方法 ····························· 192
第2節　回答企業に見る経営上の特徴 ··························· 198

第 9 章　日系在外子会社に見る本社間調整メカニズム ……………………212
第 1 節　国際 4 類型とグローバル子会社 4 類型の操作化 ………………212
第 2 節　国際子会社 4 類型に見られる経営資源上の特徴 ………………217
第 3 節　調整メカニズムの操作化 ……………………………………………222
第 4 節　国際 4 類型に見る調整メカニズム …………………………………228
第 5 節　グローバル子会社 4 類型の分析 ……………………………………240
第 6 節　結びにかえて …………………………………………………………247

参考文献 ……………………………………………………………………………252
資料（在外子会社調査票）………………………………………………………262
索引 …………………………………………………………………………………279

序章　経営戦略論の展開とグローバル戦略経営

第1節　経営戦略の体系

　本書は国際経営戦略の観点から国際経営のあり方，すなわち，戦略的グローバル経営について論じたものである。まず序章では，国際経営戦略とはいかなるものかについて，経営戦略論の系譜を概観しながら検討し，提起された経営戦略論と国際経営戦略との関係，そして国際経営戦略の固有の課題とは何かについて考察する。

　経営戦略とは，いうまでもなく軍事用語からの転用である。この戦略（strategy）は戦術（tactics）と区別されて使用される。戦略とは，目的をどのようなルートでどのような基本的手段を用いて達成するかに関わる意思決定である。すなわち，戦う場と用いる武器の選択である。戦術はそれに対し，その戦いの場での局部的な状況変化に応じた作戦，相手の打つ手への対抗手段の選択である。したがって，それぞれの局面での作戦行動を意味する。この意味で戦略と戦術は区別される。この戦略の策定にあたっては，自国の強みをいかし相手の弱みを攻めるのが上策である。このような自国能力（軍事的・国際政治的能力）と相手国能力，そして地理的特長や自然，あるいは国際政治状況が環境要因として作用する。これを企業に当てはめると，環境変化を認識しつつ，どのような場で競争を展開するのか，そこで自社の強みをいかしてどのような手段を用いて競争行動を展開するのか，さらにはその強みをどのように形成していくのか，ということが経営戦略の内容を構成するといえる。

　さて，このような経営戦略にはいくつかの次元があることが主張されている。一般的には，経営戦略は，「企業戦略」「競争戦略/事業戦略」「機能別戦略」の各レベルで論じられてきた（たとえば，Hofer & Shendel 1978；石井他 1985）。本書でも基本的にその区分にしたがって論を進めていくが，議論の中

心は主に前者2つのレベルにある。最後の機能別戦略は，生産，財務，マーケティング，人事，研究開発など多岐にわたり，また，それぞれの専門分野が確立しているため，ここで論じることはできない。本書では，必要に応じて関連分野に論及する。

　企業戦略（corporate strategy）は，企業全体に関わる戦略的意思決定であり，上の言葉でいえば，戦う場の決定であり，その戦場が複数の場合にはそれぞれの戦場にどのくらい能力を振り分けるかの決定である。すなわち，第1に，企業がその活動を行う範囲の決定である。どのような事業の組み合わせで企業活動を行うのか，そしてそれぞれの事業のどこまでを自社で行うのか，という自社で行う活動の幅と深さに関する決定である。換言すれば，事業多角化とそれぞれの事業の垂直統合の程度を決めることである。いわゆる企業ドメイン（domain：生息地域）の決定である。第2は，有限である経営資源の配分の決定である。企業が長期的に存続あるいは繁栄するためにどのような事業や機能に資源をどのくらい配分するのかは，将来を左右する戦略的な決定である。このように，企業戦略レベルの焦点は，企業が全体としてその企業目的を達成するために，企業が活動すべき領域（ドメイン）を決定し，さらにそれら各事業に必要な経営資源を明確にした上でそれを有効配分することである。当然それには各事業の成長性や相互関係を認識する必要がある。また，経営資源の観点からは，企業内に蓄積している資源と今後さらに形成ないし蓄積すべき資源を明確にした上で，長期的な観点から「何をなすべきか」を考えねばならない。近年叫ばれている「選択と集中」とは，事業の再構成（リストラクチャリング）と傾斜的な経営資源の配分であり，その意味で企業戦略に関わる問題である。

　次に「事業ないし競争戦略」（business strategy/competitive strategy）は，具体的な競争行動を行うユニット，すなわち事業に焦点を当てている。多角化企業の場合，複数の事業（ビジネス）が存在し，それぞれの事業を取り巻く環境は異なっている。たとえば，競争企業，用いる技術，投入する市場が異なれ

ば，必要とされる経営資源の質と量，そして基本的な競争の武器が異なることが想定される。事業ないし競争戦略は，より具体的な競争企業に対してどのように競争優位を築くか，そしてその競争優位をいかに維持しそれを発揮するかに関わる意思決定である。

第2節　企業戦略論

1.　多角化戦略と構造

　Chandler（1962）は，戦略の概念を明示し，個別企業の史的研究（経営史研究）から「組織構造は戦略に従う」という命題を導き出した。ここでのキーワードは戦略（strategy）と構造（structure）であり，その概念からまず検討しよう。

　彼は，次のように戦略と戦術を区別している。すなわち，「政策と手続きの策定には，戦略的なものと，戦術的なものがありうる。戦略的決定（strategic decision）は，企業の長期的な体質に関するものである。これに対して戦術的決定（tactical decision）は，むしろ業務を円滑，かつ能率的に運営していくために必要な日常活動に関するのものである」（邦訳：27）と。さらに，「戦略とは，一企業体の基本的な長期目的を決定し，これらの諸目的を遂行するために必要な行動方式を採択し，諸資源を割り当てること」（邦訳：29）と定義される。

　彼の戦略の定義の特徴は，まず「長期的」であること，「長期目的の設定」を含むこと，さらに，「資源の配分」を含むことである。このように定義される「戦略」は，組織の長期的存続を維持するための基本的成長戦略として，4つに区分される。すなわち，量的拡大（expansion of volume），地理的拡散（geographical dispersion），垂直統合（vertical integration），製品多角化（diversification）である。これら4つの基本戦略のいずれをとるかによって組織構造が異なる，というのが彼の分析結果である。

ここにいう，組織構造（structure）とは，「企業全体を管理する仕組み」であり，2つの側面を有している。すなわち，「第1に，各種の管理部局間や管理者間の権限とコミュニケーションを含み，第2には，これらのコミュニケーションと権限の系統にそって流れる情報と資料を含む」（邦訳：29）ものである。つまり，彼によれば，組織構造とは，権限関係とそれに基づく情報のフローであり，資源配分のための機構という側面を重視する。

これら戦略と組織構造の定義に基づく彼の分析結果は，「新しい戦略が，新しい経営管理上の要請」を生み出し，新しい内部機構を創り出す，ということである。量的拡大は，ある地区内で単一の機能を担当する管理部局を新たに創り出す。地理的拡散による拡大は，数多くの現場第一線組織を管理するための部門組織と本部を必要とするようになる。垂直統合による新しいタイプの機能分野への進出は，本社と複数部門組織の設立を必要とする。また，新しい製品系列を開発するか，全国的規模あるいは国際的な規模で拡大を続けようとすれ

図表 序-1　戦略と構造の適合モデル

戦略 → 組織構造
　　適合

図表 序-2　適合と構造の適合モデル

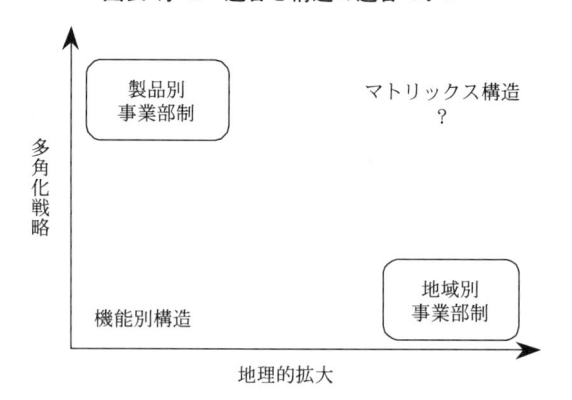

（縦軸：多角化戦略，横軸：地理的拡大）
- 製品別事業部制
- マトリックス構造？
- 機能別構造
- 地域別事業部制

ば，複数事業部制構造（multidivisional structure）と，それを管理するための総合本社が必要になる。このように，どのような拡大戦略をとるかによって，基本的な組織構造が規定される。換言すれば，「戦略に適合した組織構造を選択する」ということである。これらは，図表序-1および序-2のように示される。

2. 多角化戦略

Ansoff (1965) は，Chandler のいう多角化戦略がどのように策定されるべきかを提示した。彼は，Simon (1947, 1960) の意思決定論を援用し，その決定プロセスを戦略的意思決定のプロセスとして捉えた。つまり，代替案の満足水準での選択である。

Simon の意思決定論の特徴は，人間のもつ「合理性の限界」に注目した点にある。彼は，古典派経済学における「完全な合理性」の前提を否定し，組織における目的的な意思決定プロセスを分析した。すなわち，人間のもつ「情報処理能力の限界」と「計算能力の限界」である。これらを簡単にいえば，意思決定に際して意思決定に関わるすべての情報を収拾し分析することは，人間の能力からいっても，制約される時間的およびコストからいっても無理である。そして限られた情報から選択肢（代替案）を立て，その中で一番いいと思われるものを選択することになるが，どの案を選べばいいのかは将来に関わることでありその結果推定は困難である。将来は不確実であり，変化する。したがって，われわれは，合理的に行動しようとしても，そのような限界から，主観的に自己の満足する水準の案を選択するにすぎない。完全な合理性（情報が完全にあり，結果推定が完全にできる）の下では，「最適」な案を選択することは可能であるが，限られた合理性の下では限られた情報の下で立てられた限られた代替案の中から，「最適」な案ではなく，「満足」できる案を選んでいるのである。もちろん，企業は，様々な機能に専門化した部門を有することによって，そこで情報を効率的に収集することができ，その能力が代替案の質と選択の質に影響を与えるが，潜在的には，よりよい案が隠されている可能性はある

のである。しかも、それは、意思決定のタイプによって異なるであろう。日常的で前例がある意思決定であれば、それは以前の意思決定プロセスとその結果をみればある程度その結果を推定することは可能である。そのような意思決定は、繰り返されることによりプログラム化が可能になる。これを彼は「定型的意思決定」と呼んでいる。しかし、問題は、以前にそのような決定の経験がない、あるいは意思決定の状況が大きく変わったときである。そのような場合、どのような情報を集めればよいのかの基準も明確でない場合もあり、その意思決定は困難になる。このような決定を彼は「非定型的意思決定」と名づけている。

Ansoff（1965）は、企業における意思決定を「戦略的意思決定」「管理的意思決定」「業務的意思決定」に分類し、戦略的意思決定は、まさにこの非定型的意思決定にあたるとし、「部分的無知」の下でのその慎重を要する意思決定のためのステップとそこで用いるツールを提示した。その戦略的意思決定について、彼は、次のように述べている。

「戦略的意思決定は、主として企業の内部問題よりもむしろ外部問題に関係のあるもので、具体的にいえば、その企業が生産しようとする製品ミックスと、販売しようとする市場の選択に関するものである。……もっとありふれたことばを使うなら、その企業がどんな業種に従事し、将来どんな業種に進出すべきかを決める問題である、といってもよい。」（Ansoff 1965 邦訳：7）

このように、彼の戦略的意思決定とは、企業の諸目標および到達目的を明確にし、そのための製品―市場の選択であるといえる。彼は、その決定プロセスを、段階的な（cascade）方法をとるものとしている。第1ステップは、企業が多角化すべきか否かという2つの主要な代替案のうちのどちらかを決めることである。第2ステップは、広範な業種リストからその企業の従事すべき大雑把な製品―市場範囲を選択することである。第3ステップは、その大雑把な製品―市場範囲の中での諸特性や、製品―市場の組み合わせを検討していき、その範囲を明確にしていくことである。つまり、彼のアプローチは、まず初め

に，可能な決定ルールを大雑把に作り上げ，解決が進むにつれて，いくつかの段階を経てそれらを順次精緻化していくという手法である。

また，第1のステップは，「内部評価」として，第2・第3のステップは，「外部評価」として区分することができる。内部評価とは経営目的ないし目標が既存事業によって達成できるかどうかの検討であり，それが達成できない場合に，新規事業の多角化を検討する外部評価に移行する。つまり，既存事業で目的ないし目標が達成できる場合にあえて多角化を選択するのはリスクが大きいからである。その際，彼は，まず「成長ベクトル」という概念を導入する（図序-3）。

成長ベクトルとは，現在の製品―市場分野との関連において，企業がどんな方向に進んでいるのかを示すものである。「市場浸透」とは，「現在の製品―市場の市場占有率の増大をもとにして成長方向を示す」ものである。これは，コスト削減による製品の低価格化による市場浸透である。「市場開発」は，「企業の製品についてどのような新しい使命（ニーズ）が探求されているのかを示す」ものである。既存の製品で，新しい市場を開拓する（新市場開拓）ことによる成長を狙っているケースである。次に「製品開発」は，「現在の製品に代わるものとしてどんな新製品をつくり出すかを示す」ものである。これは現在の市場に新たな製品を投入することであり，新機種の投入，マイナーチェンジ等が考えられる。

これら市場浸透，市場開発，製品開発は，いずれも既存事業の拡大戦略であり，製品と市場の組み合わせではいずれかが現行のものを利用する。したがって，既存事業での競争戦略が問われることになり，経営戦略の次元でいえば競

図表 序-3 成長ベクトル

使命＼製品	現	新
現	市場浸透	製品開発
新	市場開発	多角化

出所）Ansoff（1965 邦訳：137）

争戦略の範疇に属する。他方，図示したように，多角化は製品―市場においてどちらも新たなものである。このことは，かなりリスクが高いことを意味している。しかし，既存事業ではもはや経営目的ないし目標（これも上下に調節するが）が達成できない場合は多角化戦略という選択肢を選ばなければならない。ここで企業戦略次元の問題となる。そこでは，どのような事業分野，すなわちどのような製品―市場分野に進出するかということが焦点となる。これが外部評価である。その分析用具の概念として提示したのが，「能力プロフィール」と「シナジー」である。能力プロフィールとは，企業が行っている各機能ないし活動における顕在的能力および潜在的能力の評価であり，「シナジー」とはそれら能力の新規事業での利用可能性である。既存の経営資源の評価とその利用可能性と言い替えることができよう。

　ここで重要なのは，いくら成長性その他で魅力的な新しい市場分野ないし事業分野が出現したとしても，当然，他社もその分野に魅力を感じ，参入してくるであろうから（あるいは当然，すでに手がけている企業もあろう），それら他企業に打ち勝つだけの「強み」をもたねばならない。つまり，既存事業で独自の強みをもつ能力（経営資源）をもち，それが新しい事業に利用できれば，その事業での成功確率を高めることができるという発想である。たとえば，既存事業での技術が新規事業で応用できれば，それを利用することができ，それを保持しない企業の場合，それを新たに形成ないし獲得する時間とコストを要することになり，それが新規事業での競争優位に影響を与えると理解される。このようなシナジーの例は様々な局面で見ることができる。既存の流通システムが利用できる場合，生産上同じ原材料や部品を大量に使う場合の生産上のコスト節約等々である。このように，「シナジー」という概念は彼の多角化戦略の策定ステップにおいてキーワードになっている。彼は，資本利益率を構成する要素によってシナジーを分類している（Ansoff 1965：99-112）。その後の多くの研究においても，シナジー効果は多角化戦略において重要視されている。たとえば日本でも吉原・佐久間・伊丹・加護野（1981）は，日本企業の多角化

戦略の実証研究を行っている。そこでの発見事実を基に伊丹（1984）は，現在の戦略から生み出される見えざる資産（情報的経営資源）を将来の戦略が用いるというダイナミック・シナジーの概念を提起したし，吉原（1986）は，多角化戦略におけるそのダイナミック・シナジーの重要性をケースから導き出している。

3. 多角化類型と企業業績に関する研究

多角化パターンについての包括的でよく使われるモデルは，Rumelt（1974）による研究である。その前に，その萌芽的前史を簡単に見てみることにする。

一つは，先のChandlerの命題に対する実証研究の流れである。その「構造は戦略に従う」の検証において，多角化タイプと組織構造の関係はいかなるものなのか。その最初は，Wrigley（1970）の研究である。彼は，アメリカ企業から，4つの異なった戦略タイプを抽出している。第1は，単一製品事業にとどまっている企業。第2には，多角化しているが，総売上高の70～95%を占める単一の主力事業をもつ企業。第3に，主力事業以外の「関連」事業が売上高全体の30%以上を占めるほど多角化している企業である。この「関連」事業とは，顧客や物流チャネル，技術を主力事業と共有するという意味である。つまり，販売ないし生産の面で何らかの関連をもつ分野へ多角化している場合である。第4は，「無関連」な分野へと多角化しており，そこでの売上げが全体の30%以上を占めている企業である。これら多角化の程度と組織構造の関連を実証的に見たのが彼の研究である。

その結果，第1の単一製品企業ではすべての企業が機能別組織を採用しており，第2の主力事業企業では，半数以上が機能別組織であること，しかも主力事業で機能別組織，多角化した製品群を事業部別に管理していることを見出している。そして，第3の関連事業と第4の無関連事業のタイプは，そのほとんどが事業部制構造をとっていた。これらのことから，多角化度が進むにつれて機能別構造から事業部制構造へと移行することが見て取れ，すなわち，Chandler の命題は支持されたことになる。

　同様の研究がヨーロッパでもなされ，様々な議論をよんだが，この種の最も包括的で有名な研究は，Rumelt（1974）によるものである。

　Rumelt は，『フォーチュン 500』（アメリカ最大企業 500 社ランキングを発表している雑誌）における企業をサンプルにして，自己の主観的判断と定量的尺度によって，戦略タイプと組織構造および経済的成果の分析を行った。戦略タイプと組織構造の関係についての調査は，先と同じく Chandler の命題の追試であり，戦略タイプと経済的成果の関係についての調査は，Ansoff のシナジー効果との関連が焦点となる。

　Rumelt（1974）は，上の Wrigley（1970）の分類よりもさらに細かく多角化パターンを分類している。すなわち，大分類として，「専業型」「本業型」「関連型」「非関連型」（彼は「垂直的統合型」を入れているがこれは通常多角化とは別な基準であるためここでは除いた），さらに，本業型および関連型をその事業間の関連パターンとして「集約型」と「拡散型」に再分類している。

　「専業型」は，企業全体の売上高における一つの事業の売上高の占める割合が 95％ 以上を占める場合である。したがって，ほとんど多角化していないと見てよい。次の「本業型」は同じく 70％ 以上 95％ 未満をさしており，やや多角化していると思われる企業である。そして同じく一つの事業の占める売上高割合が 70％ 未満の場合，多角化が進んでいるとみなしている。さらに，事業間の生産関連および販売関連において事業間の関係が 7 割以上ある場合を「関連型」とし，それ未満の場合を「非関連型」と位置づけている。また，非関連型のうち，関連性のない新事業を買収によって多角化したものを「コングロマリット型」と名づけた。さらに本業関連型と関連型では「関係性パターン」の組み合わせで再分類される。そしてそれを基にした組織構造との関係についての経時的研究および経済的指標によるパフォーマンス評価が彼の研究である。

　先に述べたように，彼の第 1 の検証は，Chandler の命題「構造は戦略に従う」の検証である。この検証で，1949 年，1959 年，1969 年の各時点でのアメ

リカ企業の経時的分析を行った。1949年から1959年への過程で，戦略と構造の間にはChandlerのいうように一定の関係が見て取れた。すなわち，専業型企業では機能別構造を取り，多角化が進行するにつれて事業部制構造が採用されていた。しかし，1959年時点では，それほど多角化していなくとも事業部制構造を採用する企業がかなり見られるようになった。つまり，この時点では，戦略と構造との間には，以前のような明確な一定の関係が見出せなくなってきた。これは，後に「戦略経営」として戦略─構造の関係を見直す議論が出てくるが，それを暗示している。ともかく，ここではChandlerの命題は明確には支持されていないことになる。

　Rumeltの第2の検証は，多角化パターンと経済的パフォーマンスとの関係についてである。この経済的パフォーマンスは，短期的経済成果（投下資本利益率と自己資本利益率）と長期的成果：成長性（売上成長率と利益成長率）である。その結果は，「本業集約型」と「関連集約型」が短期・長期のいずれのパフォーマンスを見ても良好であることを示した（図表序-4）。これは，多角化パターンとして関連した事業が進出し，その関連のパターンでは「集約型」が優れていることを意味しているのであろうか。その有力な解釈は，先のAnsoffの能力プロフィールとシナジーの概念の援用である。本業型であれ関連型であれ，まず非関連型より収益性が高いということと，特に事業間の関連性が密接である「集約型」のパフォーマンスが高いということは，主力事業に関連した特定の「強み」を利用しうる分野に多角化した結果である。つまり，集約型は各事業の保有している経営資源の共有化ないし共同化が進んでいるために，シナジー効果が高いと思われる。そのシナジー効果の存在が競争上の優位性になり，収益性の高さにつながると考えられる。このように，収益性の観点から考えれば，少なくとも短期にはシナジー効果の有無が多角化の成否に強い関係があると思われる。その意味でも，自社の保有している経営資源のありようの重要さが指摘される。

　しかし，成長性の面からいえば，既存事業から離れた多角化も必要であると

図表 序-4　Rumelt による多角化分類と経済的パフォーマンス

パフォーマンス 多角化タイプ	投下資本収益率	自己資本利益率	売上成長率	利益成長率
専業型	0.29	0.56	−1.84	−3.91
本業・集約型	2.19	2.27	0.46	0.36
本業・拡散型	−1.83	−2.36	−2.08	−0.62
関連・集約型	1.45	1.47	0.61	1.67
関連・拡散型	−0.09	−0.36	−0.95	−1.57
非関連型	−1.12	−2.26	−2.91	−0.94
コングロマリット	−0.96	0.49	11.63	9.92

出所）　Rumelt（1974 邦訳：120―121）

いう指摘もなされる。非関連型のうちの「コングロマリット型」を見ると，成長性の指標で著しく高い指標を出している。この点から，企業の成長には異分野への多角化戦略も有力な方法として注目されよう。

　日本でもほぼ同様の分類で多角化パターンと経済的パフォーマンスについての（日本企業を対象にした）分析がなされている（吉原他1981）。その結果は，第1に，短期的パフォーマンス（収益性）で見ると，「本業・集約型」と「関連集約型」で他のタイプの多角化に対して優れていることである。これはルメルトの結果とも一致している。しかし，第2に，長期的パフォーマンス（成長性）で見ると，「関連・集約型」「関連・拡散型」「非関連型」のパターンが他のタイプの多角化に対して優れている。つまり，専業型および本業型よりも多角化の進んだ企業の方が成長性の面では優れていることが提示された。

　彼らは，Rumelt（1974）の分析をも踏まえて，両者の調査結果を次のようにまとめている（石井他1985, pp. 67-68）

① 多角化の程度が高い企業の方が，そうでない企業よりも成長性が高い。
② 収益性については，中程度の多角化を行っている企業が優れている。本業・集約型と関連・集約型は，どちらの研究においても高い収益性を達成している。

基本的には，多角化の程度が増すにつれ，成長性はほぼ直線的に増大し，収

益性は中程度の多角化でピークに達した後，低下するのである。そこである一定の多角化度を超えると，成長性と収益性の間にトレードオフ関係が見られることになる。具体的にいえば，収益性を高めるためには，コアとなるある種のスキルを中心として関連性の多角化を行う必要があるが，長期的な成長性を高めるためには，時に基軸を離れて多角化する必要があるということが示唆される。

4．多角化企業での事業間資源配分戦略

1970年代に入るとどのように多角化すべきかという議論から多角化企業内での資源配分の議論が起こった。時に変動相場制への移行や，オイルショック等，低経済成長および資源の有限性が強く意識された時代であった。高度成長による総花的多角化から，希少な資源の有効な投資へと企業の意識も変化した。そのような中でボストン・コンサルティング・グループ（BCG）が提唱したのが多角化企業内での資源配分モデルであるPPM（Product Portfolio Management）である（アベグレン・ボストンコンサルティンググループ　1977；Henderson 1979）。PPMは，基本的に2つの軸（次元）で各事業部をポジショニングし，それぞれのポジションに応じて資金の配分を行おうとするものである（図表序-5）。PPM手法を構成する第1の次元は，市場成長率である。この背後にある考え方は，製品ライフサイクルである。導入期および成長期にある事業は，今後の将来に可能性があるが，成熟期および衰退期にある事業は，将来的に今以上伸びることはあまり期待できない。このように，事業の将来を鑑みて資金の配分を考えることは重要である。その製品ライフサイクルの現段階を示す指標として市場成長率がとられている。

もう一つの軸を形成するのはマーケットシェアであるが，この要因が強調されるのには，いくつかの理由がある。特にBCGがあげているのは，「経験曲線」である。これは，コストと累積生産量との間には一定の関係があり，累積生産量が倍加するごとに，その単位当たりの平均トータルコストは20～30%

図表 序-5　PPM フレームワーク

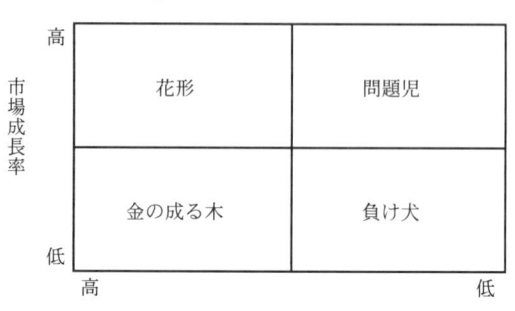

	高 マーケットシェア 低
市場成長率 高	花形 / 問題児
市場成長率 低	金の成る木 / 負け犬

出所）Henderson（1979：邦訳 236）

ずつ低下するという現象である。この経験曲線を重視すれば，コスト低下のためには，いかにその累積生産量を増やすかがポイントになる。そのため，マーケットシェアを競争企業よりも多く握れば，累積生産量を伸ばすことができ，コスト低下につながる。また，そのことは，規模の経済にもつながり，規模の経済が効く業界ではなおさら重要になる。したがって，相対的マーケットシェアは，その事業のコスト競争力の指標でもあり，累積生産量は，当該事業におけるコスト構造に影響を与えることになる。さらに，マーケットシェアを重視する根拠として，PIMS（Profit Impact of Market Strategies）研究がある。このPIMS研究によれば，ROI（投資収益率）に最も大きな影響を与えるのがマーケットシェアである。このことによりPPMにおける一つの基本要因としてあげられることの大きな傍証となっている。

　図表序-5におけるように，企業の各事業は，「市場成長率」の高低と「相対的マーケットシェア」の高低によってマトリックスのセル上にプロットされる。そしてそれら各事業の特徴を上記の要因を勘案して資金の配分を決定するものである。それぞれのセルは，「金の成る木」「負け犬」「花形」「問題児」と名づけられている。それらの特徴は，次のように示される（Henderson 1979）。

　「金の成る木」：相対的マーケットシェアは高いが，市場成長率は低いという
　　　事業である。この市場成長率が低いということは，2つの意味を有してい

る。第1に，この事業が製品ライフサイクルで成熟段階に突入しているということで，今後この事業が大きく伸びることはあまり期待できない。第2に，そのことは，ある程度累積生産量が増大している状況を想定されるために，その事業を維持するために必要な追加的コストはそれほど大きくない。しかも相対的マーケットシェアが高いことから，その累積生産量は他社よりも大きく，コスト上有利なポジションにあり，その企業にとっては大きな収入源となる。そこで「金の成る木」という名前がつけられているわけである。このような事業の特徴から，資金のフローにとって，この事業は大きな資金源であるが，将来性からいってこれにその資金を再投入することはあまり意味がない。また，現在の事業維持にそれ程多くの資金を要しないために，他の事業へ資金を回すという選択が望ましくなる。

「負け犬」：市場成長率も低く相対的マーケットシェアも低い事業である。そのため，コスト競争上は不利である。それを有利にする（すなわち，マーケットシェアを高める）ためには，その劣位を挽回するために競争企業よりも多額の投資を必要とするだろう。しかし，市場成長率が低いことから，製品ライフサイクルからいって事業そのものの将来性は大きくない。したがって，劣位挽回のために投資を行ってもそれは当然リスクを伴うからあまり割に合わないことになる。したがって，このポジションの事業は，現状での収穫と，ライフサイクルとともに縮小・撤退が選好されることになる。「金の成る木」の資金は，ここには回さないほうがよいという結論になる。

「花形」：市場成長率も高く，相対的マーケットシェアも高い事業のパターンである。シェアが高いためROIも高く，資金の創出をもたらすが，市場成長率も高いため，今後のシェア獲得のためにも多くの投資を必要とする。他企業にとっても成長率が高いことから，この分野に重点投資を行う可能性や，新たな企業の参入も考えられる。したがって，現在の競争優位を維持するために，先行投資および継続的な投資を必要とする。それに成

功すれば，やがて市場成長率の鈍化（すなわち，製品ライフサイクルで成熟期を迎える）とともに「金の成る木」へと成長する。つまり，この事業は収益もあるが将来への投資のために多額の資金を必要とし，「金の成る木」の創出した資金をここに回すことが考えられることになる。

「問題児」：市場の成長率は高いが，相対的マーケットシェアが低いという事業である。シェアが低いため，競争ポジションはライバル企業に比べ相対的に劣位にある。しかし，成長率が高いため，市場の将来性は高い。そこで一つの選択は，このポジションにある事業に「金の成る木」の資金を重点投資し，競争上の劣位を挽回し，シェアを握ることによって「花形」に育てることである。しかし，ここに重点投資をしたとしても現在の劣位を必ずしも挽回できるとは限らない。当然，失敗のリスクもある。そこでもう一つの選択は，とりあえず現状維持でいくか，縮小・撤退するかという消極的選択になる。このように，どちらを選択しても失敗する可能性は花形事業に比べて高い。したがって「問題児」というネーミングになる。また，前者の選択の基準としては，投資に対する競争優位の獲得の可能性（不確実性は高いが）になるだろう。いずれにしても，この分野への重点投資は状況分析とともに高度な戦略判断とならざるをえない。

　以上のような資金フローと望ましい事業展開は，以下のようになるだろう。第1に，「金の成る木」の事業から，「花形」へ資金を回し，それを将来の金の成る木の事業へと育成する。第2に，同じく「問題児」に位置する事業のうち重点投資によって競争劣位を挽回する可能性の高いもの，あるいは企業の成長にとって重要な事業へ資金を回すことによって「花形」へと育てることである。これらの循環がうまくいけば，企業はバランスよく長期的に収益を確保でき，企業の成長性も高まるであろうというのが結論である。

　さらに，企業の長期的繁栄という点から考えれば，事業構成の仕方の目安にもなる。たとえば，「金の成る木」事業ばかりで構成されていると，短期的には，収益性は高いが，長期的にはどうであろうか。製品ないし産業（業界）の

ライフサイクルを仮定すれば，いずれそれらは衰退していくことになり，企業全体の収益性も低下していく。そうならないためには，長期的に事業の構成を考えねばならない。その意味で，多角化戦略においても花形事業や劣勢挽回の可能性のある事業の組み合わせが必要となる。すなわち，事業構成の再編成，Henderson (1979) の用語でいえば，事業ポートフォリオの見直しが必要であり，本来の意味でのリストラクチャリングが求められる。

しかし，このPPM手法に関してはいくつかの問題点ないし留意点も指摘されている。第1に，市場成長率の捉え方である。この背後には，製品ライフサイクルの考え方があることは指摘したが，現実には，成熟期または衰退期に突入したか否かを判断するのは難しい。というのは，製品ライフサイクルの存在は，確かに経験的にも存在するのだが，その長短は製品（系列）によって大きく異なるからである。成熟期に入るのに何十年もかかる業界もあれば，数年で姿を消す製品系列もある。また，市場成長率は，多くの要因によって左右される。景気の動向はそれに大きく左右するであろう。製品ライフサイクル的に市場の成長率をグラフ化してみれば，なだらかな曲線ではなく，かなりジグザグ的に進行していくことがわかる。また，既存製品群に関する技術革新が製品革新をもたらし，市場の成長を促進することも見受けられる。そのため現在，停滞的ないし下降的局面になったとしても再び上昇する可能性はある。そのようにどの段階でその事業が成熟期ないし衰退期に入ったかを断定するのはかなり困難になる。

第2には，「金の成る木」事業への投資がおろそかになり，その事業がいっきに負け犬に陥る可能性がある。これは，第1の問題とも関連するが，「金の成る木」への投資の軽視のために，当該事業に関する技術開発あるいは製品開発投資を怠り，他企業に一挙にマーケットシェアを食われることもある。Hall (1980) は，成熟期および衰退期にある業界において，高業績をあげている企業の競争戦略を分析した。その結果，それらの企業は，製品差別化のための投資や，原価削減のための大規模な投資を行っていることを明らかにしてい

る。つまり,「金の成る木」でも大規模な投資は必要であるということも認識する必要がある。

第3に,組織メンバーの動機づけの問題である。「金の成る木」事業は,一方で大きな収益をもたらすが,他方で将来性のなさから資金配分が相対的に少なくなることから,その事業のメンバーに心理的な葛藤を生み出しがちである。このことは,メンバーにやる気をなくさせるおそれがある。また,「負け犬」と位置づけられた事業ではなおさらである。

第4に,PPMフレームワークの構成次元に関しての批判がある。それは,「市場成長率」と「相対的マーケットシェア」で事業を位置づけるのは不完全である,という批判である。市場成長率は,その事業の「魅力」と考えられるが,事業にとっての魅力は市場成長率だけではないであろう。たとえばその市場の規模やそこでの競争の程度,競争構造によってその魅力は大きく左右される。成長率が高くても,競争が激しく,そこでの競争が低価格競争で利益率が低ければそれ程魅力があるとは考えないかもしれない。

同様に,相対的マーケットシェアは,その自社事業部の競争力の程度を代表するとされているが,その優位性はその他の多くの要因によってもたらされる。たとえば,自社の技術開発力やブランドなどの強みである。特にマーケットシェアはその市場をどのように定義するかで異なってくる。したがって,その他の要因も考慮して総合的に判断すべきであるという批判である。これが第5の問題点である。

第6に,同じくフレームワークについてであるが,各事業を4つのセルに位置づけるのはかなり大雑把であり,現実にはかなり中間のパターンが存在するという批判である。つまり,それぞれの指標で単に「高」「低」で判断するのは,現実にそぐわないということである。

上記問題のうち,第4から第6の問題に応えたのが,マッキンゼー社が開発した「ビジネス・スクリーン」である。

PPMの基本的なコンセプトをとり入れ,いくつかの問題点を考慮して提示

されたのがマッキンゼー社が開発した「ビジネス・スクリーン」という手法で，GEで導入されたものである（坂本1997）。その特徴の一つは，基本的な考え方はPPMと同じであるが，「市場成長率」と「相対的マーケットシェア」の2要因をそれぞれ「業界の魅力度」と「事業の強み」という包括的な要因で考えるというものである。ここから「事業の魅力度―強みマトリックス」とも呼ばれる。それぞれの包括的要因を考える際には，図示したような様々な下部要因を考慮に入れる。もう一つの特徴は，従来の「高低」ではなく，その中間に「中程度」を挿入し，より詳細に合計9の分類がなされることである。

さらに，これら「魅力度―強みマトリックス」の各セルに応じて戦略計画が立てられる。その戦略計画は，SBU（Strategic Business Unite：戦略的事業単位）と呼ばれる組織単位で立てられる。このSBUは，戦略ミッションに対応するように設定される。したがって，事業グループ・レベルに設定される場合もあれば，製品事業部単位，あるいはブランド単位に設定される場合もある。このように設定された各SBUは，ビジネス・スクリーン上にプロットされるポジションに応じてその事業のミッション（使命：戦略目標）が割り当てられる。そのミッションを実現するための戦略計画を立てることになる。

このようなSBUは，戦略計画の単位であるが，従来の製品事業部ないし事業本部は，その計画の執行の単位として設定され（つまり，内部管理的には従来の事業部制が効率がいい），その結果「計画化」と「実行」のマトリックス的管理になる。旧来の事業部制の下では，各事業部の目標は，収益性ないしマーケットシェアの向上という一元的なものであった。そこでは，資源（資金）の配分は，その収益性が基準となり，たとえ将来性がなくとも大きな配分がなされ，現在のところ収益性は悪いが将来の成長性が高い分野へはなかなか予算が回らないことに陥りがちになる。しかし，SBU方式の下では，これら戦略目標が異なることから，その目標に応じて資源の配分がなされやすくなる。その意味で，資源配分の基本的考え方としては有効であろう。

しかし，このようなビジネス・スクリーンにもいくつかの問題点が指摘され

ている。SBU方式は，計画化の単位と実行の単位を明確に分けるが，そのことは，計画における現場情報の取り込みが困難になるという側面が出てくる。計画化においては外部環境と内部資源の分析が中心となり，実行の局面が反映されない傾向が出てくる。現場と離れたスタッフが計画を立てるということは，ともすれば分析のための分析が重なったり，リスク回避型の保守的な意思決定が行われるなどの弊害が生じがちになる「分析麻痺症候群」(Peters & Waterman 1982) ともなりがちである。石井他（1985）は，これを分析型アプローチと特徴づけている。彼らは，これら分析型アプローチがかえって官僚制的手続きとなり，企業の適応能力をかえって低下させかねないと指摘する。

　もう一つの問題は，事業部間の関係性の評価である。先に述べたように，ある事業の強さは，他の事業の経営資源のあり方と関係をもつ場合がある。事業間のシナジー効果が高い場合，一方の事業を縮小ないし撤退することは，他方の事業に大きな影響を与えるであろう。したがって，事業の評価とともに事業間のつながりの評価を考慮に入れなければならない。

第3節　競争戦略

　1980年代に入ると，経営戦略の焦点が，1960年代の「多角化戦略」や1970年代の多角化企業内での「資源配分戦略」という企業戦略レベルから事業・競争戦略レベルに移行した。それは市場での競争の激化とともに多角化企業における各事業での競争優位をいかに築くことができるかが企業の存続・発展に不可欠になったからに他ならない。ここでは，競争戦略の次元についてその基本的パターンについて概説する。

1.　Hallの競争戦略論

　Hall (1980) は，成熟期の業界における企業の事業別戦略（すなわち，競争戦略）の分析を通じ，そこで成功している企業の共通の特徴を抽出している。

　彼は，1970年代に成熟期以降にさしかかった8業界16社の競争戦略のタイ

プと業績について実態調査を行った。彼によれば，① 当該業界の中で，最低の原価を得るか，あるいは，② 競争企業に対して製品，サービス等で差別化した地位を築くか，のいずれか一方を徹底して追求している企業の多くが高い収益をあげていることを見出している。なおその両方を追求することは，資源および組織メンバーのエネルギーの分散をもたらし，結局中途半端な試みとなり，いずれも達成できなくなると彼は結論づけている。両方を達成している企業も少数ながらあったが，その場合，機能分野によっていずれかを選好していたという。また，いずれか一方だけがよくても，他方が極端に悪い場合も成功していなかった。つまり，製品差別化もコスト上もその業界での平均水準以上のポジションにいることが最低条件であり，その上でいずれか一方が優れていることが望ましいことになる。

競争上の優位性を築くには，機能別に平均的水準以上の能力を維持し，特にその中で自社のポイントをどこに（製品差別化かコスト優位かに）求めるかが重要になるであろう。このような競争優位の形成とその発揮に関して体系的な理論フレームワークを提示したのが Porter (1980, 1985) であり，それだけに彼の理論に関する議論は多くなされている。

2．Porter の競争優位の戦略

経営戦略の展開において，事業レベルの戦略形成の際に考慮すべき重要な要因は，他社との競争関係である。この競争関係において他社に対して優位性を確立し，その優位性を発揮する戦略が競争戦略である。つまり，彼の議論の中心は，競争優位性の獲得にある。

この競争優位は，様々な企業の活動が相互に関連しながら，買い手が購入する価値を創出する一連の活動から形成される，と見ることができる。すなわち，買い手が購入しても良いと考える価値を創出する活動（これを「価値活動」という）のポイントはどこにあるのか，およびそれら価値活動の相互関係と連結関係はどのようになっているのか，この価値連鎖のあり方が競争優位を

図表 序-6　価値連鎖

支援活動	全般管理					マージン
	人的資源管理					
	技術開発					
	調　達					
	購買物	製造	出荷・物流	マーケティングとセールス	サービス	

　　　　　　←―川上活動―→　　　　←――川下活動――→
　　　　　　　　　　　←―――主活動―――→

出所）Porter（1986：24）

左右する（図表序-6）。

　この価値連鎖の概念の重要さは，戦略的に重要な諸活動を分類整理することによって，競争企業に対する自社の優位性の源泉を発見し強化すること，および競争他社のそれを分析することにより，自社の劣位点，補強すべき点を明らかにできることである。また，競争優位は個々の価値活動の観点と，価値活動間の連結関係，および垂直的連結関係も重視されねばならない。後者は，各企業がとっている「競争スコープ」（競争行動を展開する範囲）によって異なってくる。ポーターは，その競争スコープを4つの次元で示している。

「セグメント・スコープ」：生産される製品の種類および対象とする買い手の範囲

「垂直的スコープ」：活動が外部企業ではなく，企業内で行われる程度，垂直統合の範囲

「地理的スコープ」：統一的競争戦略を展開する範囲

「業界スコープ」：企業が統一的戦略で競争する関連業界の範囲。これは，多角化企業において，個々の事業レベルだけではなく，事業単位間の相互関連性に関連する。

　このような競争スコープをそれぞれ広くとるかあるいは狭くとるか，それぞれのスコープの広狭の組み合わせによって価値連鎖の範囲とその力点が異な

り，競争優位の形成と競争戦略の基本形は異なってくるというのである。

さて，この競争戦略には3つの基本的パターンが提示されている。そのパターンを決定づける基本要因は，業界における自社ないし事業部における「戦略的優位性」と「戦略的ターゲット」である。「戦略的優位性」は，自社の優位性がその製品ないしサービスの「独自性」，すなわち顧客が認知するユニークさにあるのか，あるいはその「低コスト性」にあるのかに大別される。また，「戦略的ターゲット」は，そのターゲットとして業界全体を狙うのか，あるいは特定の製品─市場，顧客に限定するというようにその焦点を絞り込むのかによって分けられる。つまりこの2つの要因の組み合わせで基本的な競争戦略のパターンを分類することができる（図表序-7）。

コスト・リーダシップ戦略は，「全般的な原価での指導性」を発揮し，競争企業よりも低い原価を達成し，それによって優位に立つという戦略である。規模の経済を発揮するために，最新の生産設備に多額の先行投資を行ったり，原材料の大量購入等による仕入れ価格の低減化を図ったり，物流を始めとするロジスティクスの効率化を意図的に進めていく必要がある。また，間接費の節約や無駄の排除，効率性を高めるような組織の形成など管理面でもコスト低下を第一に考えていく。このような努力を通じて，業界でのコストリーダーシップがとれれば，製品価格がまったく市場メカニズムで決められるような場合に

図表 序-7　競争戦略の一般類型

	原価	ユニークさ
ターゲット 広	コスト・リーダーシップ戦略	差別化戦略
ターゲット 狭	特化（集中）戦略	

（戦略的優位）

出所）　Porter（1982：61）

は，業界での平均以上の利益を期待できるし，また，低価格化によって大きなマーケットシェアを握ることが可能になる。この大きなマーケットシェアを握ることは，生産量の増大につながり，一層の規模の経済の発揮と経験曲線効果につながる。しかし，このようなコスト面での優位性を保つためには，利益の多くをさらにコスト低減化させるような設備等への継続的な再投資が必要である。この再投資を怠ると，他の競争企業によってその地位を奪われることにもなる。

　差別化戦略は，他の企業にはないユニークな製品ないしサービスを追求することによって，他の企業の製品/サービスとの違いを前面に打ち出して優位性を構築する戦略である。一般に，この差別化の方法としては，①物理的差異による差別化（品質，機能，デザイン等によって物理的な違いを創出することによる他社製品に対する差別化），②イメージによる差別化（広告，宣伝等の販売促進活動を通じて，自社製品のブランドイメージを高めイメージ上の違いを打ち出し，その製品（ブランド）に対する選好度，ロイヤルティを高めることによる他社製品に対する差別化），③サービスによる差別化（製品引き渡し時のサービスや，アフターサービスの良さを打ち出すことなどによる他社製品に対する差別化）がある。

　このような差別化に成功すれば，すなわち，買い手がそのような製品差別化（他社製品との違い）を認知し，それに対する支払い価値を高く認めれば，高収益が確保される。しかし上記のような差別化を追求するためには，それらに対する多額の投資を必要とする。また物理的な差別化のためには，たとえば，研究開発ないし製品開発への継続的かつ大規模な投資を必要とするし，その物理的な違いを買い手にアピールするためには（すなわち，買い手に差別化を認知してもらわなければそれはまったく意味がない），マーケティング関連投資も必要になる。イメージによる差別化もなおさらプロモーションを中心にしたマーケティング投資が必要である。また，サービスによる差別化もサービス網の設置や補修修理サービスのための部品の在庫，補修ないしサービス要員の確

保などに対する投資が必要とされる。しかし，これらの投資のために原価は相対的に高くならざるを得ないが，あまりにもそれが高すぎると（すなわち，買い手がその価値を原価以上に認めないと）その差別化は相殺されることになる。

　最後の集中戦略は，業界市場の中の特定のセグメントのみに焦点を合わせ，そこでコストないし差別化で優位に立とうというものである。つまり，一部のターゲットに狙いを定め，そこでのニーズにきめ細かく対応することによって差別化を追求したり，特定の市場での低コストを実現しようとするものである。つまり，この戦略は，集中—差別化戦略と集中—コストリーダーシップ戦略に再分類できる。

　この3つの競争戦略のパターンは，それぞれ異なるものを企業ないし事業に要求する。すなわち，先に見た競争スコープの範囲と価値連鎖における価値活動のウエイトのあり方が異なるのである。コスト・リーダーシップ戦略では，生産と購買・物流への合理化投資にウエイトがおかれ，川下活動と支援活動の簡素化，節約化が求められるが，他方，製品差別化戦略では，製品開発とプロモーション，アフターサービスというマーケティング関連投資が重要となる。このように，コスト・リーダシップ戦略と差別化戦略では，価値連鎖における重点（すなわち，買手が購入したいと考える価値を生み出す活動の重点）とその投資のあり方からしてトレードオフの関係にあるといえる。そしてそれらは企業ないし事業に一貫した姿勢を求める。これが彼の主張の特徴である。

　しかし，1980年代の後半から差別化戦略とコスト・リーダーシップ戦略のトレードオフの関係については疑問が出されている。すなわち，生産技術面での革新，世界共通製品による差別化戦略をとることによって，研究開発および生産面での規模の経済の発揮による製品差別化でのコスト競争の激化である（この点については，国際競争戦略を参照）。さらに近年では，情報技術（IT）の進展に基づくビジネス・プロセス・リエンジニアリングが企業の価値連鎖のあり方を根本的に変えつつある。そこでは，単純な差別化かコスト・リーダーシ

ップかという単純な二分法ではなく，CS（顧客満足）の達成のために他社を巻き込んだ競争行動の展開が見られるようになっている。

第4節　経営戦略から戦略経営へ

　従来の経営戦略論においては，戦略策定のステップおよび企業内外の環境分析に中心がおかれてきた。しかし，どのような戦略ないし戦略計画でも実行されなければ意味がなく，企業は存続発展できなくなる。1970年代の終わりからそのような考え方からの研究がなされ，経営戦略と経営管理の融合的な理論が展開されてきた。戦略経営（strategic management）は，まさにその経営戦略の策定と実行の両面を扱う理論として登場してきた。

　たとえば，Miles & Snow（1978）は，戦略と管理および組織の関係を適応サイクル・モデルにおいて示している。図表序-8で示したように，ある組織の環境適応は，企業家的問題，エンジニアリング的問題，そして管理的問題を同時に解決する調整サイクルによって達成される。企業家的問題とは，製品―市場の選択であり，いわゆる経営戦略の領域で，戦略的決定を指している。エンジニアリング的問題は，企業家的問題を受けた，生産と流通に関する技術の選択である。そしてそれは，管理的問題に影響を与える。ここでいう管理的問題は，組織構造および組織プロセスの合理化的側面と，将来の革新のための分野選択が含まれる。このサイクル・モデルの特徴は，これら3つの問題領域がそれぞれ影響を与えながら同時調整されることにある。すなわち，経営戦略（企業家的問題）は，管理的問題（組織構造や組織プロセス）によって大きく影響

図表 序-8　適応サイクル・モデル

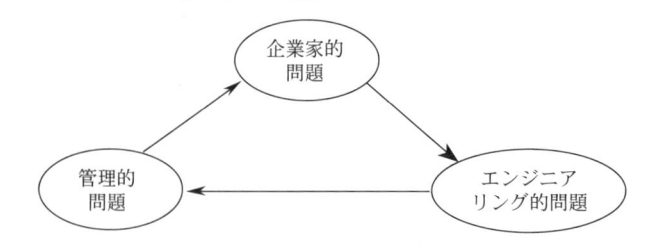

を受けるということである。企業が環境変化に対してどのような選択を行うかは，まさに戦略選択であって，それは管理や組織構造・プロセスによって大きく異なるのである。彼らは，環境変化に対する適応パターンを次の4つに類型化している。

　「ディフェンダー」：比較的安定的な環境の下で，徹底した効率性の追求による他社に対する競争優位の確立により，現行の事業領域を積極的に維持する戦略をとる（防衛型）。したがって，エンジニアリング的問題（効率的生産・販売・物流）および管理的問題（集権的で公式化度の高い組織，厳格な統制）における効率性追求が主要関心事となる（機械的組織）。

　「プロスペクター」：いかにして新製品や新技術の機会を探求し，利用するかという企業家的問題を有し，変動性に富む活動領域を選択し，かつ自らがその変化を積極的に生み出す（先取型，攻撃型）。エンジニアリング的問題は，効率性よりも柔軟性と弾力性がその主要課題となる。管理的問題も水平的で分権的な組織を選好する（有機的組織）。

　「アナライザー」：複数事業において一方では安定的な事業領域を選択し，他方で変動的な事業領域を選択する。したがって一方で安定した事業収益を確保しながら，他方では変動的環境におけるプロスペクター型の動きを分析して行動する（分析型）。そのため，エンジニアリング的問題では，いかにして安定的環境における効率性と，変動的環境における柔軟性・弾力性を生み出すかという，異質な技術の採用が主要課題となる。管理的問題では，それぞれの事業についての組織および管理メカニズムを区別して利用するかであり，機械的組織と有機的組織の折衷および複雑な統合機構になる。

　「リアクター」：これは，環境への一貫した対応メカニズムがなく，受け身的である（受動型）。そのため，企業家的問題，エンジニアリング的問題，管理的問題における適合的関係も見られない。場当たり的である。

　これらの類型を見てわかるように，企業は，その戦略的意思決定において既

存の管理や技術から切り離して考えることはできない。その意味からも，戦略と管理・技術をともに考えることが必要である。たとえば，Hedlund & Rolander（1990）は，戦略と組織を分離して考える伝統的アプローチを批判し，戦略と組織の一体性および融合性を強調している。そこでの組織は，単なる戦略の実行の用具ではなく，学習する組織であり，創造性の源である。組織は戦略の策定者であり実行者である。

分析型では，一部のプランナーが分析に基づき戦略計画を立てるが，実行の局面では，予測され得ないことが生じる。また，実行の局面でより良い戦略が創出される可能性もある。環境変化に適応しあるいは環境そのものに主体的に働きかけるには，組織のさまざまな局面で創発性が要求される。「創発性」とは，あらかじめ予測できない事態にいかに創造的・自主的に対処していくか，その能力をさしている。このような能力に基づく初期戦略にはなかった戦略を「創発戦略」と呼び，その重要性も指摘されるのである。たとえば，Mintzberg（1987）は，図表序-9のように表している。ここで「意図した戦略」とは前もって計画された戦略を表している。しかし，計画の見通しの甘さや環境の変化により実現できなかった戦略が出てくる（未実現戦略）。そしてそれに対処するために創発的戦略が提起され，取捨選択されることにより最終的に実現した戦略となる。このように，企業の成長にとっては，その創発性を組織内にどのように取り込むかが重要な鍵となると考えられている。

同様に，Ansoff（1978）は，戦略経営を次のように定義している。すなわち，「環境，戦略そして組織構造や組織文化，能力などの組織の諸変数の適合を創り出すプロセス」であると。ここの定義に出てくるように，戦略経営においては，従来の組織の構造的側面だけではなく，組織文化（企業文化）等の非構造的側面も重視され，戦略―組織の一体的な適合関係として捉えられる。われわれは，経営資源の蓄積のみならず，それら資源をうまく展開できる組織能力，すなわち，戦略創出能力と実現能力および柔軟性という組織プロセスを含めた組織能力こそが戦略経営の基本と考えている。

図表 序-9　意図した戦略と創発戦略

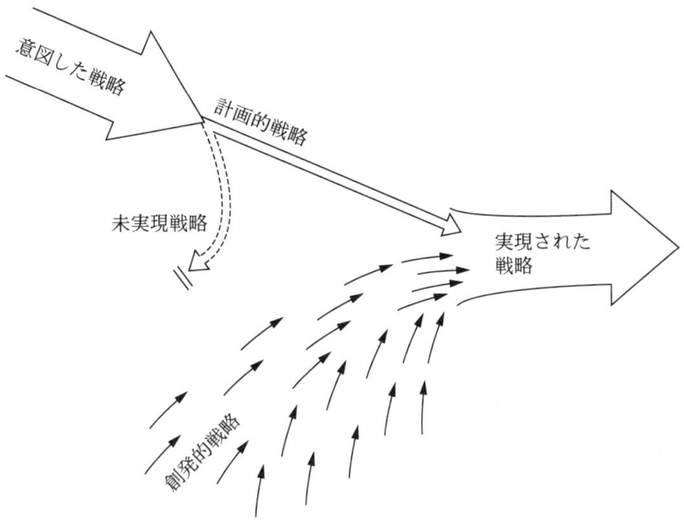
意図した戦略
計画的戦略
未実現戦略
実現された
戦略
創発的戦略

出所）Mintzberg（1987：14）

第5節　グローバル戦略経営への展開

ここまで見てきたように，経営戦略論は，企業戦略レベルである多角化戦略論から出発し，資源配分戦略論へと展開し，さらに競争戦略論とそれに平行して戦略経営論へと進展してきた。それでは，これら経営戦略論の展開と企業の事業活動の国際化との関連について検討しよう。

これまでの議論のポイントは，以下のように要約できる。

まず，企業戦略レベルでの主要テーマは，① 多角化戦略と組織構造の関連，② 多角化戦略策定のステップと事業間関係（シナジーの追求），③ 多角化企業における財務的資源の配分と戦略計画化，であった。事業戦略レベルでは，競争優位の獲得がその主要テーマであり，自社の競争優位をコスト優位に求めるか製品差別化に求めるかによって価値活動のポイントが異なることが示唆される。さらに戦略経営論では，戦略と組織の一体的関係が強調され，戦略的なマネジメントのあり方がその主要テーマであった。

これらの議論では，国際経営戦略との関連はほとんど触れられてはいないが，これらの研究の延長線上でいくつか国際経営に関わる研究がなされている。そこで次に，企業戦略レベルの研究に位置づけられるそれら代表的な研究について整理し，残された課題を明確化する。その作業を通じて研究課題とともに本書での分析視点を提示する。

1. 国際成長戦略と組織構造

　国際経営における管理組織についての研究は，先に述べたような適合モデルである「構造は戦略に従う」という命題の検証から出発している。すなわち，国際成長戦略と組織構造の関係についての実証研究である。ハーバード大学多国籍企業研究プログラムは，この戦略と構造について多くの実証研究を提示した。Stopford & Wells（1972）は，1960年代に海外事業展開を行ったアメリカ企業を追跡調査した。そこでは，国際成長戦略によって異なる組織構造を採用することが見出された（図表序-10）。

　まず，国際化の初期に共通して見られたのが，国際事業部の設置である。これは既存の事業部に海外事業を統括する部門を並置したものである。しかし，この国際事業部は国際化の初期に見られる過渡的な形態であり，別のよりグローバルな組織形態へと移行した。どのようなタイプの組織構造に移行するかは，その企業の採用した国際成長戦略によって異なっていた。国内事業が多角化している企業でも，主力事業だけを海外に展開した企業は，世界的地域別事業部制を敷いた。国内での多角化した事業を海外でも行う成長戦略を採用すると，その企業は世界的製品別事業部制を採用した。さらに，彼の調査した企業のうちの1社は，地域別の構造と製品別の構造を同時にとるグリッド構造（グローバル・マトリックス構造）を採用していた。1社しか存在しないため，データでの証明はされなかったが，海外売上高比率が高く，海外での製品多角化度が上昇した場合にとる組織構造と予見された（国際経営組織構造については第4章参照）。

図表 序-10　海外での売上比率，製品多角化度と組織構造

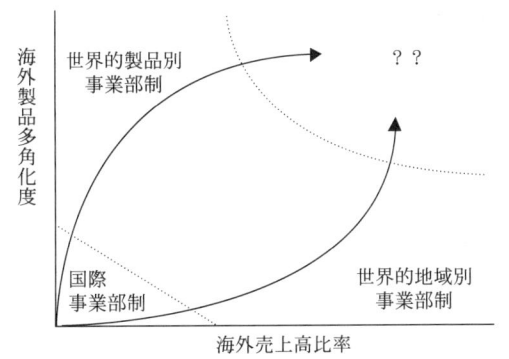

（縦軸）海外製品多角化度
（横軸）海外売上高比率

世界的製品別事業部制
？？
国際事業部制
世界的地域別事業部制

出所）Stopford & Wells（1972：63-65）

　同様に，Franko（1974）は，ヨーロッパ系多国籍企業を対象に調査した。しかし，彼の発見事実は先の「戦略—構造」関係の命題と必ずしも一致しなかった。すなわち，当時のヨーロッパ系多国籍企業が採用していたのは，国際的持株会社と国内的機能別部門組織という構造であり，海外子会社のトップが直接本社のトップに報告するという，対人的統制構造であった。彼はこれをマザー・ドーター（mother-daughter）構造と名づけた。しかし，1970年代に入ると伝統的なマザー・ドーター構造を採用する企業は激減し，事業部制組織に移行していった。その理由は，EC内の関税の撤廃等による競争的環境の出現により，戦略と構造が結びついたためである。これらの調査結果は，競争的環境のもとでは戦略と組織構造の関連が国際経営でも見られたことを示した。Galbraith & Nathanson（1978）もまた，組織構造が業績を左右するときに初めて組織構造は戦略に従うと主張した。このように，国際経営組織に関する初期の研究は，組織のマクロ構造（部門編成）に限定され，戦略との一方向的な結びつきが強く主張された。

　しかし，海外事業を統括するためのこれらの組織構造の仕組みはマクロ構造であり，部門編成を中心とした公式構造がその焦点であった。しかし，海外事業を統括し，それら海外拠点での活動を調整する仕組みは，これらマクロ構造

だけではない。国際的な委員会の設置，プロジェクトチームの活用などのよりミクロな公式構造や，人材の異動や多国籍的な人材の集合研修を通じたインフォーマル・ネットワークの活用，あるいは経営理念等の浸透を通じた規範的統合など，その調整メカニズムは多様化している。われわれの研究は，この従来のマクロ構造よりもこのミクロで多様化している調整メカニズムに焦点を当てている。そこで本書の第7章から第9章にかけて，調整メカニズムの構成概念を提示するとともに日本企業についての分析結果を提示する。

2. 多角化戦略と国際企業戦略

現在，多角化戦略を考える際に考慮すべき問題は多い。たとえば，IT (information technology) の急速な進展による産業構造の変化による新たなビジネス領域の拡大である。もちろん，かつてのような総花的な多角化ではなく，現在のキーワードは「選択と集中」である。それはPPMで主張されたような成長性の高い分野への進出と，その際のダイナミック・シナジー（伊丹1981，吉原1986）やコア・コンピタンスの存在というような経営資源重視の多角化戦略であり，同時に事業構成の見直し，リストラクチャリングが必然的に伴う。その際重要なのは，企業がどのような将来像あるいは方向を目指しているのかというビジョンであり経営理念である。しかし，そのような考え方は大きなジレンマを企業にもたらす。現在のような大きな産業構造のシフトは，それに対応するために必要な経営資源を必ずしも自社が保持していないからである。それにスピードを持って対応するためには自社資源のみならず外部資源をいかに有効に活用するかという視点が必要となる。その手段として注目を集めているのが戦略提携やM&A（企業買収）である。

さらに，ここで考慮すべきことは，もはや新しいビジネスを展開するのに適した場が国内とは限らないことである。伝統的には新しい事業を海外で行う決定因は，現地市場の特異性であり当該市場の規模および成長性であった。すなわち，海外市場におけるビジネスチャンスの捕捉である。しかしながら近年で

は，マーケットへの近接性というよりもその地域が提供する専門知識あるいは情報的資源の蓄積に焦点が当てられている。変化が激しい知識集約型事業ではこれら情報的資源が事業の成功にはきわめて重要であり，それら資源が集積している場に身を置くことにより最新のテクノロジーや知識にさらされ，学習が強化され，さらには提携や人材の登用などを通じ，知識の共創や取り込みが容易になるからである。しかし，このような場が国内にあるとは限らず，新しい事業に必要な資源の取り込みには広く国内外を問わず適した拠点を探索する必要がある。もちろん，新しい事業に必要な機能をすべてその地域に配置する必要はなく，研究開発から製造あるいは販売などの活動に関して，世界的に分散化して配置することも可能である。当初から世界市場でのビジネスを考える場合には，役割専門とそれぞれに適した立地（ロケーション）を検討する必要があるであろう。その場合，先に述べたような本国本社を含めた拠点間の調整が不可欠になる。

3．グローバル戦略経営

先に見た Ansoff（1965）の成長ベクトルにおける新市場開発は，従来の顧客ターゲットの変更ないし拡大を意味するが，中でも国際経営戦略に関する問題はそのターゲットを海外市場に求めた場合である。これは国際マーケティングの分野で，「海外市場参入形態論」および「国際市場細分化論」，そして「国際マーケティングの標準化 vs.適応化」として議論されてきた（Root 1982, 諸上 1993，大石 1996）。どのような形態で海外市場に参入すべきかというイシューで強調されてきたのは海外市場の異質性からくる不確実性の増大，すなわち現地市場関連知識の欠如と，参入形態によってもたらされる必要資源投入量との合成によってもたらされるリスクの大きさである。そして，ターゲット市場が国内市場とは異質性に富み，かつその市場関連知識が欠如している場合には，その知識の欠如を補いうる他社（たとえば，商社や現地での代理店）を用いるという輸出形態が，必要な資源投入の低さからも選好されることになる。つま

り，現地市場に関する知識の蓄積に伴い，より大きな資源投入を伴う参入形態が選択されるようになるというものである。このような視点は，Root（1982）による「参入方式に関する意思決定の展開過程」でもかなり明確である（図表序-11）。このように海外市場参入方式に関するアプローチは，投入資源と外部環境の異質性によって説明されてきたが，このようなアプローチの欠点は，参入する企業と参入市場という2点間視点しか有さないことである。すなわち，本社と海外拠点の関係が分析単位であり，他の拠点との関係性は一切無視されている。しかし今日では他の海外拠点を含んだ多国間関係を視野に入れた意思決定が必要である。そのため，ある海外拠点はその立地国市場だけに存在するとは限らず，別の国の複数の市場に関係してくる。したがって，現地市場の不確実性が高い状況においても，間接輸出ではなく直接投資を伴った生産拠点の設置も他の市場との関連性から正当化されうるのである（茂垣・池田 1998：138）。

さらに，参入形態とともに販売チャネル形成の問題は重要な問題として取り

図表 序-11 参入方式に関する意思決定の展開過程

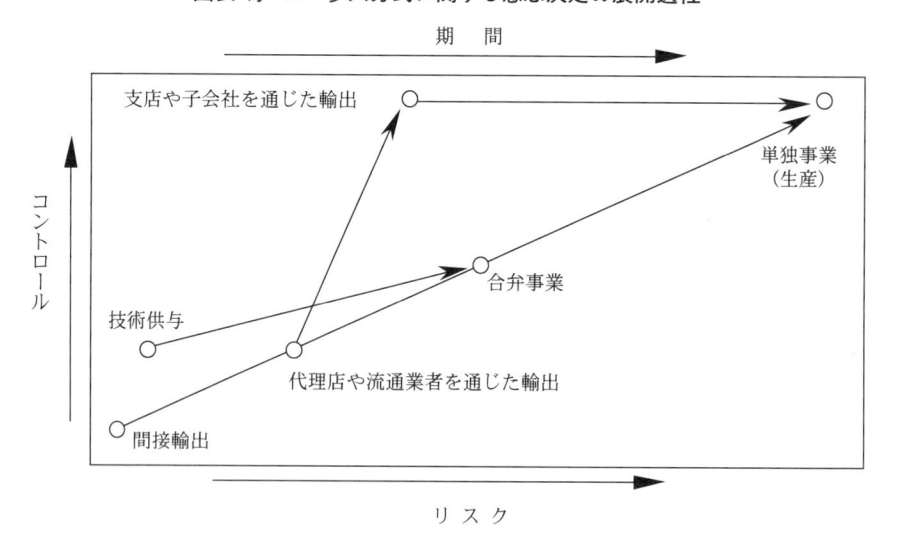

出所）Root（1982 邦訳：32）

上げられる。参入段階にある企業にとっては，現地市場でのチャネル形成はすでに形成されたチャネルを有する国内とは異なり，そのチャネル形成の先行性およびその重要性もまた指摘されている（竹田 1985, 1992 a）。他方，参入国によっては政府の規制により参入形態が規定される。谷地（1999）は，従来の海外参入形態論および発展形態論は先進諸国におけるそれに限定されたモデルであり，新興市場においては製販並行展開，すなわち，生産投資による能力の形成と同時に販売能力を形成するという問題を内包していることを指摘し，中国への参入行動の分析をしている。われわれはこの点に関して，国際経営の発展段階を吟味するとともに，それら発展段階は必ずしも一律的ではなく，まさに戦略選択であることを示してきた（根本・諸上 1992）。

　上のような参入形態のみならず，どのような市場に参入するか，そして国際的な事業展開とともに財務的資源をどのように配分するのかという問題が提起される。先に見た BCG の PPM やマッキンゼーのビジネス・スクリーンは，国内事業における財務的資源配分には有効であったとしても，どの国や地域に参入し，どのように配分するかにはそのまま用いることはできない。それは，製品がいくつかの国家市場にまたがっており，また，事業そのものも地域や国単位で設定される場合があるからである。そこで Harrel & Kiefer（1981）は，製品ポートフォリオに代わり市場ポートフォリオを提唱した。手法的にはマッキンゼーのビジネス・スクリーンの応用である（図表序-12）。縦軸の「国の魅力度」に関しては，①市場規模，②市場成長率，③ホスト国政府の規制，④経済的・政治的安定性が評価基準として設定されている。横軸の「自社競争力」は，①マーケットシェア，②製品適合，③利益貢献度などが評価基準である。これらの指標によって各国での自社ビジネスを評価し，ポジショニングすることによって参入形態および財務的資源配分を検討しようとする。

　これに対し，Yip（1992）は，その国単独の魅力ではなく，当該事業のグローバルな利益やグローバルな競争ポジションに貢献するか否かを考える必要がある（Yip 1992：67）として，「国の戦略的重要性―自社の競争力マトリック

図表 序-12　国別市場ポートフォリオ

	自社の競争力 高	自社の競争力 中	自社の競争力 低
各国の魅力度 高	単独事業・成長	単独事業・成長	支配／撤退 合弁事業
各国の魅力度 中	単独事業・成長	戦略の選択	収穫／撤退 共同事業 技術供与
各国の魅力度 低	戦略の選択	収穫／撤退 共同事業 技術供与	収穫／撤退 共同事業 技術供与

出所）Harrel & Kiefer (1981：7)

ス」を提唱する（図表序-13）。たとえば，参入国の選定や財務資源の投入先の選択にあたっては，市場規模などの魅力度のみならず，ライバル会社の本国市場への攻勢によって相手の収益源を圧縮させるなどの戦略的な目標が重要であるとする。Yipは，ある国の市場が戦略的に重要であるかどうかの例として以下の項目をあげている。

① 売上あるいは利益の大きな供給国
② グローバルな顧客の本国市場
③ グローバルな競争企業の本国市場
④ グローバルな競争企業にとって重要な市場
⑤ 業界でのイノベーションの主たる供給国（Yip 1992：71）

PPMの基本的な考え方は事業間での財務的相互支援であるが，多国籍企業にとっては在外子会社間での財務的相互支援能力が重要である（Hamel & Prahalad 1985）。その財務的相互支援能力を国際競争でのポジション向上に用いるという戦略意図を明確にする必要がある。

われわれは，これら財務的資源配分を含めて国を超えた事業内関係，換言す

図表 序-13 国の戦略的重要性/競争力マトリックス

	低	高
高	危険/苦境	維持/強化/先制
低	回避/急襲	防衛

国における事業の競争力

出所）Yip(1992：82)

れば国際的に分散化した拠点間の調整問題が存在すると考える。すなわち，多国籍企業における拠点間のフローには，製品や部品あるいは生産財といった「モノ」のフローと財務的資源である「カネ」のフロー，そして知識・ノウハウ等の情報フローが存在する。それら経営資源の形成と蓄積，その相互支援ないし共有化こそが競争優位の源泉であり，それらをグレードアップし発揮する能力こそが重要であると考える。それが多国籍企業に必要とされる組織能力であり，グローバル戦略経営の中心的課題であると考える。本書は，その課題について拠点間の調整問題からのアプローチを試みるものである。その際，企業として有する一般的側面と多国籍企業としての特殊的側面を理解する必要がある（岡本1987）。そこで次章からは，多国籍企業および国際経営の基本的特質に関する考察を行うこととする。

第 1 章　企業の多国籍化と国際経営

　本章では，国際経営の特質を検討する。その特質を理解するためには，企業の海外進出，すなわち，海外直接投資とそれによる企業の多国籍化という現象を検討する必要がある。海外直接投資がなぜ起こるのか，あるいはどのような形態があるのか等は，企業の国際経営への展開に深く関連しているからである。そこで国内企業経営とは異なる国際経営の特性を明らかにするためにも，国際経営の特徴と企業の多国籍化という現象を概観する。

第 1 節　企業の多国籍化と国際経営

　企業活動の国際化は，国際競争を激化させ，もはや国内事業を中心として企業経営を行っているドメスティック（国内的）企業であろうとも，いやがおうでも国際競争に巻き込んでしまう。このように，「企業の国際化」とは，一面では企業の海外事業展開を指しているが，「競争の国際化」とは，競争それ自体が国境を超えて展開されることを意味している。そこではもはや，ドメスティック企業であろうと海外に事業を展開する企業であろうと，「国際競争」を意識しなければならないという面では同じである。

　しかし，海外に事業拠点を設け運営している企業と，国内市場を中心に国内事業活動を行っている企業とではどのような相違があるのであろうか。すなわち，国際経営は，国内経営とどのように異なるのだろうか。そして，従来の国内を中心に構築されてきたマネジメント体制は，企業がその事業活動を海外で積極的に展開し，その事業拠点を海外に多く擁するにつれ，それに対応できなくなるのであろうか。

　国際経営の特質は，企業がまさに国境を超えてビジネスを展開し，海外に分散化したその活動をマネジメントするところにある。この国境を超えてビジネスを展開するということは，それぞれの国ないし地域の外部環境（法的，経済

的，政治的，社会的環境および自然環境等）と内部環境（自社拠点内部の環境：たとえば日本人とは異なる価値観を有する従業員）の下でそれぞれ事業を展開することを意味する。このことから，国際経営の特徴の一つは，マネジメントを考える場合に考慮すべき要因の数が海外に事業拠点を分散化すればするほど多くなるということである。そしてそれは単に内部および外部の要因の数が増えるだけではなく，要因自体の内容が国内環境とは異なる。すなわちそれら要因が異質性，多様性に富んでいることを意味するわけであるから，それら異質性・多様性を取り込みながら，経営管理に当たらねばならない。それら環境の違いを認識し，有効な戦略を立案，策定し，マネジメント体制を再構築する際に「国際経営」が必要とされる。その意味では，国内経営は国際経営の一部となる。なぜならば，環境の異なる海外に分散化した諸活動との相互依存性を管理しなければならない。そこでは，本国であろうと世界的な活動の一部（重要な活動であろうとも）を構成するにすぎない。

　企業はその行動舞台を国内のみならず海外諸国まで広げるにしたがって，国内とは違った環境に能動的にも受動的にも反応しなければならなくなってくる。国際環境の複雑でダイナミックな環境変化は，戦略的なパースペクティブ（視点）を広げると同時に，大きな転換をも余儀なくする。現在保持している競争優位は，必ずしも将来を約束するものではなく，国際化と同時に新たな競争優位をどのように形成・蓄積し，海外拠点を含めた企業グループ全体としてそれらをいかに有効に活用するかが今後の企業の成長にとって鍵となる。国際経営はそのような特有の課題を有しているといえる。国際経営がその対象とする企業は，海外に現地法人を多数擁している企業，いわゆる「多国籍企業」(Multinational Corporation)である。しかし，多国籍企業とはどのような企業を指すのかについては，統一的なはっきりとした定義があるわけでない。たとえば，アメリカ企業の調査のためのハーバード大学の多国籍企業調査プロジェクトによる操作的定義では，「フォーチュン誌のランキング上位500位内に属し，売上高1億ドル以上，在外製造子会社を6カ国以上に所有し，その製造子

会社は共通の戦略によってマネジメントされ，さらに総資産の20%以上が在外子会社のそれで占められている企業」（Vernon 1971：4-5）を多国籍企業としている。しかしこれはあくまで調査のための操作的定義であり，多国籍企業そのものを本質的に表わしているものではない。たとえば，在外製造子会社を5カ国に有していても多国籍企業にはならず，なぜ6カ国以上なのか。何国以上に拠点を設ければ，そして売上の何%以上を海外売上が占めれば経営活動に質的な変化が生じるのかを確定することはできない。多国籍企業とは，上記のような定量的な側面だけではなく，経営管理の質的転換というような定性的な指標が重要と考えられる場合も出てくる。たとえば，Perlmutter（1969）は，トップマネジメントの基本的姿勢に基づく企業の経営志向性を取り込んだ多国籍企業の定義を提唱している。多国籍企業とは，その定義においてもはっきりと明確化されているわけではないが，定量的側面と定性的側面の両面から捉える必要がある。ここでは，多国籍企業を「企業の海外直接投資により複数国に活動拠点として在外現地法人を有し，何らかの一貫した戦略と国際経営の下に活動を行っている企業グループ」としておく。その際，重要なことは，どこから多国籍企業かという視点よりも，国際経営が，海外直接投資による在外現地法人の増加によって多国籍化していく過程でどのように動態的に変化していくのかという点を理解する必要がある。

第2節　海外直接投資と企業の多国籍化

　企業が海外に事業展開する方法には，販売および生産拠点設立のための海外直接投資によるものだけとは限らない。他企業との契約提携による参入も可能である。それでは，どのような条件で企業は海外直接投資を行うのか。あるいはどのような形態の直接投資を行うのか。まず，経済学的アプローチに基づく海外直接投資論ないし多国籍企業論での代表的見解から経営学的な視角について検討する。

1. 寡占企業優位モデル (oligopoly model)

　Hymer が海外直接投資を説明するために 1960 年に Ph. D. 論文で発表した理論である。その後，この理論は海外直接投資の発生を理論づける有力なアプローチとなった。その論文は，彼の死後 1976 年に公刊された (Hymer 1976)。

　彼は，直接投資と証券投資をその目的が支配か否かで分類される点から出発する。すなわち，投資家が外国企業を支配（コントロール）するのであればその投資は直接投資と呼ばれ，支配しないのであればその投資は証券投資と呼ばれる。そして戦後アメリカの海外投資の中心が直接投資であること，そして国による利子率の差異に依存する証券投資の理論によってそれを説明することはできず，コントロールの概念を導入して検討すべきであると主張した。直接投資の動機は，海外での利子率の高さではなく，外国企業を支配することによって得られる利益（率）であり，直接投資は，企業の海外事業活動と結びついた資本移動であると。

　そのような資本移動が有効なのは，一方で，市場の不完全性が存在するからであると同時に他方では，独占的市場構造が海外投資の条件となる。寡占状況において国内市場を支配している大企業は，その企業個有の企業特殊的資産をもっており，こうした資産は組織内においては相対的に低コストで移転することができるが，その特殊性ゆえにその資産の外部取引市場は不完全であるため国内外の他企業は容易に入手できないものである。この企業特殊的資産の存在ゆえに，この資産を所有している企業は，他企業にとっては参入障壁を築くことができる。その障壁を内部化することによって，本国で独占力を行使し，海外ではその優位を利用して利益をあげることが可能となる。

　他企業にとって参入障壁でもある企業特殊資産は，その後，所有特殊的優位 (ownership specific advantages) として海外直接投資論や多国籍企業論の分野に多くの影響を与えた。後述の Vernon (1966) は，技術的優位に着目した理論を展開し，プロダクトサイクル論により企業の多国籍化を説明した。

　Kindleberger (1969) は，海外直接投資を誘発する企業の有する優位性とし

て，①製品市場での優位性（製品差別化能力，価格維持能力，マーケティング技術），②要素市場での優位性（特許，資金調達能力等），③規模の経済性，をあげており，Caves (1971) は，そのなかでも製品差別化能力を重要視している。

彼らはこのような寡占状態における企業（巨大企業）が有する優位性の存在こそが企業の多国籍化をもたらすと見ている。これらのアプローチは，産業組織論の視点から海外直接投資を説明しようとした。このような寡占モデルはしばしば対外直接投資の「産業組織論」もしくは「産業経済学」アプローチと呼ばれる（Hoogvelt 1989）。

2．Vernonの国際製品ライフサイクル論（Product Cycle Theory）

企業の多国籍化を国際的な製品ライフサイクルのタイムラグから説明するのが Vernon の PLC（Product Life Cycle）モデルである。このモデルは，1950年代から1960年代のアメリカ企業の多国籍化をかなり有効に説明できる。

このモデルの特徴は，技術力および所得の格差により，製品のライフサイクルに国あるいは地域によってタイムラグが存在し，それによって企業の多国籍化を説明しようとする点である。彼は製品ライフサイクルを導入期，成熟期，標準化期の3段階に分け，それらと貿易（輸出入），海外直接投資を関連させて説明する（図表1-1）。

まず，ある技術集約的企業（主として当時のアメリカ企業を指す）が独創的な新製品を開発し，国内市場で販売する。そのような新製品は，この導入期では高価格であり，所得の高いアメリカ国内がそのターゲットとなる。この導入期にあたっては競争企業が存在しないことからその企業は独占的利潤を得る。しかし，その製品が市場で受け入れられるにつれ，市場の魅力度が増すから類似製品による競争企業の参入が相次いでくる。そのような企業間の競争により価格も低下し，国内市場は拡大するが，同時に供給能力も増大する。供給能力が国内需要を上回るようになると（成熟段階），販売と利益の機会を求めて，

第1章　企業の多国籍化と国際経営　43

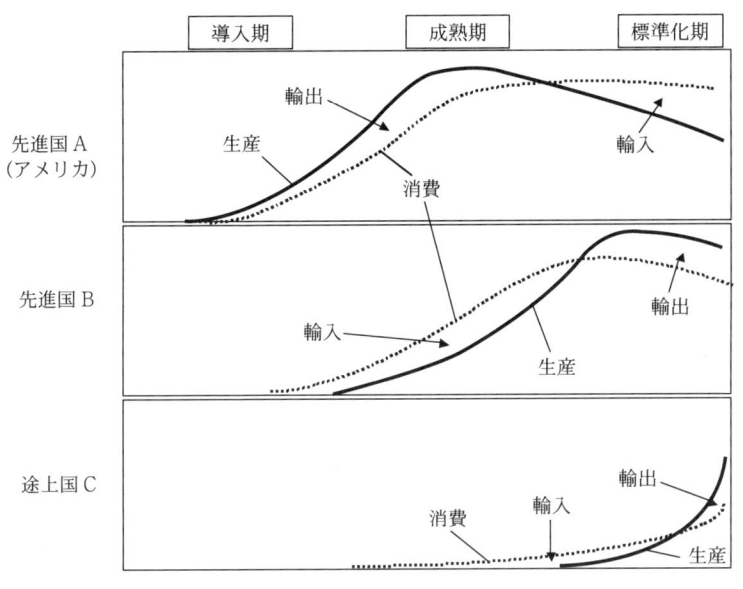

図表 1-1　国際プロダクト・ライフサイクル

| | 導入期 | 成熟期 | 標準化期 |

先進国A（アメリカ）：輸出、生産、消費、輸入

先進国B：輸入、生産、輸出

途上国C：消費、輸入、輸出、生産

出所）　Veronon, R.（1966）に一部加筆訂正

　その製品の購買力のある消費者が存在するその他の先進国（その当時アメリカに次いで所得の高いヨーロッパ諸国）に輸出されるようになる。現地企業による模倣製品の生産も開始されるが，当初はアメリカ企業の技術優位性から当該製品の国際競争力は強く，輸出は生産能力の拡大とともに増加する。しかし，技術の普及とともに人件費の重要性が増し，その点でアメリカ国内での生産は不利になってくる。アメリカ国内での限界生産費と限界輸送費との合計が，現地での限界生産費を超えると現地での生産の方が有利になる。さらに，現地国政府が国内産業の保護のために関税等の貿易障壁を設けるようになるとヨーロッパでの現地生産が企図され，アメリカ企業のヨーロッパへの海外直接投資（生産投資）が促進される。

　さらに一層技術の普及が進むと（標準化期），生産諸要素の費用で優位性を持つ途上国での生産が本格化する。逆に生産諸要素費用で劣位にあるアメリカは当該製品の輸入国になる。

このPLC理論は，当時のアメリカ企業の多国籍化をかなり良く説明できるモデルとして評価されている。しかし，現在の企業の多国籍化の動きを説明できない部分も多い。先進国間相互の海外直接投資，あるいは近年韓国企業に見る先進諸国への進出，新製品の世界同時発売等の現象である。このように理論の普遍性という意味では，その限界も指摘され，彼自身もそれを認めている（Vernon 1971：邦訳125）。他方，製品ライフサイクルを利用した国別の段階的製品導入への応用（Rugman, Lecraw & Booth 1985：邦訳465-469）や，技術の普及による生産拠点のシフトないし各拠点の生産内容の変更などに応用可能な側面を有している。

3. 寡占反応論（oligopoly reaction model）

寡占企業優位論と同様に，寡占状況にある企業の多国籍化を説明する理論である。寡占状態にある業界トップ企業（リーダー企業）は，自社の企業特殊優位ないし所有特殊的優位（ownership specific advantages）を市場の不完全性を利用し海外進出をする（寡占企業優位論）。しかし，寡占状況においてはその競争企業の少数性ゆえにライバル会社，特にトップ企業の動向に対しては，それが自社の収益に大きな影響を与えるがゆえに，かなり高い意識性を有している。したがって，トップ企業が海外に事業展開をした場合，他社もそれに追随するという誘発現象が生じるため，'follow the leader' theoryとも呼ばれる。寡占企業優位論と異なるのは，追随者が海外進出するのは，明確な優位をもっているからではなくて，その産業のリーダーに遅れまいとするためである。リーダーは優位性をもっているために，新たな立地場所で追加的な独占（monopoly）利潤を獲得できる。その結果，当該産業での既存の競争関係が脅かされ，他社は利益あるいはシェアを求め，ある種の競争均衡を再構築するためにリーダーに追随することになる。Knickerbocker（1973）は，この仮説に基づき多国籍企業187社について実証研究を行い，産業占有率と海外進出の束との間に正の相関を見出している。他の研究者たちも，実証研究でこのような現象を明

らかにしており，対外投資がなぜ一群となって行われるのかを説明するのに役立つ理論といえる。企業多国籍化の「バンド・ワゴン効果」を説明する理論である。すなわち，ここでの企業の多国籍化という現象は，「少数の大企業からなる寡占的業界においては，ライバル関係にある一方の企業が他の企業の行動に対してそれと同様の行動をとることによって対抗するという企業行動」（Knidkerbocker 1973：1）に他ならない。

4．内部化理論（internalization theory）

　海外直接投資あるいは国際生産（international production）の理論展開において，中心的な地位を占めている理論である。この理論は，どのような活動を企業内部で行い（内部化）どの活動を他企業との取引で処理するか（外部化），という取引を組織内部で行うのか，市場を利用するかを「取引コスト」の概念で説明する理論である。つまり，コースの取引費用と内部化の理論を拠り所としている。すなわち，多国籍化という現象に対しても同様に取引コスト概念を適用したのがここでの内部化理論である。内部化理論の出発点は，市場に不完全性が存在していることにある。その結果，活動や取引によっては，外部市場取引に任せておくよりも企業内での権限を通じた在外子会社をコントロールする方が企業にとってよりコストが低い，あるいは有利な場合がある。この内部化のプロセスが国境を超える場合に，多国籍企業が出現するとみる。Buckly & Casson（1976）はその代表的研究者である。

　内部化の誘因となる市場の不完全性としては，通常，以下のものが指摘される。

① 外部市場で取引を行う場合の不確実性に伴う費用ないし便益。たとえば，供給相手の発見，契約の交渉，契約義務が履行されているかどうかのモニタリング，将来の価格変動に関する不確実性など。

② 知識・情報市場の不完全性に伴う費用ないし便益。たとえば，アフターサービスを提供したり，技術水準の遅れた環境において現地生産を行う際

に，売手が自社製品の品質を保つ必要がある場合。
③　企業規模自体が市場の不完全性を形成していることに伴う便益。たとえば，市場は販路，供給，販売条件をコントロールすることによって寡占的優位を利用したり，その他，制限的取引慣行を行おうとする場合。
④　政府介入に伴う費用ないし便益。たとえば，数量制限，関税，価格統制，差別的課税など（Hoogvelt 1987：176）。

Rugman（1981）は，中間財市場の不完全性に注目する。彼は，取引コストにおける市場取引と内部取引を比較し，製品輸出・技術供与（ライセンシング）・直接投資という典型的な3つの形態をとりあげ，それぞれの費用曲線を前提とした選択を一般化しようとした。たとえば，直接投資が選択されるのは，海外生産費用が輸出費用よりも小さく，ライセンシング費用よりも低い場合である。

しかし，岡本（1987）は，企業の多国籍化に対する内部化理論の適用の意義は，形式的に整った理論構成以上に積極的な説明を提示していないと述べ，3つの形態間の選択は，それぞれの費用曲線の定義から直接導かれた定義的結論であり，あまりにも一般的形式的過ぎており，基本的に静態的モデルであると見なしている。

5．折衷理論（eclectic theory）

Dunning（1980）が主張した企業の海外直接投資および参入形態に関する既存の主要理論を総合（折衷）しようとする試みである。すなわち，過去の諸理論によって確認された直接投資の主要な決定因を総合して説明しようとするものである。主要決定因には3つある。第1に，対外直接投資への産業組織論的アプローチの中で認識された所有特殊的優位。第2に，内部化理論に基づく内部化優位。第3に，当初は対外直接投資に関する様々な立地論が提唱した，立地特殊的優位（location specific advantages）の3つである。最後の立地論は，国内での地域間資源配分を説明する理論であったが，海外直接投資論にも応用

されたものである。たとえば，希少天然資源や人件費の安さ，市場の規模と成長性，GNPおよびGDP，政府の産業奨励政策，巨大市場への近接性などがその内容である。立地特殊優位とは，ある国の有する独自の条件をさし，上記のような項目での優位性を指している。

これらの3つの理論の一つひとつでは企業の海外直接投資を説明できないとして，Dunningがそれらのモデルを統合したモデルが折衷理論である。

一般には，企業が，「所有特殊優位」を多くもてばもつほど現地での単独事業のための海外直接投資の誘因となる。つまり，自社の優位性をもつ能力を在外子会社に移転することにより，現地での競争を有利に展開できるからである（市場の不完全性）。そしてたとえば，「立地特殊優位」における市場規模および市場成長性において魅力度が高く，「内部化」において，他社との契約リスクが高くライセンシングが選好されず，輸出による参入障壁が存在すれば，単独事業の選択がなされる。しかし，所有特殊優位が高くても，立地特殊優位が低く，内部化優位が小さい場合には，直接投資を行わない輸出や技術供与の形が選好されることになる。そのように，基本的には，3つの要因の組み合わせによって海外直接投資の有無，形態が異なるというものである（図表1-2）。

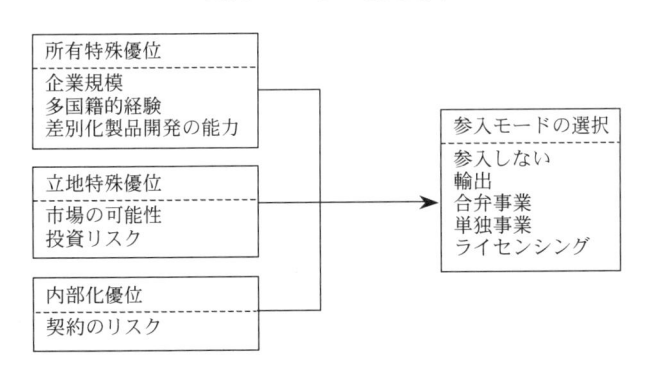

図表 1-2　参入選択要因

所有特殊優位
企業規模
多国籍的経験
差別化製品開発の能力

立地特殊優位
市場の可能性
投資リスク

内部化優位
契約のリスク

参入モードの選択
参入しない
輸出
合弁事業
単独事業
ライセンシング

出所）Agarwal and Ramaswami（1992：5）

6. 経営資源移動モデル (intra-firms transfers of resources)

以上，海外直接投資に関する主に国際経済学的アプローチを概観してきた。他方，国際経営論の分野でも企業の多国籍化をめぐる議論がなされている。そこでの中心は，経営資源を中心とした企業観である。企業を経営資源の束として見たのは Penrose (1959) である。経営戦略論ではこのような経営資源として企業能力に着目している論者は多いが，その源流ともいえるべき研究である。企業の多国籍化という現象は，とりもなおさず経営資源の国際的な移動であると見なすことができる。

海外直接投資は，単に資本の移動のみならず，人的資源や物的資源も含む経営資源の移転として捉え，その限界生産力は国家間で異なり，それが国家間の相互投資をもたらすというものである。海外直接投資論は，資本の国際的移動の条件を明らかにすることがその目的であるが，「所有特殊優位」の議論が示すように，企業の有する経営資源が注目されてきた。Fayerweather (1969) は，経営資源概念を重視した先駆的研究者であり，天然資源，資本，労働，そして工業技術，経営管理ノウハウ，企業家精神を技術として区分し，その国際的移動を帰納的に考察した。資源の国家間移動は国による資源格差による需給関係で説明される。これら資源の移動は必ずしも多国籍企業，すなわち企業の海外直接投資を伴うとは限らないが，海外直接投資は，資本の移動のみならず工業上の技術，経営管理ノウハウ，企業家能力の移動が伴うことを主張した。海外直接投資を伴う資源の移動は，その資源の偏在と移動効率性が問題となり，それが資源移動の方向性を決めることになる。

同様に，国際経済学的アプローチではあるが，小宮は，Penrose (1959) の企業成長論における経営資源の概念を援用し，経営管理上の知識・経験，パテントおよびノウハウ，マーケティング技法などの技術的・専門的知識，要素市場における地位，トレードマーク，信用，情報収集・研究開発組織などの企業が保有している経営資源を活用して獲得する利潤が国内よりもある外国において高いと予想される場合に海外進出がなされるとする。特に，これら知識・ノ

図表 1-3　経営資源移動仮説

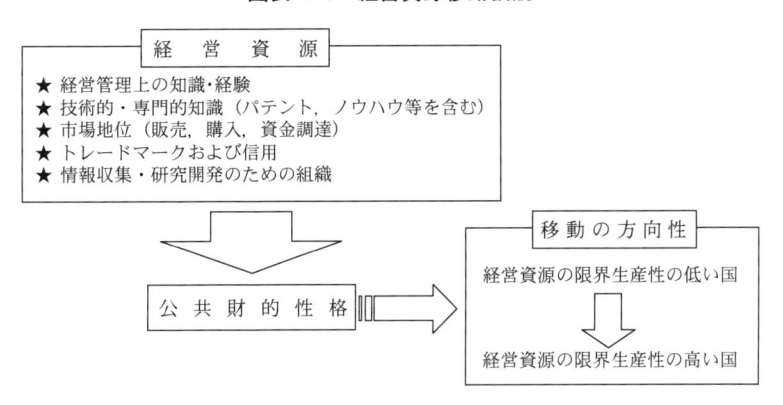

```
┌─── 経 営 資 源 ──────────────┐
│ ★ 経営管理上の知識・経験              │
│ ★ 技術的・専門的知識（パテント，ノウハウ等を含む） │
│ ★ 市場地位（販売，購入，資金調達）        │
│ ★ トレードマークおよび信用            │
│ ★ 情報収集・研究開発のための組織         │
└──────────────────────────┘
          ↓
   ┌─────────────┐      ┌─── 移 動 の 方 向 性 ───┐
   │ 公 共 財 的 性 格 │ ⇒    │ 経営資源の限界生産性の低い国 │
   └─────────────┘      │         ↓          │
                        │ 経営資源の限界生産性の高い国 │
                        └─────────────────────┘
```

ウハウ，組織の作り方のようないわば「情報的経営資源」は，その公共財的性格に特徴がある。したがって，それら資源の限界生産性の低い国から高い国へと海外直接投資が向かうことを主張した（図表1-3）。

これに対し，岡本（1987）は，同じく Penrose（1959）の経営資源観に立脚し，とりわけ「国際的に競争優位を有する（余剰）経営資源の蓄積とその国際的移動」として多国籍企業の形成と成長を強調する。海外市場における事業進出・展開が，本国市場と異なる負担に耐えていかねばならないがゆえに，何らかの補償的優位を持っていなければならないからである。そしてその他の要因（寡占反応・為替変動・各種政府規制/政策など）は，その引き金あるいは加速化要因と見なす。このように彼は，資源ベースの経営戦略に立脚して企業の多国籍化を説明する。

このような国際的に競争優位を有する企業は，必ずしも大企業あるいは寡占企業とは限らない。このアプローチでは独自技術や知識・ノウハウによって高い収益や海外での事業展開を図っている中小企業も説明可能である。その意味で一般化の可能性は高い。寡占優位論や寡占反応論では，大規模企業のみがその研究対象となっており，中小企業はその対象から排除されていた。

さらに，このモデルは，親会社から子会社への経営資源，とりわけ情報的経

営資源の移転の必要性をうまく説明することができ，あるいは近年叫ばれている"子会社でのイノベーションの誘発"とその"知識・ノウハウの共有化"（Bartlett & Ghoshal 1989）といった相互交流も説明可能である。

第3節　企業多国籍化の発展段階論

上のような海外直接投資論での議論は，企業多国籍化の要因を説明するモデルとどのような形態で海外事業を展開するのかという2つの側面を有している。もう一つ重要視されている議論は，企業が多国籍化するステップを示している発展段階論である。主にこれは国際経営論の領域でなされてきた。したがって，企業が多国籍化するにしたがって経営管理の質的な変容が生じるというのが議論の中心である。そのような発展段階プロセスは，リスクの少ない方法

図表 1-4　経営国際化の発展段階

発展段階	活動の特徴	国際経営組織	経営のパースペクティブ
間接輸出	他社（中間業者に依存）	なし（国内組織）	国内志向的
直接輸出	現地販社設立 現地でのマーケティング展開	輸出部 国際事業部 (海外事業部)	海外への視野の広がり
現地生産	現地組立工場 現地一貫工場		現地志向 主要現地市場重視の経営
開発の現地化	現地仕様への設計機能 現地向け製品開発		
地域内ネットワーク	NAFTA，EUなど地域内分業の展開	地域別事業部制 地域本社制	地域志向 地域内の関連を重視
グローバルネットワーク	グローバルな企業内国際分業 グローバル統合化	世界的製品別事業部 グローバル・マトリックス グローバル・ネットワーク	世界志向 地域間の連携を重視 国家特殊性に基づく活動の配置

注）茂垣（1999：146）
備考）「経営のパースペクティブ」に関しては，Heenan & Perlmutter（1982），小林規威（1980）を参考に作成

から出発し，国際的事業の経験を積むことによって，すなわち，国際ビジネスや国際経営を段階的に学習するにしたがって，知識・ノウハウを蓄積しつつ漸進的に進んでいくのが一般的であるといわれている。

これまで多くの多国籍企業化の発展段階モデルが提起されてきたが（たとえば，Robinson 1984；Ansoff 1984；小林 1980；大前 1987），すでにわれわれは別著においてそれらモデルの特徴については指摘した（根本・諸上 1992）。ここでは，それらの議論を踏まえ，海外事業展開について見られる特徴に焦点を当てて一般的な発展段階を検討する（図表1-4）。

1. 間接輸出段階

第1段階は，間接輸出である。海外市場への参入の開始は，どのように行われるのであろうか。参入国を調査し，その市場に計画的に参入していく方法もあるが，多くは「海外からの偶然の引き合い」によるケースも多いといわれている。また，それらの場合，自社ブランドではなく，OEM（相手先ブランド名生産）供給やPB（プライベート・ブランド：流通業者ブランド）生産の場合もある。いずれにしても，海外取引契約や貿易の知識，あるいは参入国に関する環境情報については未知の部分が多い。それら知識ノウハウの欠如から，それらに精通した業者，すなわち仲介業者を用いるのが一般的である。また，みずから輸出業務を行うために，専門の担当者やセクションを設けることは当然のことながら間接費がかかる。海外での販売量が少ない場合には，仲介業者を用いた方が有利である。また，現地でも販売経路の構築が必要であるが，これも現地の業者を用いた方が販売投資を節約できる。これらの理由から初期段階では現地の業者を用いるケースが多い。

2. 直接輸出段階

第2段階は，直接輸出による海外事業展開である。

間接輸出により海外の市場に参入し，海外での売上が増加し，輸出が伸びて

くると間接輸出のメリットよりもデメリットの方が大きくなる業種が出てくる。それは，差別化マーケティングや技術サービスが競争上の優位性においてきわめて重要な業界である。吉原（1988）は，間接輸出から次の直接輸出への転換をもたらした最大の理由として，間接輸出の次のような問題点を指摘している。

・メーカーとユーザーの中間に商社が介在するため，メーカーはユーザーのニーズをつかみにくい。
・メーカーはユーザーへの差別化マーケティング（広告宣伝，販売店助成，価格政策など）を実施しにくい。
・メーカーはユーザーへのアフターサービスや技術サービスを実施しにくい。

つまり，メーカーと海外ユーザーの間に仲介業者（国内仲介業者，現地流通業者）が多く介在するために，企業とユーザーの間に情報ループをつくりあげることが難しいのである（吉原1988：35-36）。製品差別化により競争を展開する企業は，そのような情報ループの形成はきわめて重要である。それは製品差別化戦略特有の次のような要因による。

・製品差別化といっても，ユーザーに受け入れられる差別化が必要であり，現地市場情報の入手は製品開発にあっても不可欠である。
・差別化製品を認知されるには，現地での差別化マーケティングも必要である。

上記のことを自社の政策として行うには，なるべく他社を排して，自社のコントロールが効く方法が求められる。直接輸出は，自ら輸出業務を行う形態を指すが，海外では自社販売子会社を設けずに，現地の仲介業者にすべてを任すケースと，自社販売子会社を設ける2つのパターンがあるが，自社販売子会社を設けた方がこの情報ループの完成度が高いことはいうまでもない。ただし，この場合，海外直接投資（販売投資）を必要とし，それを管理するコストがかかるわけであるから，それを維持できるだけの売上が現地で見込まれなければ

図表 1-5　直接輸出と間接輸出の選択的側面

```
                                              貿易ノウハウの欠如
           ┌─ 間接輸出                         海外売上の低さ
           │                                  非差別化製品で価格勝負
輸出 ──────┤                    ←── 選       ↑
           │          ┌─ 現地業者の利用  ←── 択 ←──┤
           └─ 直接輸出─┤                              ↓
                      └─ 自社販売子会社＋現地業者      情報ループが重要
                                                      海外販売投資に見合う売上
```

ならない。

　吉原は,「繊維, 化学 (ファインケミカルでないバルク製品), 鉄鋼など非差別化の中位技術製品の場合には, 差別化マーケティングや技術サービスなどをあまり行わなくてもよいから, 情報ループの形成の必要性は強くない。これにたいして電機, 自動車, 機械, ファインケミカルなどを輸出する場合には, 差別化マーケティングや技術サービスが不可欠であるから, 製造企業とユーザーのあいだに効率的な情報ループをつくりあげなければならない」(吉原1988：35) という。

　このように見ると, 間接輸出から直接輸出へという進展は, あらゆる企業にとって必然ではなく, 輸出による海外事業展開は, 国際マーケティングから見た自社製品の特性, 現地情報の重要性, 差別化マーケティングの必要性などと, 現地での売上高 (見込み) を勘案してどのような輸出形態が良いのかを戦略的に選択すべきであるということになる (図表1-5)。

3. 現地生産段階

　海外生産は, その目的からは, 現地生産と第三国生産 (およびその両方) に分けることができるが, 海外販売子会社設立の次の段階としては, 現地生産の開始が見られる。ここでは, その現地生産について見てみよう。

　現地生産の基本は, 現地販売のための現地での生産である。現地生産の引き金は, 多くは, 国際環境の変化とライバル会社の行動である。現地政府による

国内産業保護や雇用の改善，国際収支の赤字是正等を目的とした輸入品に対する規制や為替変動やライバル会社（現地国企業を含む）の現地生産の開始といった要因である。しかしある国での現地生産を決定する際には，フィージビリティ・スタディとして多様な自社内要因と環境要因の組み合わせを検討する必要がある。たとえば，自社内要因としては，以下のような要因の検討が重要である。

・独自生産技術の保有（現地他企業からのOEM供給が難しい場合など）
・各種ノウハウ・知識等の移転能力（マニュアル類の現地語での整備，派遣要員の質と量，教育訓練のノウハウ）
・現地販売会社経営の経験を通じた現地管理能力（現地従業員の管理ノウハウ等）
・現地での販売力（現地での生産量を販売できる能力）
・現地環境についての情報収集能力（たとえば，現地販売拠点を通じての収集）
・トップの経営志向性（たとえば，「消費地生産」を原則とするなど）

同様に，環境要因としては，主に以下のような要因の検討をする必要がある。

・現地の市場規模（生産投資を回収できるだけの市場規模があるかどうか，および市場成長可能性）
・市場特性（現地特有の製品に対するニーズ）
・競争構造の変化（現地企業の同種製品での参入，外国企業の参入や現地生産の開始などライバル企業の行動）
・現地国政府の政策（関税引上げ，輸入規制，外国企業誘致のための優遇政策等）
・現地での関連産業の集積度（必要な部品・コンポーネントの現地調達可能性ないし輸入可能性）
・為替レートの変動（部品輸入に不利な変動）

これらの自社内部と現地環境に関わる諸要因のウエイトづけをもった組み合

わせで現地生産に関わる決定がなされることになる。

　これまで日本企業は，当初は現地で最終組立だけを行う工場が多く，多くの部品・コンポーネントは日本からの輸出によっていた（KD：ノックダウン方式）。輸送コストや関税が完成品よりも低かったからである。しかし，現地国にとっては貿易摩擦の解消や雇用改善，あるいは技術移転を伴わないなど問題が多く，「スクリュー・ドライバーズ工場」（ねじ回しだけの最終組立）と批判された。同時に，多くの国では製品ごとに異なるが，一定の現地部品調達率を要求するローカル・コンテンツ規制を設けている。そのような場合，現地での関連産業の集積度は重要な意味をもつことになる。

　さらに，この現地生産においては，これまで国内で培った生産に関わる知識・ノウハウの移転は重要である。特に日本企業の場合，いわゆる日本的生産システムの基で国際競争力を向上させてきたため，そのような強みのある部分をいかに海外の工場に移転できるかが競争力の維持という観点からは重要になる。しかし，他面では，日本的マネジメントからもたらされる問題も多い。

4. 開発の現地化段階

　現地生産により研究開発の機能の一部が現地で展開される。それにはいくつかの理由からである。まず現地生産・販売の製品の現地適応化である。これは，本国で開発された製品を現地の仕様に合わせることから出発する。現地市場向けのマイナーチェンジである。多くは現地工場に付属する形で設置される。しかし，この初期においては，基本設計は，本国でなされており本格的な製品開発の段階ではない。この次の段階として，現地での製品開発がなされるケースも出てくる。現地により適合した製品が求められる場合である。つまり，現地特有のニーズが存在し，それに適合することが競争力の向上をもたらす場合である。開発の現地化は，当初は日本で開発した製品を現地向けに部分的に修正することから始まり，現地向け製品の開発へと展開するとみられている。現地における消費者のニーズに適合した製品，デザイン，サービスを開発

するには，ニーズの的確な認識およびその変化に対する素早い対応において，その市場で開発活動を行うことが重要だからである。しかし，本格的な現地製品開発への移行は，特有のニーズの存在はもちろんのこと，その市場の規模などの競争条件と現地での開発能力のレベルに関係する。

また，現地でのニーズへの製品適応化のみならず，生産設備の現地適応化も必要とされる。日本の工場に比べて海外工場は一般に，生産量が少ない。また，作業者の教育レベルも概して低く，さらに部品工業や関連産業の発達の程度も低いところが多い。このような現地の事業にあう生産設備を開発することが，海外工場を成功させる上で重要なポイントになる（吉原1992：137）。

このような研究開発機能の現地化は，現地国政府による影響もその要因としてあげられる。途上国では特に技術の一方的導入による海外への技術依存から脱皮することを重点的方針とするところが多いため，技術の現地化，すなわち，多国籍企業の研究開発の現地化を要望，要請する傾向は強い（根本1992：29）。

この段階が追求され，徹底されてくるにしたがい，製品開発から販売・アフターサービスまで多くの機能が現地国に移転され，現地ではほぼ一貫したビジネスシステムを備えるようになる。

さらに，この段階まで見られる現地生産と現地開発拠点の設置は，その能力の高度化とともに現地適応化能力を高めることになる。これら能力の高まりと，現地でのビジネスチャンスの存在は，現地での製品多様化，さらには事業の多角化への可能性をもたらす。

5. 地域内ネットワーク段階

これまでの段階は，本国と進出先国との間の2国間関係が中心である。間接・直接輸出，現地生産，現地開発の各段階とも共通しているのは，現地国市場での市場活動に必要な活動の移転であり，本国と現地国市場との間の分業関係と見ることができる。

しかし，海外の販売および製造，さらには開発拠点の増加は，それらの間の統合化を図る動機を与える。すなわち，拠点間でのより効率的な資源配分や製品・部品の供給の調整である。各主要国市場ごとに主要活動を有することは，現地適応性に優れる反面，企業全体として見たときに投資および活動の重複ロスからもたらされる効率性ないし経済性の欠如につながりやすい。そこでそれらの重複ロスを避け，経済性を向上させるために各拠点間の調整が求められるのである。

その一つの方法は，地域的な「まとまり」で括る方法である。それを推進する環境要因としては，地域経済圏の登場である（第2章参照）。欧州連合（EU），北米自由貿易協定（NAFTA），アセアン自由貿易地域（AFTA）などの地域内での関税引下げ等を通じた一体的な経済圏の形成ないしそれを目指す動きである。それらの動きに合わせて，企業は域内での分業関係の構築を捉え直す考えが促進される。

一例として，近年，東南アジアへ1960年代から進出している日系家電メーカーは，同地域での生産子会社再編の動きが活発化している。1960年代から70年代にかけて，輸入代替拠点として設置された子会社で，それらは，アジア各国政府による輸入代替工業化政策がその主な理由であった。そのため，輸入代替を目的に各国で様々な製品をそれぞれワンセットで生産してきた。現地国市場での製品一市場の小ささから，それは多品目の小ロット生産であった。しかし，アセアン自由貿易地域（AFTA）計画による同地域内各国間関税引下げなど，広域経済圏の形成は，状況を一変させ，どこで何を生産するか。地域内の国家特殊性と生産効率を考えた拠点間の分業関係の見直し時期になっている。さらには，1997年のアジア通貨危機による経済的打撃は，地域内での拠点配置の再編を余儀なくさせている。

このような地域内ネットワークでは，単純な現地生産ではなく，第三国生産を含めた地域内ロジスティクスが検討されることになる。第三国生産は，現地販売が主たる目的ではなく，他国市場での販売を主たる目的とした生産であ

る。そこで生産された部品ないし製品は，他国へ輸出（本国への再輸出も含む）されることになる。もちろん，現実には，「現地生産目的＋他国への輸出」という組み合せもありうる。第三国生産では，市場へのアクセスを含めた比較優位や国家特殊優位の分析に基づく立地国の選定が重要な問題になる。つまり，第三国生産も海外生産という意味では同じであるから，現地生産での生産に関わる内外の要因は同じである。しかし，他国への輸出という点で，輸出に関わる現地環境要因が検討要因として付加される。すなわち，輸出先国へのアクセス（港湾，航空などの整備状況から輸送コスト，輸出先国との生産国との通商上の諸関係），輸出型外資系企業への優遇策などの有無，などの輸出に対する要因を踏まえて立地国を絞り込み，決定することになる。

このような地域内での活動の調整の中心として期待されるのが，地域（統括）本社である。どこで何を生産するか，各拠点での生産品目の見直しなど，地域内での分業体制の構築・再構築には，現地に近い「指令塔」「調整役」としての地域本社の必要性は増大してきている。

さらに，この段階では，製品開発や技術開発の機能も地域本社を中心にして設置され，地域向け製品の開発から地域内工場の技術支援や移転など，その活動も活発化してくる。

6. 統合的ネットワーク段階

さらに，これら地域を超えた調整を行うことによって世界的規模で統合的に事業活動を管理することにより，グローバル・ベースで，国家特殊優位，規模の経済を利用し，経済性の向上を図る企業が出現する。この場合，地域内ネットワークをベースとしながら，地域間の調整を図ることにより，緩やかな統合をはかるケースと，ダイレクトに世界的製品別事業部（「経営組織の国際化」を参照）がグローバル・ベースでタイトな統合を図るケースがある。それは，事業および事業内でも製品の特性（輸送コスト，関税，ニーズの異同性）によって変わってくるが，いずれにしても，各国のもつ国家特殊優位性と市場へのア

クセスを勘案して各活動のロケーションを検討する必要がある。

さらに，研究開発機能でも，基礎研究をも含めて各研究内容に応じた海外研究所が設立され，調整，分担の上で，技術や製品開発に関わる研究も海外で行われる。そしてグローバルにネットワークを形成し，それぞれの役割を分担し，調整の下に研究開発が行われる。

このような世界規模での各機能内および各機能間の分業体制の構築は，（本国も含め）拠点間の相互依存性を高め（部品・製品，技術や各種ノウハウ・知識のやりとりなど），拠点間の高い調整能力を必要とする。すなわち，個々の拠点（海外子会社のみならず本国親会社を含む）内部のマネジメントをうまく行うことだけではなく，その拠点間のマネジメントの成否が競争力の向上にとって重要な課題となる。

第4節　戦略選択としての企業の多国籍化

ここまで，海外直接投資論を中心とした企業の多国籍化を説明する理論と多国籍化の発展段階論について概観してきた。これら両者のアプローチから何がいえるのか。第1は，海外事業展開におけるコントロールとリスクの関係である。海外直接投資論では，その大きなポイントとして内部化によるコントロールの存在が企業が多国籍化する大きな要因として指摘される。しかしそのようなコントロールを実現するためには，資源投入量を増大させる必要があり（たとえば，単独出資の生産子会社の設置への投資），失敗時のリスクを高める要因になる。したがって，第2に指摘されることは，発展段階論的に順次に資源投入量の少ない形態（他社を活用するためにコントロールは低い）から経験をつむことによって現地で必要な能力や情報・知識を獲得し，現地で事業を行うことの不確実性を低下させ，失敗の可能性を低くした上で資源投入量を増やしていくことが妥当であるとされていることである。

ここで確認すべきことは2つある。第1に，ある程度精通している国内ではなく海外で事業を展開するという場合の，その事業環境の特殊性ないし不確実

性とはどのような意味を有するのか。第2に，どのような企業も同じ発展段階を通り，最終段階に至ることが必要なのであろうか。後者についてさらにいえば，企業の属する業界ないしは企業の保持する事業の性格によっては海外の事業形態は異なるのではないだろうか。企業の多国籍化という行動は，序章で述べたような戦略的な意思決定であり，その戦略的意思決定は自社（ないし多角化企業にあっては各事業）を取り巻く環境の認識と自社能力の評価により決定される。その意味で，発展段階論的なアプローチは自社能力，換言すれば経営資源の形成と蓄積に影響を与えると考えられる。しかしながら，業界での競争構造が異なれば戦略の選択も異ならざるを得ない。このように，企業の多国籍化を考える際には，企業の多国籍化によってもたらされる環境の不確実性の意味と業界における競争構造を理解する必要がある。そこでまず第2章では，企業の多国籍化に伴う事業環境の変化について検討を加え，つづく第3章では，その事業環境の中でも比較経営の分野で蓄積されてきた文化的多様性についての議論を取り込み，国際経営上の問題を提示することにする。

第2章　国際経営と経営環境

　企業がその行動舞台を国内のみならず海外諸国まで広げるにしたがい，国内とは違った環境に能動的にも受動的にも反応しなければならなくなってくる。国際環境の複雑でダイナミックな環境変化は，戦略的なパースペクティブ（視点）を広げると同時に，大きな転換をも余儀なくされるものである。そして現在保持している競争優位は，必ずしも将来を約束するものではなく，国際化と同時に新たな競争優位をどのように形成・蓄積し，海外拠点を含めた企業グループ全体としてそれらをいかに有効に活用するかが今後の企業の成長にとって鍵となる。国際経営管理はそのような特有の課題を有しているといえよう。

　国際経営管理とは，国境を超えた拠点および拠点間の経営管理であることは上述した通りである。このことから，国際経営管理に大きな影響を与える国際経営環境の認識が重要になる。そこで次に，進出先で考慮すべき企業を取り巻く経営環境から，より複雑な国際政治関係，国際経済関係という国際関係（二国間関係から多国間関係，および地域経済圏）についてどのような視点から認識すべきかを見ることにしよう。

第1節　国際関係の中での多国籍企業

1. 進出先国の経営環境と本国との2国間関係

　海外で事業を展開していない国内的企業は，戦略の策定や経営管理においても国内環境の認識に限定されている。しかし，海外直接投資によって多国籍化してくると，企業はその進出先国の環境を認識し，それに応じた経営管理を必要とする側面が多くなる。そこでまず進出先国の環境要因について見てみる必要がある。その環境要因は様々な側面で分類できるが，たとえば，政治・政策的環境，経済的環境，法的環境，社会・文化的環境，競争環境，技術的環境な

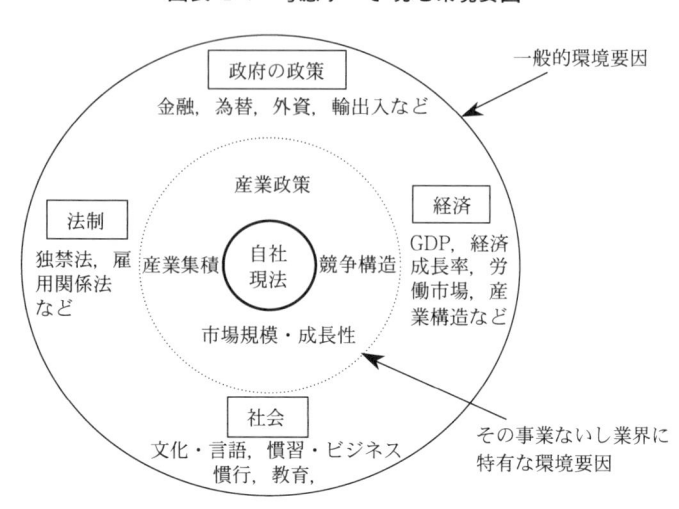

図表 2-1 考慮すべき現地環境要因

```
                政府の政策                一般的環境要因
        金融, 為替, 外資, 輸出入など

              産業政策
  法制                              経済
独禁法, 雇    産業集積  自社   競争構造   GDP, 経済
用関係法              現法              成長率, 労
など                                    働市場, 産
              市場規模・成長性           業構造など

                 社会                    その事業ないし業界に
        文化・言語, 慣習・ビジネス        特有な環境要因
        慣行, 教育,
```

どをあげることができよう。図表2-1は，現地国の環境を現地国の一般的環境と当該事業に特有の環境とに例示的に分けたものである。もちろん，これら要因のすべてが等しく現地での事業経営に影響を与えるわけではなく，そこには，当該企業に直接大きな影響を与える要因（1次的要因）と間接的に影響を与える要因（2次的要因）とがあろう。しかし，一般的環境だからといって間接的環境とは限らないし，1次的要因でも意思決定に影響を与えるウエイトは異なるとともに，それらの要因の関連性も認識されねばならない。それらをどう認識するかは，その国で行う事業活動の形態と内容，そして自社のもつ経営の志向性（第5章参照）によっても異なる。たとえば，輸入代替型現地生産の場合，当該事業に関わる市場規模およびその成長率は大きな要因であるが，輸出拠点型生産の場合，それよりも現地政府の輸出入に関する政策や規制が考慮すべき大きな環境要因となる。

さらにここで注意すべきことは，社会環境のうち，言語や価値観，教育水準は，従業員の雇用によって企業内部に持ち込まれる。それらは外部要因のみならず，企業内部の要因としても作用する。

以上のような進出先国の環境要因のみならず，もう一つ重要な視点がある。それは進出先国政府と本国政府との2カ国間の「経済関係」および「国際政治」関係である。もちろん，2国間の経済的問題は，それらの国の間でのきわめて政治的な問題であり，両者は密接につながっている。国際政治関係の基本的構成要素は「主権国家」であるが，自国の利益および権益を護るのが主権国家の存立理由である。しかし，経済活動の主たる担い手である企業は，それら国家の領土を超えて活動するようになった。その典型が多国籍企業である。つまり，多くの国民経済にまたがって活動することから，国際政治関係と国際経済関係の視点を取り入れることが必要となる。例示的には，以下のような2国間の政治関係と経済関係があげられよう。

・広く世界的な国際政治関係において協調関係にあるのか，あるいは，対立関係にあるのか
・2国間における通商条約の有無およびその内容
・2国間での投資協定（2国間投資協定：Bilateral Investment Treaty：BIT）の有無および内容
・2国間の国際収支バランス
・2国間の経済的依存関係（経済支援，技術支援）

これら2国間関係が企業の国際的な行動に影響を及ぼすのは，企業の行動が，それぞれ本国と進出先国の社会あるいは経済に影響を与えるからである。それは，特に「少数の大企業からなる寡占的業界においては，ライバル関係にある一方の企業は，他の企業の行動に対してそれと同様の行動をとることによって対抗するという企業行動」（Knidkerbocker 1973：1）によって増大する。たとえば，かつて日本企業の欧米先進国への「集中豪雨的輸出」は，貿易摩擦となってそれらの国々と日本との間の2国間関係を悪化させた。各国政府は，自国の利益を護るために，日本政府との交渉を行う。その交渉の結果合意された2国間の取決めが，企業の行動に影響を与える。このように，2国間関係は，ある部分，各企業の行動の総体的な結果を反映している面もあり，またそ

れが企業行動に影響を与えるのである。

2. 多国間関係と地域経済圏

　以上のような本国と進出先国の2カ国に限定した2国間関係は，企業多国籍化の初期段階に見られるプリミティブな国際経営環境である。より高度な企業内国際分業を展開するようになると，そのような限定的な2国間関係の視点では不十分になる。たとえば，単純に，ある進出先B国で販売する製品のラインアップのために本国A国のみならず第三国であるC国子会社から製品を調達する場合，それら各国の経済的および政治的関係が問題になる。単純な2国間関係から本国とB国，本国とC国，B国とC国というように「複合的な2国間関係」の考慮が必要になる（図表2-2）。企業が拠点を分散化し，企業内国際分業を高度化すればするほど，その2国間関係の複合度は高まる。かくして「国民経済の集合体としての国際経済，各国政治の集合体としての国際政治，そして各国法体系の集合体としての国際法，等々の国際経営環境の諸次元がモザイクのように錯綜している中に多国籍企業が身を置いている」（鈴木1988：25）といえる。

　このような国際経営環境としての国際経済，国際政治は，多国籍企業にとってその活動を規制する側面と促進する両面を持っている。たとえば，NAFTA（北米自由貿易協定），EU（欧州連合），AFTA（ASEAN自由貿易地域）のよう

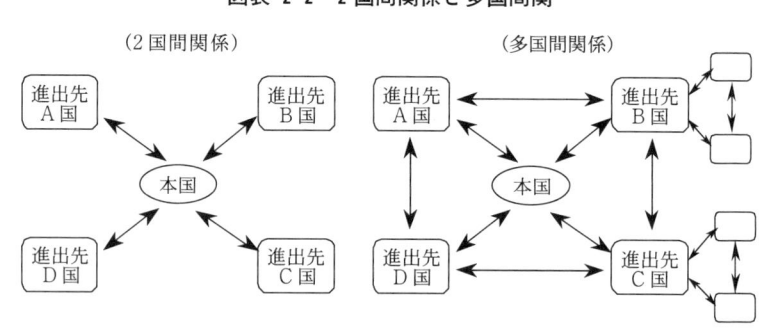

図表 2-2　2国間関係と多国間関

な地域経済圏の形成は，各地域内での企業活動の最適配置を可能にするという点で柔軟に国を選定できる。それら地域内での国際関係の「多国間関係」の利用である。この状況では，2国間関係ではなく地域内の多国間関係と本国との国際関係がそのベースになる。さらに，各地域経済圏間での企業内国際分業は，それら地域間の国際関係が多国籍企業の行動に影響を与えることになる。

このように，一方で，多国籍企業の行動に大きく影響する国際関係は，変化しつつあるが，他方，巨大化し，各国経済および世界経済に大きな影響を及ぼしうる多国籍企業は，それら国際社会に対して大きな責任を有していることを十分自覚する必要がある。

第2節　国際経営環境の特質

1. 企業にとっての環境と環境認識

環境（外部環境）とは，企業に影響を与え，変化をもたらす外部の要素，およびその状態をさす。それら環境には，政治，経済，社会・文化，法律，市場，技術などがある。企業は環境との相互作用を通じて存続している。一般的にいえば，その中でも企業活動に直接関係しているのは「企業へのインプットに関わる環境」と「企業がアウトプットする環境」である。すなわち，インプットに関わる生産要素市場（資金市場，労働市場，原材料・中間生産物市場）とアウトプットする特定の製品市場である。その製品市場では顧客（潜在的・顕在的顧客）と競合関係にある競争企業の行動がアウトプットの有効性を決定づける。したがって，従来，市場環境が直接環境とか一次環境，ミクロ環境と呼ばれ，その他の間接的に影響を及ぼす環境（間接的環境，二次的環境，あるいはマクロ環境）と区別された。しかし，先に述べたように，重要なのは，自社に与える環境要因の重要性の認識である。間接的にであれ自社の行動に影響を与える要因は重要視されねばならない。ここに2つの問題が生じる。

第1は，環境の認識という側面である。企業を取り巻く環境，すなわち外部

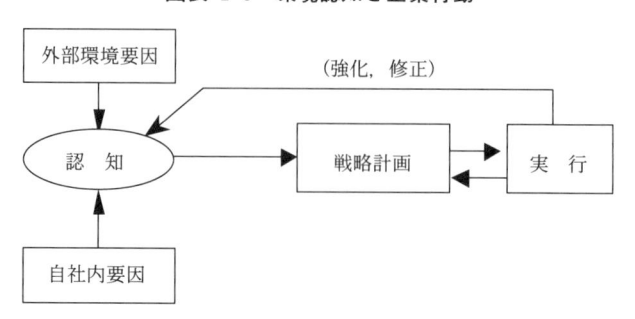

図表 2-3　環境認知と企業行動

環境と企業の間の基本的な関係を決定するのが，経営戦略である。経営戦略は，外部環境要因の認識と自社内の要因（内部環境要因）の認識に基づく，長期的な意図をもった計画化，すなわち，戦略計画化である。その際，そのような企業内外の要因の中でも重要性を認識される要因とあまり重視されない要因がある。企業は，過去の経験からいくつかのパターンを学習する（成功パターンや失敗パターン）。それが繰り返されると企業のメンバーに定着し，ある思考パターンに大きな価値が付与される。つまり，ある特定の思考パターンとは，どのような内外の要因を選択し，評価・重視したか，どのような基準で戦略の代替案を選択したか，ということの累積の結果として形成される。その意味で，同じ外部環境要因を同業他社が同じく選択，評価するとは限らない。つまり企業は認知された環境に対応していることになる（図表2-3）。

2. 企業の多国籍化と企業環境

ここから第2の問題が生じる。それは「考慮すべき環境要因の数およびその異質性の増大」と，その「環境要因およびその要因間関係の変化」をどのように認識するかである。

まず，要因の変化を考慮しないで，要因の数と異質性に限定して見てみよう。企業は，海外に事業活動を展開するにつれて，考慮すべき要因の数およびその要因の異質性は増大する。しかし国内企業にとっては，その国の経済や社

会の中で存立してきており，政治や社会・文化，法律というような要因は，既知の部分が多い。したがって，戦略的決定においては，（ここでは考慮しないこれら要因に金融ビッグバンのような大きな変化がない限り）意識的に環境要因として認知することはほとんどない。むしろ意思決定の前提として受け入れられている。ところが，多くの国々で事業活動を行う多国籍企業にとっては，「国内企業にとって当然視されるこれらの環境要因の一つひとつが真新しいもの」であり，さらに，各国の政治，経済，社会，法律などの相違に加えて，「進出先国の国々が構成するところの国際関係（政治・経済・法律等々の諸次元で構成される）も異なる」（鈴木，1988：21）。さらに，前述のように，社会・文化環境の中の言語，価値観，教育水準という要因は，現地従業員の採用という形で企業内部の要因を形成し，それが子会社ごとに異なるという状況をもたらすのである。このように，企業の多国籍化という活動の「空間的広がり」は，外部環境要因のみならず，社内要因を含めた"認識すべき"内外の環境要因の数が増大すると同時に，その内容も異なるという異質性の増大をもたらすのである。

　次に，問題なのは「要因および要因間の変化」，すなわち経時的な環境の変化であり，ここでは，変化の度合いとその予測可能性が問題となる。環境変化があまりない状況は安定的である。あるいは環境変化があるとしても，その変化が予測可能で，変化する要因間の関係とその変化の結果（自社に与える影響）が予測可能な場合（一般には継続的ないし周期的な変化）は，事前に対応できる。そのような環境変化は，安定的な変化であるといえよう。

　他方，変化が急速に展開し予測不可能な場合，あるいは変化する要因間の関係やその変化の結果が予測不可能な場合，いわゆる構造的変化が生じ，従来の因果構造では説明できない状況になり，企業はその変化の対応に苦慮することになる。

　これら企業の多国籍化によってもたらされる「考慮すべき環境要因の数およびその異質性」（環境要因の多様性）の「多―少」と，その「環境要因および

図表 2-4　環境要因の多様性と環境変化

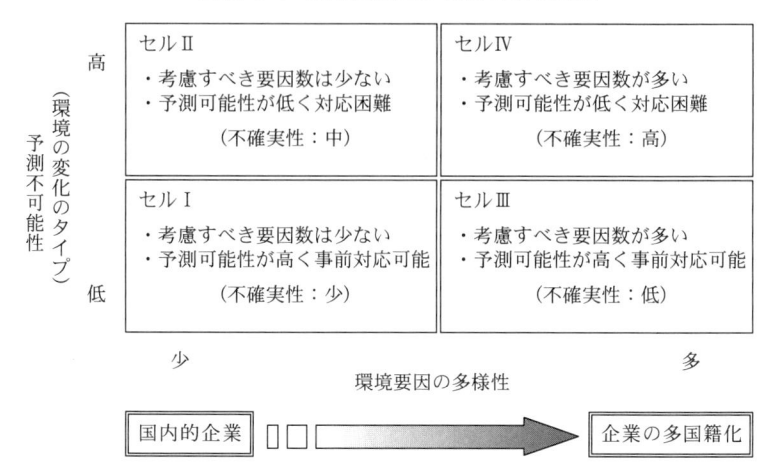

	環境要因の多様性：少	環境要因の多様性：多
（環境の変化のタイプ）予測不可能性：高	**セルⅡ** ・考慮すべき要因数は少ない ・予測可能性が低く対応困難 （不確実性：中）	**セルⅣ** ・考慮すべき要因数が多い ・予測可能性が低く対応困難 （不確実性：高）
（環境の変化のタイプ）予測不可能性：低	**セルⅠ** ・考慮すべき要因数は少ない ・予測可能性が高く事前対応可能 （不確実性：少）	**セルⅢ** ・考慮すべき要因数が多い ・予測可能性が高く事前対応可能 （不確実性：低）

国内的企業　→　企業の多国籍化

その要因間関係の変化」（環境変化のタイプ：予測可能性）の「高―低」との組み合わせは，図表2-4のように示すことができる。

　環境の多様性（要因の数と異質性の多さ）と環境変化の予測可能性の複合によって"認知される"環境の「不確実性」の程度が決まる。企業の多国籍化は，その活動の空間的広がりにより環境の多様性が増加し，それだけでその不確実性は高まる要素となる。現在のように環境の変化が激しく，何が起こるか分からない（あるいは何が起こっても不思議ではない）時代では，環境変化の予測可能性も低下し，多国籍企業を取り巻く環境の不確実性はかなり高い状況になる。この不確実性を下げる，逆にいえば確実性を高めるためには，企業の環境認知能力を高める必要がある。環境要因の多様性に対しては，組織を分化することによって認知能力を高めることができる。環境要因の異質性に合わせて権限を現地企業に委譲することにより的確な現地情報の収集と現地の環境に適した判断が可能になる。しかし，それら現地環境の異質性への適応のための分権化は，多国籍企業全体としての統一性ないし統合性をそこなう要素を内部に抱えることになる。そこでそのように分化した組織を統合するメカニズムが必要とされる。後述するように，特に，国際競争戦略でグローバルな拠点間の

統合化によって競争優位を築く「グローバル戦略」(Porter 1989)を追求する多国籍企業にとってはこの拠点間の調整は不可欠となる。国際経営における解決すべき重要な課題の一つは，この高度な「分化と統合」の達成である。

　このような環境要因の多様性に加えて環境変化の予測可能性が低い場合には，より一層の認知能力の高度化が必要とされる。それは，現地情報の収集とその整理を行う専門の組織単位の設置である。すなわち，サービス・スタッフ機能の充実である。もちろん，まったく予測可能になるわけではない。あくまでも予測可能性をいくらかでも高めるためである。したがって，環境変化の予測性が低い場合には，タイトな計画化（当然のことながら計画は予測に基づく）が困難になり，その計画の高い柔軟性が必要となる。複数の計画案（コンティンジェンシー・プラン）や短期での計画の見直しが必要となる。予測できない状況であるからむしろ事後的対応が多くなる。それをスピーディーに行うには，課題志向型で機動性のあるプロジェクト型の組織（プロジェクト・チーム，タスクフォースなど）が随時必要となる。各拠点での環境要因の多様性を考えれば，このような状況ではより一層の分化を必要とし，組織全体の効率性を高めるためには，同時にそれを統合する機能が不可欠となる。

3. 環境変化の主体としての企業

　企業は，このように環境の変化に対して適応して存続を図っている。しかし，企業は環境変化に受身的に適応していくだけではない。企業は取り巻く環境の中でオープン・システムとして「相互作用」する主体である。もちろん，個々の企業がすべての環境要因を制御できるわけではない。法的環境，政治的環境などの制度的環境を自己の意思で自由に変えることはできない。しかし，企業が直接参加する製品市場や業界構造は，その主体的メンバーとして変えていくことは可能である。また，ある会社は，他の会社にとって環境の要因として位置づけられ，環境変化の主体として見なされうる。すなわち，企業は，環境変化に対し受動的に反応する存在としての側面のみならず，その環境で行動

することによって変革を創造する主体的な側面を有しており，むしろ，自社に有利な環境を創造する企業が著しい成長を遂げるともいえる。これからは，従来の業界の常識（競争ルール）を打ち破り，新たな業界構造を作り上げられる企業が高収益を確保できる。その代表的企業は，IT技術を梃子にして新たなビジネスモデルを構築した企業群である。ここで重要なのは，自社の有利なように業界の競争の在り方を換えるチャレンジである。環境変化は企業にとって脅威ばかりではなく，競争ポジションを変える好機でもあると捉えられるのである。

第3節　国際経済関係の動向

多国籍企業は，国民経済の枠を超えて事業活動を展開するところにその特質が求められる。そのような国家を超えて活動することから，多国籍企業のマクロ環境としての国際関係の枠組みの変化は，その行動に大きな影響を与える。ここでは，そのような国際経済の大きな流れである貿易の自由化と近年台頭している地域主義（地域経済圏）について見ることにする。

1. 経済のグローバル化とWTO

経済のグローバル化によって急速に相互依存関係をます世界経済で求められているのが，多国間主義に基づく世界貿易の自由化であり，多国間での投資協定である。たとえば，ガットを中心とする多国間交渉をベースとする貿易自由化の流れ（図表2-5）は，WTO（World Trade Organization：世界貿易機構）の設立（1995年）によって加速することが期待されている。従来のガットは，「関税および貿易に関する一般協定」であり，予定されていた国際機関であるITO（国際貿易機構）の設立がアメリカ議会の反対で流産したため，その協定は，1994年4月まで，暫定的発行のままであった。つまり，ガットは，国際機関ではなく，締約国間の「暫定適用の一般協定」であった。ガット・ウルグアイラウンドで合意されたガットに代わる「国際機関」としての世界貿易機構

図表 2-5　ガットにおける多国間貿易交渉

時　期	交渉期間	交　渉　名	参加国数	交渉の成果
1947年	7カ月	第1回交渉	23	関税の引下げ(約4万5,000品目)
1949年	7カ月	第2回交渉	32	関税の引下げ(約5,000品目)
1950～51年	8カ月	第3回交渉	34	関税の引下げ(約8,700品目)
1956年	5カ月	第4回交渉	22	関税の引下げ(約3,000品目)
1961～62年	15カ月	ディロン・ラウンド	25＋EC	関税の引下げ(約4,400品目)
1964～67年	37カ月	ケネディ・ラウンド	46＋EC	関税の引下げ(約3万3,000品目) ダンピング防止協定，穀物協定等の策定
1973～79年	75カ月	東京ラウンド	99＋EC	関税の引下げ（約3万品目） 非関税障壁等に関する10本の協定類の策定
1986～94年	91カ月	ウルグアイ・ラウンド	124＋EC	関税の引下げ・譲許（約30万5,000品目） 農産物の関税化，WTO設立協定およびサービス貿易，知的所有権等に関する協定等の策定

出所)「ガットの全貌」(日本関税協会),『1994世界と日本の貿易』ジェトロ, p.29

が設立されることは，世界貿易の自由化を促進する基盤ができたことを意味する（ジェトロ1994：29-32）。

　ガット・ウルグアイラウンドでの合意により，WTOは，そのカバーする範囲と権限が拡大されている。大きな特徴としては，次のような点があげられる。

1) 拘束力のある国際条約である。WTO設立のための本体協定（全16条）の他，付属書（1～3などから構成される計18条を，批准した加盟国が一括受諾しなければならない。また，国内法と矛盾した場合には，WTOの協定に合わせる方向でその国内法を改正しなければならない（ガットでは

国内法が優先していた)。すなわち，WTOに加盟することは，例外なしにウルグアイラウンドの結果を承認することを意味し，調印国すべてが批准する拘束力のある国際条約である（三井物産貿易研究所 1995：68, 235)。

2) 従来の商品（モノ）の貿易に加えて，サービス貿易の一般協定が新たに導入され，さらに特許や著作権などの知的所有権に関する協定までその範囲が広げられた。なお，ガットは，商品貿易に関する協定の一つとして継承される(｢ガット1994｣)。

WTO設立協定の付属書1の「サービス貿易に関する一般協定」(GATS) では，サービス貿易に関するはじめての包括的取決めで，モノの貿易と同様の原則がうたわれている。この協定では，具体的範囲として，① 業務サービス，② 通信/映画，③ 運輸，④ 建設/エンジニアリング，⑤ 流通，⑥ 教育，⑦ 環境，⑧ 金融，⑨ 保険，⑩ 観光/旅行，⑪ 娯楽・文化・スポーツが例示されている。しかし，事実上の先送りとなった分野も多く，例外措置が認められた分野もある。サービス貿易の定義を含めてまだ不透明な部分が多く，WTOの果たす役割の大きさも不確定な部分が多い。

なお貿易関連知的所有権協定 (TRIPS) では，著作権，商標，意匠，特許などの知的所有権に関し，国際的ルールを設定し，コンピュータ・プログラムやデータベースの保護が規定されている。

3) 輸出自主規制等の「灰色措置」の禁止。輸出自主規制は，輸出国側が自主的に行うという名目で行われる貿易規制であり，多くの場合，輸入国の政府が現状の水準で輸出を継続すれば，何らかの対抗措置をとるというメッセージを受けてなされるのが一般的である。しかし，はっきりとした形での保護貿易ではないというので，「灰色措置」と呼ばれるが，事実上相手国（産業，政府）から強制されるケースが多く，保護色の強いものである（三井物産貿易研究所 1995：274-225)。そこで，「セーフガード協定」（第22条〔b〕）では，輸出自主規制等の灰色措置の禁止が規定されていると

ともに，WTO設立時にそのような措置が存在する場合には，段階的に廃止することを規定している。

4) 紛争処理機関の設置。提訴国の要請で自動的に紛争処理委員会（パネル）が設置される。この紛争処理では，ネガティブ・コンセンサス方式（全会一致で否決されない限り自動的に決定）の適用を拡大することによって，その効率性の向上を図っている。そのプロセスは，以下のようになっている。

① パネルの設置（少人数による委員会）
② パネル勧告の採択
③ パネル勧告不履行の場合の対抗措置の発動

これらの各ステップでも詳細にタイムリミットが定められ，スピードアップが図られている。また，二審制をとっており，再審要請も可能である。なお，当事国が勧告を直ちに実施できない場合は，最長で15カ月間の実施期間が設定されており，その実施期間内に勧告が実施されない場合は，両国当事国間でその代償について交渉することになる。その場合，実施期間終了後20日以内に合意が得られない場合，提訴国は紛争解決紛争解決機関の了承を得て対抗措置を取ることができる。

以上のような特徴をもつWTOは，2国間の貿易紛争を回避し多国間交渉の中で自由貿易を推進していく国際機関である。そこでは，互恵・平等，多国間無差別がその原則である。しかし，各国の思惑の違いで交渉が難航している分野も多く，また，2国間の貿易問題を2国間で処理する動きや条件闘争がなくなっているわけではない（たとえば，米国の「包括通商法スーパー301条」〈不公正貿易国・行為の特定・制裁〉）。

2．地域主義の台頭

現在の国際経済関係を特徴づける動きは，特定地域内諸国間で地域経済圏を築き，その経済的結びつきを強化する地域主義（リージョナリズム）の台頭で

ある。しかし，各地域経済圏にはそれぞれ特徴があり，関税同盟を始め，より強固な統合化を図るものから，より緩やかな機能的協力のものまでさきざまである。ここでは，日本経済と関係の深いEU, AFTA, NAFTAの特徴を概観する。

1) EU（欧州連合）とEEA（欧州経済地域）

EUは世界でもっとも強固な経済統合形態である。旧EC（欧州共同体）から1993年のマーストリヒト条約（欧州連合条約）の1993年11月発効によりEU（欧州連合）に進展した。さらに，1995年のオーストリア，スウェーデン，フィンランドの欧州自由貿易連合（EFTA）からの脱退とEUへの加盟と拡大し，さらに通貨統合による完全な経済統合，政治統合までを視野に入れている。なお，日本企業の1980年代の主要な投資先がアメリカであったのに対し，1980年代末から1990年代の初頭に対欧州向け投資が拡大したのはこのEUへの布石であった。

このEUの大きな特徴は，域内の自由貿易協定に基づく加盟国の関税障壁，非関税障壁の撤廃のみならず，関税同盟により域外諸国に対する共通の関税や輸入制限，域外諸国への貿易制限をも共通化しているところにある。また，1994年，EFTAとの関税（従来から工業製品の関税はゼロ），投資規制などを撤廃し，EEA（欧州経済地域）を形成，自由貿易地域を拡大すると同時に，東欧諸国のEUへの加盟希望など，拡大EUへの動きも起こっている。さらに，1999年1月にはEU 11カ国で統一通貨ユーロが導入され，2002年には各国通貨の併用期間が終了する予定である。

このようなEU統合の動きに合わせ，進出している日本各社も域内で社会保障費の負担を含めた人件費の安価な国への生産拠点の移転や集約化，物流拠点の集約・統合，資金調達および決済でのユーロ活用と企業の対応が進んできた。また，ユーロ導入国では製品価格がユーロ表示で統一されるため域内価格差の解消に取り組んでいる企業もある。また，EU域内でのグループ内取引がユーロ建てになるため為替リスクがなくなることも域内の拠点間取引や域内貿

易にとっての大きなメリットとなっている。

2) NAFTA（北米自由貿易協定）

　北米の NAFTA は，アメリカ，カナダ，メキシコの 3 カ国の調印に基づき，1994 年に発効した域内の関税撤廃を原則とする自由貿易協定である。協定では，最長 15 年間で域内関税や非関税障壁を全廃することを規定している。しかし，EU とは異なり，域外に対する関税の共通化は行っていない。NAFTA では，包括的な資本取引の自由化，サービス貿易の自由化，知的所有権保護の標準化が取り入れられている点で，ガット・ウルグアイラウンドの合意に先駆けている。しかし，原産地規制（ローカルコンテンツ規制）が強化された点で，ガットが地域統合条項で禁止している通商制限強化の疑いがある（三井物産貿易 1994：262-263）。この原産地規制をクリアできれば域内関税を 2003 年までに廃止することで NAFTA 3 カ国は合意している。

　メキシコの保税加工地区（マキラドーラ・ゾーン：1965 年に導入）を利用する形で 1980 年代に多くの日本企業は直接投資を行ってきた。このマキラドーラ・ゾーンからの輸出のほとんどがアメリカ向けであり，日本企業にとってもアメリカ市場への拠点として大きな役割を果たしてきた。NAFTA に基づき 2001 年に廃止される予定であったが，その実質的存続の方針が伝えれている。NAFTA 域内での原産地規制の影響でマキラドーラ・ゾーンからの撤退や NAFTA 3 カ国以外からの投資の減少が予想されたからである。特に電機・電子部品と自動車・自動車部品の 2 分野では優遇措置がとられる。

　また，NAFTA に生産拠点を有し原産地規制をクリアしている企業は，この域内での分業体制を進展させている。たとえば，アメリカにおける 1998 年の新車販売は好景気に支えられ 2.9% 増加したが，生産ではわずかに減少している。その分がカナダとメキシコでの生産増大につながっている（『日本経済新聞』1999 年 1 月 20 日付）。

3) AFTA（ASEAN 自由貿易圏）

　AFTA は，自由経済地域の創設を目指して 1993 年 1 月に発足。主に域内関

税を 0~5% に引き下げる計画で，別に定める共通効果特恵関税（CEPT）協定で対象品目など細目が規定される。実施期限は 2003 年であるが，産業育成が不十分なベトナムは 2006 年，新規加盟したミャンマー，ラオスのほか，加盟が延期されたカンボジアの 3 カ国については 2008 年を達成期限とすることで合意されている。

1997 年に新規加盟国を加え「ASEAN 10」を実現することにより，東南アジア全域を対象とする人口約 5 億人の巨大な一大市場の形成に踏み出したことで，域外からの投資の加速が期待されるのみならず，域内の加盟国にとっても新たな市場，投資先が広がることを期待したが，1997 年のアジア経済危機によってその停滞が余儀なくされた。また，ASEAN が拡大を急ぐ理由の一つは，中国，インドといった周辺大国との投資誘致競争がある。特に中国との競合関係が強く，海外からの投資認可額で，中国は 1992 年にブルネイを除く ASEAN 加盟 6 カ国の合計を抜いている。

そのような中で，地域としての魅力度を高めるために，前倒し的な動きが出

図表 2-6 BBC, AICO, CEPT の内容

	BBC	AICO	CEPT
基準			
○要求される国産化比率	40%（96年5月），従来は 50%	40%	40%
○ASEAN 側の出資比率規制	なし	最低 30%	なし
○許可機関	ASEAN 高級事務レベル会合	輸出入当該国政府	各国政府
恩典			
○関税	50% 関税特恵マージン	0~5%	0~5%
○国産化比率への繰入れ	あり	あり	ルールなし
○非関税優遇措置	なし	あり	ルールなし
発効	88 年 10 月	96 年 11 月	93 年（ただし，最終実施は 2003 年）

出所）ジェトロ『1977 世界と日本の海外直接投資』p.55

てきている。ASEAN は 1988 年に ASEAN 自動車部品相互補完スキーム（Brand to Brand Complementation: BBC）を開始していたが，それを製造業種にまで広げ，恩典も高めた AICO「ASEAN 産業協力計画」（ASEAN Industrial Cooperation）の基本協定を成立させ，1996 年 11 月より申請受付が開始されたが（図表 2-6），アジア経済危機後の海外直接投資を呼び込むために，その審査基準も時限的ではあるが一部緩和された。

AICO 適用の適格基準としては，以下のような条件がある（ジェトロ，1997：157）。

① 少なくとも，域内の 2 カ国以上，各国最低 1 企業が参加していること。
② 製造を目的とすること（付加価値を生じない活動は適用除外）。
③ 最低 30% 以上の現地資本を有すること（例外措置あり）。
④ ASEAN コンテント（現地調達率）40% 以上を満たすこと。

このような域内自由化の動きは，ASEAN 域内での国際分業体制の構築を促し，統一市場の出現を促進すると思われるが，問題もある。AICO の適用を受けるには，域内の輸出入当該国政府双方の認可が必要となる。日本企業も AICO 申請を行ったが，一部の国からは認可を得たものの，貿易相手国からの承認が得られない事態も発生した。「インドネシアは国民車を，マレーシアもプロトンを守るはずだ。貿易の自由化といっても総論賛成・各論反対で，一枚岩ではない」（『日本経済新聞』1997 年 7 月 21 日付）との声もある。「ASEAN 10」の総人口は約 5 億人に増え 21 世紀初頭に完成予定の 5% 以下への域内関税引き下げ計画と海外企業の投資先としての魅力は高まることになるが，他方では，国益から自動車や電化製品，半導体などの基幹産業をめぐって各国の誘致競争も激しさを増している。2020 年を目標として域内投資自由化を目指す「ASEAN 経済地域（AER）」構想の検討も始まっているが，他方で，ASEAN 諸国の現地資本企業（民族系企業，国有企業）の保護，各国の利害対立が表面化する局面も予想される。域外諸国にとっては ASEAN 域内の協力が開かれた形で進むことが望まれている。いずれにせよ，AICO による AFTA の動きは，

日本企業に関していえば，かつての輸入代替現地生産体制から，ASEAN 地域内あるいは NIES 諸国，中国などを含めた企業内国際分業体制の再構築を促進している。

3． 世界経済における自由化と地域主義

以上のような地域主義の台頭と WTO を中心に促進される自由化の動きは，どのように関連するのだろうか。ガット規約第 24 条は，締約国が関税同盟や自由貿易協定を結ぶ場合の条件として，「協定設立に際し，当該地域に含まれないガット締約国が，協定成立以前に比べて不利な扱いを受けないこと」を規定している（三井物産貿易研究所 1994：195-196）つまり，地域経済圏の形成は，協定地域外（域外）に対し「差別的」にならない限り，WTO の規定違反にはならない。関税同盟での新たな高率関税の設置，輸入規制などの貿易制限，ローカルコンテンツ認定の地域内不統一は，自由貿易への流れを阻害するものとして問題にされよう。

また，EU の EFTA の取り込みによる拡大のように多くの国々を包摂する動きがあり，2 国間ではなく多国間主義に基づく域内自由化は，必ずしも世界貿易の自由化に逆行するものではなく，それを推進する側面をも有している。さらに，地域内のみならず，地域間での連携の動きも出てきている。NAFTA は，MERCOSUR（メルコスール：南米共同市場）との交流も模索されており，環太平洋地域では，APEC（アジア太平洋経済協力会議）が，世界に開かれた地域協力のモデルとして期待されている。

APEC は，貿易，投資などで協力のあり方を話し合う会議から出発し，現在は，単なる話し合いの場から地域内各国の首脳レベルでの政策協調の実現を図る機構となっている。1994 年のインドネシアでの首脳会議では，先進国は 2010 年まで，途上国は 2020 年までに域内の貿易と投資を自由化することを目標としたボゴール宣言を採択している。

このように，国際経済関係の大きな流れとしては，多国間交渉を軸とした自

由貿易の推進という世界的な貿易および投資のルール化を整備する段階にきている。ただし，世界各国および地域は，それぞれの利害からそれを阻止するような動きがあることもまた確かである。企業はこのような国際経済の流れの中で，企業内国際分業の構築の促進，見直しあるいは再構築とともに，それら拠点間のマネジメントもその重要性を増してきている。

第3章　国際比較と国際経営

第1節　国際経営と比較経営

1. 比較経営

　第2章で示したように，海外に現地法人として拠点を有することは，それぞれの国ないし地域の外部環境（法的，経済的，政治的，社会的環境および自然環境）と内部環境（現法内部の環境，たとえば，日本人とは異なる価値観を有する従業員との協働）の下で事業を展開することを意味する。それは単に企業内外の考慮すべき要因の数が増えるだけではなく，要因自体の内容が異なることを示している。それら多様性や異質性を取り込みながら経営管理を行う必要がある（茂垣・池田，1998）。そして，現地国の環境を認識し，有効な戦略を立案，策定し，現地の経営に当たらねばならないのである。海外で事業展開を行っていない国内的企業は，戦略の策定や経営管理において国内環境の認識に限定されているがしかし，海外直接投資によって多国籍化してくると，企業はその進出先の環境を認識し，それに応じた経営管理が必要となるため，その問題に対処するのが国際経営の一つの固有の領域である。従来の経営の外延的延長が国際経営ではなく，固有の問題領域を有している。

　この進出先の環境の相違を認識することは，国際的な事業展開の上で不可欠である。そのため，欧米の企業が多国籍化を進展させた1950年代から1960年代にかけて国際経営の領域が形成されてくるが（たとえば，アメリカでは国際ビジネス学界：Academy of International Business が1960年に設立されている），その初期の研究は，そのような異質な環境の分析がメインテーマの一つであった（鈴木，1988：27-28）。

　そのような中で，「比較経営論」(Comparative Management) が登場してく

る。比較経営とは,「特定国の経営環境,経営戦略,経営構造を他の国のそれらと比較研究することである」(吉森,1996：9)。その目的は,上記の経営環境,経営戦略,経営構造の相違を明らかにすると同時に,ある国で開発された経営理論(たとえば,アメリカ経営学)の普遍的妥当性を検証することである(吉森,1996：12)。この比較経営の領域は,経営学の一つの固有領域として成立しているが,この成果は,国際経営を検討する場合に有効な手がかりとなる。たとえば,「多国籍企業は,ある文化における理論を他の文化での実践に移す現代社会の創造物である」(Lane, 1980：62)といわれてもいる。多国籍企業の展開は,諸国間の経営制度・慣行,あるいはその背後にある理論の有効性や管理者・従業員の価値,行動様式の差異に敏感にならざるを得ない。企業の制度・慣行は,多くの歴史的,社会経済的な要因を包含する文化的背景に基づいている。これら社会の文化的前提の中で開発されてきた理論は,その社会内での適用においては妥当であるとしても,企業がその活動を異文化社会に展開するようになると,その適用において大きなコンフリクトをもたらすかもしれないのである。従来の国内企業が諸外国に進出し,そこで企業を運営,管理する場合,国内とは異なる諸環境での経営管理上の問題に直面する。もし企業が経営慣行や制度が依拠している理論あるいは価値前提に方向性を与えているその文化的背景に十分気づいていないならば,それら理論およびそれに基づく制度・慣行の異文化社会への適用は,必ずしも好結果には結びつかない(茂垣,1985：106)。このように,比較経営の研究蓄積は,国際経営に対して大きな影響力を有している。そこで比較経営は,この意味で国際的な経営諸環境および経営体制についての比較であり,広義の国際経営に含めて考えられる。なお,多国籍企業を主たる対象とする国際経営は,この広義の国際経営の中の狭義の国際経営ということができる。この狭義の国際経営は,比較経営の研究成果を援用しつつ多国籍企業の経営のあり方を構築しようとするものである。このような国際経営と比較経営の関係は図表3-1のように示される。

図表 3-1 国際経営と比較経営

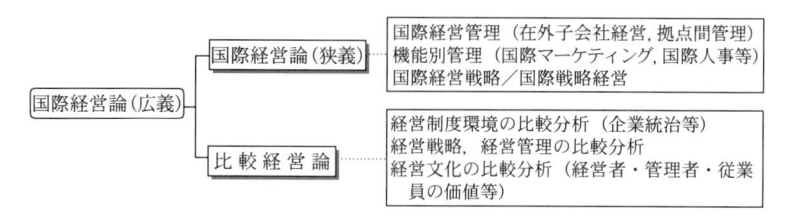

```
                         ┌ 国際経営論(狭義) ─── 国際経営管理（在外子会社経営，拠点間管理）
                         │                      機能別管理（国際マーケティング，国際人事等）
  国際経営論(広義) ──────┤                      国際経営戦略／国際戦略経営
                         │
                         └ 比　較　経　営　論 ── 経営制度環境の比較分析（企業統治等）
                                                  経営戦略，経営管理の比較分析
                                                  経営文化の比較分析（経営者・管理者・従業
                                                    員の価値等）
```

2. 国際経営の基本問題

このように，国際経営論（これより以下は狭義をさす）は異なる現地環境への適用という面で，経営の現地適応化という問題が設定される。現地子会社の経営のあり方を考えるのは国際経営の一つの基本的問題領域である。しかし，国際経営がその主たる対象とする多国籍企業は，現地環境への適応だけを図れば事業が成功するかというとそうではない。その拠点間のマネジメントも大きな経営課題となる。現地適応化だけで事がすむなら比較経営の視点から現地にあった経営を各国の子会社がとれば済むだけである。しかし，現代のように競争がグローバルベースで展開される状況では，現地適応化のみならずグローバルな効率性，経済性の向上を図っていく必要がある。そのためには，個々の拠点での経営管理の問題だけではなく，国際的なそれら拠点間のマネジメントが必要とされるのである。現代の多国籍企業のように，高度な企業内国際分業（製品分業，工程分業，機能別分業で国の優位性と市場へのアクセスに基づく分散配置）を展開するようになると，単純なそれぞれの現地国での現地適応化の視点では不十分になる。企業内国際分業をうまく進めていくためには，どこに何を配置すれば優位性が築けるかという視点と同じに，それら拠点が連携を取るための，いわば「協業の仕組み」を考える必要がある。このように，国際経営の第2の問題領域として，個々の海外拠点のマネジメントのあり方のみならず，拠点間のマネジメントという側面を検討する必要がある。第3に，これら問題領域を考える前提となるのが国際戦略であろう。企業がどのような国際戦略を採用するのかは，その上記2つの国際経営管理の問題領域に大きく影響す

る。もちろん，戦略と管理を2分法的に分離して考えることはできないというのが戦略経営の基本的視点であるが，その前段階として，企業の採る国際経営戦略と国際経営管理の関係を検討する必要がある。

第2節　文化の国際比較

1. 国際経営における異文化マネジメント

在外子会社は，先に述べたように本国とは異なる外部環境に取り巻かれているだけではなく，経営内部環境においても文化の異なるメンバーとの協働が不可欠であり，その意味でも内部に多様性をもち込むことになる。比較経営 (comparative management/cross-cultural management) における一つの研究領域は，異文化間での管理者や従業員の態度，価値・信念，行動様式の差異を明らかにするものである。この管理者行動や従業員の価値・行動様式の類似性と差異性については多くの実証研究が蓄積されている。この領域では，戦後の多国籍企業の勃興とほぼ同時期に多くの研究が発表された。それは，多国籍企業が自社の経営行動をそのまま現地にもち込むことによる現地従業員とのコンフリクトの発生という問題があったからに他ならない。現在でもこの異文化マネジメントの問題は重要である。とりわけ，日本企業の場合，本国親会社から在外子会社への派遣者が多いという事実は，日本企業にとっても大きな課題であり，国際経営を考える際には，このような異文化マネジメントの視点を取り込むことは重要であるといえる。さらに，現在，ハイテク産業を中心に国際提携戦略が様々な局面で見られるが，この外国企業との提携の際にも，相手のビジネス様式や慣行，意思決定の特徴を理解することは重要である。

2. 文化の収斂仮説と多様化仮説

さて，この管理者や従業員の価値・行動様式調査は，焦点の当て方により収斂仮説と多様化仮説に分けられる。ここでこれらの調査が多くなされた（議論

が白熱した）1950年代後半からの議論を振り返ってみることにする。

Kerr, Dunlop, Harbison & Myers（1960）は，すべての近代社会が必然的に工業化の論理とその命令に従わなければならないがゆえに，諸国間の管理行動における差異が，経済発展の水準によって最も良く説明されると論じた。彼らは文化の影響を否定しないが，文化変数が工業発展の段階と速度よりも，管理上の差異の有効な説明を提供しないとしている。彼らの説によれば，工業化が管理についての普遍的な文化（インダストリアリズム）を創造する傾向にある限り，工業化の進展とともに，管理者は国に関係なくその要求にしたがって行動することになる。結局，この論では，工業化の当初は国による文化的相違に大きく影響をうけるが，高度に発展した工業化諸国では類似した価値観（インダストリアリズム）によって行動すると説いた。これは管理者についての信念が工業化段階と相関するという，基本的には収斂仮説である。

他のいくつかの研究は，文化に基づく類似と差異の程度を実証的に明らかにすることを強調する。すなわち「異なる文化は，異なる組織規範と行動基準をもち，これらを影響力の正当な形態として認識するということは，定着した事実である」（Bedeian 1975：897）という仮説から出発する。つまり，多様化仮説である。

Bedeian（1975）は，西ドイツとアメリカの管理者の文化間研究で，組織影響力の正当性に関する測定を行った。それは高度に職務関連的な質問（たとえば，就業時間）から個人的な質問（たとえば，自宅での飲酒量）に及ぶ55の行動および態度に関する組織影響力の正当性を測定したもので，回答者は，それぞれの領域で行使される組織影響力が正当であると感じるかどうかによって，各質問項目の記述に対して「はい」「いいえ」「わからない」のいずれかで答えるよう求められた。彼はこのドイツ人に対する回答結果とKemp（1973）によるアメリカ人管理者の調査結果との比較を行い，順位相関でドイツ人の管理者とアメリカ人管理者との間に，態度・価値について相当な不一致の領域があることを見出した。彼は，この調査結果から出された差異を文化の観点から

説明できるとし，それらを多国籍企業内での緊張の一つの源泉であるとみなした。彼の見解にしたがえば，多国籍企業は，組織影響力の行使の差異に，文化の間にある類似性と差異性を認識しなければならない。つまり，潜在的なコンフリクトの領域を予測することによって，異文化グループ間の相互作用の改善が図られるであろうし，その結果，コンフリクトが最小化され，コミュニケーションの有効性が向上することになるというのである。

England & Lee (1971) は，日本，韓国，アメリカ人の管理者をサンプルにし，組織目標（①高生産性，②組織成長，③組織効率，④利益最大化，⑤組織の安定性，⑥産業リーダーシップ，⑦従業員福祉，⑧社会福祉）についての重要度の知覚がどのくらい類似し，どのくらい異なるのかを調査した。彼らは，調査結果をパターン化するために，2つの仮説（先の収斂仮説と多様化仮説）の比較を試みた。すなわち，(1)文化的差異，(2)経済発展と技術的差異，に注目した。彼らは，文化的には韓国と日本が相対的に類似したペアを組み，経済発展と技術的環境レベルでは日本とアメリカが相対的に類似したペアを組むと仮定した。彼らは「文化的類似性」および「工業化レベルの類似性」と調査結果の数値の国別の類似性を比較することによって，どちらの要因（収斂仮説と多様化仮説）が影響力があるのかを判定した。もし，文化的な要因がより重要であれば，日本人と韓国人の管理者が目標についての知覚について類似し，日本とアメリカ，韓国とアメリカのペアではあまり類似していないことが予測される。他方，もし，工業化レベルが最も重要な要因であれば，アメリカと日本のペアが最も類似し，日本と韓国，アメリカと韓国のペアはあまり類似していないことが予測された。彼らの調査結果は，日本と韓国が類似したペアであることを示した。したがって，文化的要因が組織目標に対する重要度の知覚に最も影響力を有すると結論づけられたのである。さらに彼らの調査を敷衍すれば，彼らが調査で用いた目標間の差異スコアは，多国籍企業の意思決定における親会社一在外子会社間のコンフリクトの性質を説明するのに有効かもしれない。すなわち，文化により組織目標の重要度が異なるならば，目標のプ

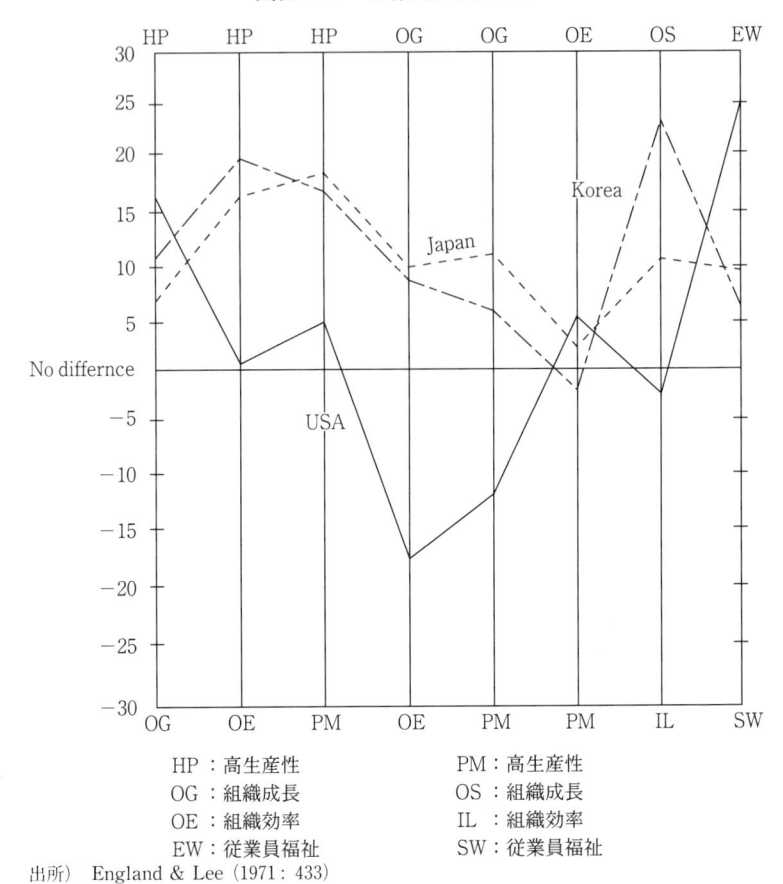

図表 3-2　目標間差異スコア

```
        HP      HP      HP      OG      OG      OE      OS      EW
  30
  25
  20
  15                                    Korea
  10                          Japan
   5
No differnce
  -5      USA
 -10
 -15
 -20
 -25
 -30
        OG      OE      PM      OE      PM      PM      IL      SW
```

　　　　　HP：高生産性　　　　　　PM：高生産性
　　　　　OG：組織成長　　　　　　OS：組織成長
　　　　　OE：組織効率　　　　　　IL：組織効率
　　　　　EW：従業員福祉　　　　　SW：従業員福祉

出所）　England & Lee（1971：433）

ライオリティが当然異なることが予想されるからである。

3．国民文化のクラスター化

　文化的多様性についてのより多くの国々を対象とする調査は，いくつかの国家群でグループ化を行うことを可能にしている。このような国家間の類似性と差異性に基づく国家グループ化はいくつかの研究でなされている。

　Ronen & Kraut（1977）は，仕事目標と信念の近似性によって諸国を分類し，

それをマッピングすることによって文化的類似性と差異性を示そうとした。彼らは，自分たちの調査に他の2つの調査によって収集されたデータ（Haire, Ghiselli & Poter 1966, Sirota & Greenwood 1971）を加え，25カ国のクラスター化を試みた。彼らはこの3つの調査データを合成し，5つのクラスターに分けたそれをスペース・ダイアグラムで示した（図表3-3）。これらのクラスターは，「アングロ・アメリカン系」「ノルディック系」「ラテンアメリカ系」「中央ヨーロッパ系」「ラテン・ヨーロッパ系」および独立系（independent）である。この分布から，2つの次元が見て取れる。一つは文化的類似性（特に言語）である。たとえばこれは，ヨーロッパ大陸の2つの区分，すなわち中央ヨーロッパ系とラテン・ヨーロッパ系の区分を可能にする。特に共通言語は，しばしば類似した歴史，社会，経済的，宗教的価値を共有していることを反映する。も

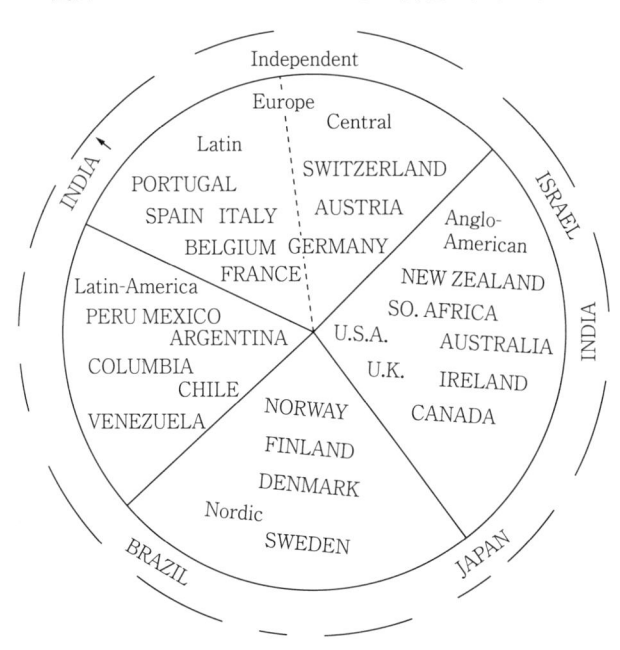

図表 3-3　Ronen & Kraut による文化のクラスター

出所）Ronen & Kraut（1977：94）

う一つの次元は，工業化のレベルである。工業先進国が中央により，工業化途上国は外辺近くに置かれる傾向にある（ただし，独立系を除く）。

第3節　Hofstedeによる国民文化の測定

Hofstede（1980, 1991）の研究は，IBMという多国籍企業内における40カ国（後に50カ国＋3地域に拡大）での国による文化の相違を調べている。一つの多国籍企業内で国によりどのように従業員の価値が異なるのかを調査した点できわめてユニークである。また，この研究は，多国籍企業の組織文化に対して国民文化がどのように影響するのかについて考える場合きわめて注目に値する。彼は，まず文化を「一つの人間集団の成員を他の成員から区別することができる人間心理の集合的プログラミング」（1980邦訳：12）と定義し，「文化の中核は，伝統的（すなわち歴史的に継承され，選択された）概念と，とりわけそこでの価値から成り立つ」としている。彼は，このように定義した各国の文化を比較分析するために，「権限格差」「不確実性の回避」「集団主義―個人主義」「男性化―女性化」という4つの次元でIBM社員の価値観の測定を行った。

まず，最初の「権限格差」は，彼がいくつかの先行研究を基に設定した文化次元である。彼は権限格差を「それぞれの国の制度や組織において，権限の弱い成員が権限が不平等に分布している状態を予期し，受け入れている程度」（Hofstede, 1991邦訳：27）と定義している。権限格差は，その指標を作成するために3つの質問項目からなっている。すなわち，①社員が管理職に反対することを表明することをしり込みする（部下の知覚），②上司が実際行っている意思決定のスタイルについての部下のとらえ方（部下の知覚），③上司の意思決定のスタイルとして部下が好ましいと思っているスタイル（部下が理想と考える管理スタイル）である。これらの平均得点および回答のパーセンテージから合成されて権限格差指標のスコアが求められている（詳細は1985邦訳：84参照）。この背景には，適切な権限格差の水準が文化によって異なるという仮

説がある。この結果を見ると，権限格差指標のスコアが高いのは，マレーシア，グァテマラ，パナマ，フィリピン，メキシコ，ベネズエラ，アラブ諸国の順であり，権限格差が小さいのは，順にオーストリア，イスラエル，デンマーク，ニュージーランド，アイルランド共和国である（図表3-4）。日本は，53カ国（地域も含む）中33位であり，平均よりやや権限格差が大きいポジションにあった。アメリカは権限格差がやや小さい位置にある。彼はリーダーシップとの関連で次のように結論づけている。権力格差の大きい国では「アメリカで開発された，『目標による管理』のようなリーダシップの技法は役立たないであろう。それらの技法は，部下と上司が何らかの形で交渉の場をもてることを前提にしているが，そのような場をもつことは，権限格差の大きい国では，

図表 3-4　権限格差と不確実性の回避

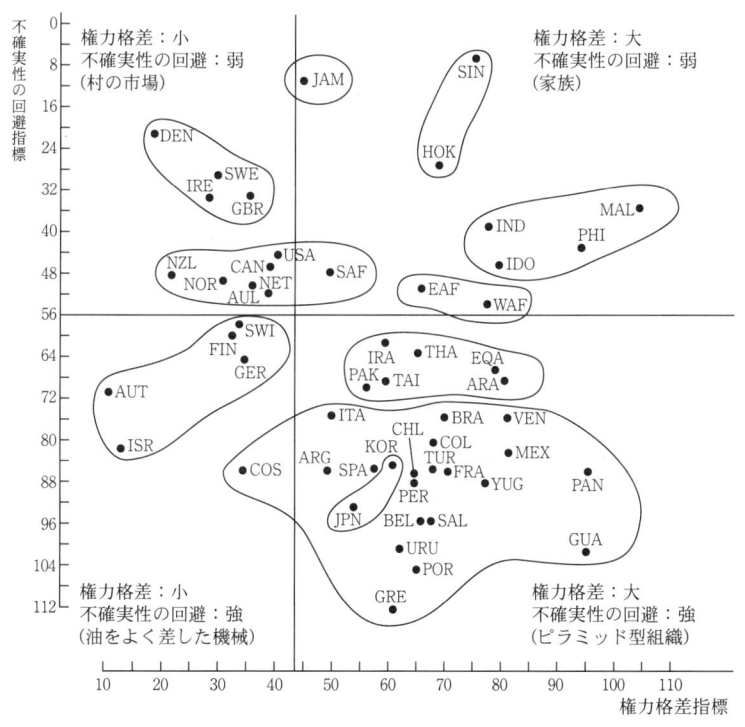

出所）　Hofstede（1991 邦訳：150）

部下も上司も良い気持ちがしないであろうから」と。参加的リーダーシップは権限格差の大きい国では有効に機能しないことを示唆している。すなわち，上司の一方向的な「ノルマによる管理」に陥る可能性が指摘される。

彼の第2の文化次元は，「不確実性の回避」である。この不確実性の回避は，「ある文化の成員が不確実な状況や未知の状況に対して脅威を感じる程度」と定義され，不確実性に対する許容水準が文化によって異なる，という仮説に立っている。この不確実性の回避指標は，①仕事上でのストレスの水準（「あなたは仕事の上で，神経質になったり，緊張したりすることがありますか」），②規則遵守の性向（「たとえば会社に非常に大きな利益をもたらすと思っても，会社の規則は破るべきではない」），③雇用の安定を求める傾向（長期勤続を望んでいる社会の割合）の合成で求められている。その結果，「不確実性の回避」指標のスコアが高い国は，ギリシア，ポルトガル，グァテマラ，ウルグアイ等であり，日本も7位で不確実性の回避ではかなり高い方である（図表3-4）。この指標で低い国は，シンガポール，ジャマイカ，デンマーク，スウェーデン，香港の順である。不確実性回避スコアが高い国では，小さな組織よりも大きな組織を選好し，個人的意思決定より集団的意思決定を選好し，変化に抵抗する傾向がある。逆に，不確実性回避スコアが低い国では，企業間の人材の流動性が高く，個人的でリスクの高い意思決定を回避せず，儀礼的行動が少ないという特徴がある。

さらに彼は，ローランが11カ国について行った質問項目と，不確実性の回避と強く相関する項目を見出した。それらは，以下のようなものである。

◇ コンフリクトが永久になくなるならば，たいていの組織は繁栄する。
◇ 管理職は，仕事に関する部下のたいていの質問に対しては正確な答えを手元に用意しておくことが重要である。
◇ 有能な部下が仕事を適切にやり遂げることを望むならば，仕事の仕方についてその部下に事細かに教えることが最善の方法である。
◇ 職場の人間のそれぞれの役割が複雑になった時には，役割を明示するた

めに業務についての詳細なマニュアルを作ればよい。

◇ 部下が直属の上司を2人もつような組織構造は，どんなことがあっても避けるべきである。

これらの項目すべてが，曖昧さを嫌悪し，正確さや形式化を必要とするような不確実性回避の強い文化を持つ国の特徴を示しているとしている（Hofstede 1991 邦訳：128-129）。ただし，最後の2つの項目は，不確実性が高いと評価された日本企業でも当てはまるかどうかは疑問のあるところである。

次の「個人主義化指標」と「男性化指標」は，上記2つの次元とは異なる方法で設定された。先の「権限格差」と「不確実性の回避」が先行研究を基に仮説化された次元から構成されているのに対し，この最後の2つの次元は「個人の仕事目標」に関する14の質問項目の因子分析によってもたらされたものである。

そのうち第1因子は，「個人の私的な自由時間」「仕事上の自由」「やりがいがあり達成感のある仕事」という3つの項目と正の負荷量を示し，「訓練のための機会が多い」「作業環境がよい」「自分の技術や能力を十分に発揮できる」については負の負荷量を示した。正の負荷量を示した3つの項目，「個人の時間」「自由」「やりがい」は，いずれも社員が組織から自立することを強調しており，「コスモポリタン」的心理を表すものであるから，彼はこれを個人主義化指標と名づけた。他方，「訓練」「作業環境」「技能の発揮」に関する仕事目標は，いずれも組織が社員に提供する事柄であり，組織に対する社員の依存性を強調するのであって，集団主義と一致するとした。この個人主義化指標のスコアが高いのは，順に，アメリカ，オーストラリア，イギリス，カナダ，オランダであり，スコアが低い（集団主義化）のは，グァテマラ，エクアドル，パナマ，ベネズエラである。日本は22位でスコアもほぼ中間に位置している（やや集団主義化より）。この個人主義化指標は，いくつかの要因と相関がある。第1は，裕福な国々の多くは個人主義化指標が高く，貧しい国々ではほとんどの場合スコアが低いこと。すなわち，経済発展と相関していることが見出

された。第2は，個人主義化指標スコアが高い国は，先の権限格差指標スコアが低く，またその逆も同様である。すなわち，この2つの次元は負に相関している。しかし，例外があり，フランスとベルギーは，個人主義化指標でスコアが高い（ベルギーはスコアが75点で8位，フランスは71点で10位である）のに対して，権限格差指標でもやや高い（ベルギーはスコアが65点で20位，フランスは69点で14位）。これらの国はこの意味で特異なパターンを形成している（図表3-5）。彼は，フランス官僚制の研究者であるCrozier（1964）を引用して次のように説明している。

「フランス文化の背景のもとでは，相手に対して直接あからさまに従属する

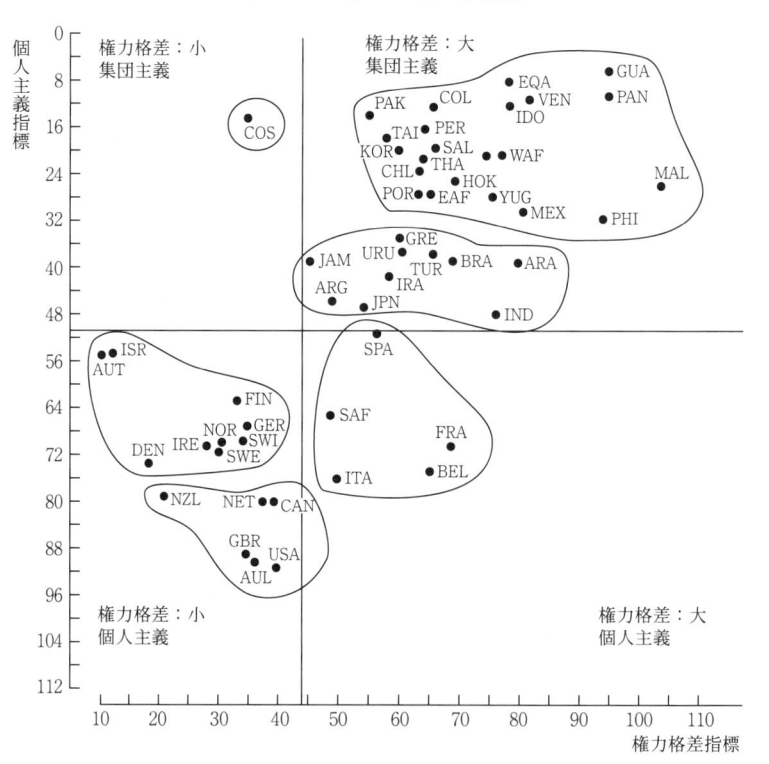

図表 3-5　個人主義と権限格差

出所）　Hofstede（1991 邦訳：55）

という関係を持つことは耐えがたいことだと考えられている。しかし一方で，権威は普遍的かつ絶対的であるという見解がいまだに有力である……。この二つの態度は相矛盾する。しかし，官僚制システムの内部では，この両者を調和させることができる。非人格的な規則を制定し，集権化を進めることにより，権威を絶対化すると同じに，直接的な従属関係の大部分を排除することが可能となるからである（Crozier 1964：222）」（Hofstede 1980 邦訳：205-206）。

また，このような特異性を有する国の存在こそが，個人主義指標と権限格差の相関があっても別の次元として設定されることの理由としている。

最後の第4の次元は，同様に因子分析の第2因子として見出されたものである。この因子を構成する仕事目標は，「高い給与が得られる機会があること」「よい仕事をしたとき認められること（承認）」「昇進の機会があること」「やりがいがあり達成感のある仕事であること」「仕事の上で上司とよい関係がもてること」「お互いにうまく協調し合える人と一緒に働くこと」「望ましい地域に住むこと（居住地）」「機能する限り会社に勤務することができること（雇用保証）」である。このうち，最初の4つ，「給与」「承認」「昇進」「やりがい」は自己本位的目標であり，他の「上司との関係」「強調」「居住地」「雇用保証」は社会関係的目標である。そしてこの自己本位的目標を重視する極を「男性化」と名づけ，社会関係的目標を重視する極を「女性化」とした。その理由は，この次元に関してのみ，IBMの男性社員と女性社員のスコアの間に一貫した差異が認められたからである（Hofstede 1991 邦訳：85）。この男性化指標のスコアでは，日本が一番高く，ついでオーストリア，ベネズエラ，イタリア，スイスと続いている。低いのは（女性化）スウェーデン，ノルウェー，オランダ，デンマークである（図表3-6）。この男性化指標はいくつかの要因と関係が認められた。この男性化指標は「仕事中心主義」と正の相関関係があり，ホワイトカラー，技術者における女性比率と負の相関があった。

彼はさらに，これらの次元の組み合わせにより様々な解釈を試みている。ここで重要なのは，第1に，これら次元に沿った国による文化の相違が，組織の

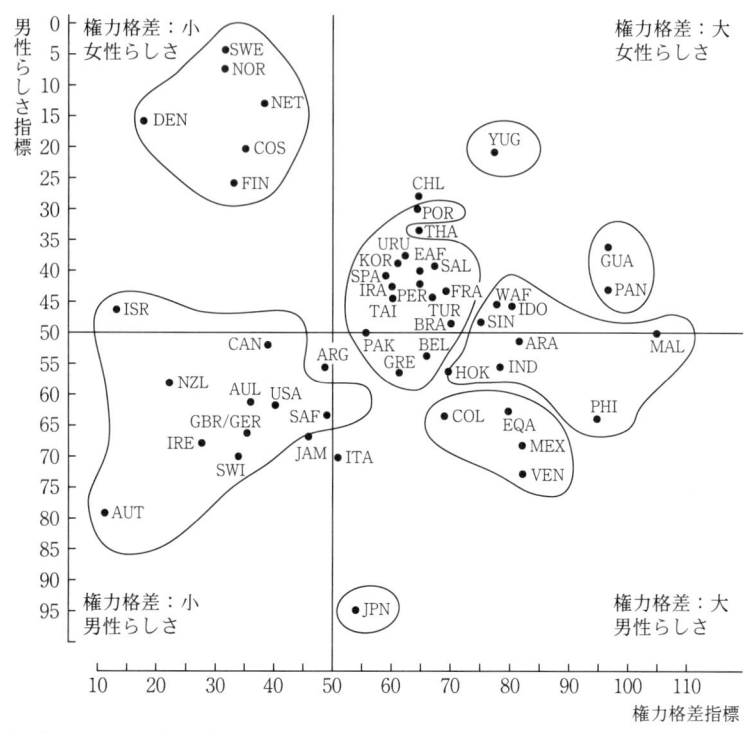

図表 3-6　男性化/女性化と権限格差

出所）　Hofstede（1991 邦訳：90）

作り方，望ましいリーダーシップ（上司と部下の好ましい関係のあり方），好ましい意思決定スタイル，動機づけ等に強く影響を与えるということである。

また，第2に，彼はIBMという多国籍企業を調査対象にしたが，同一の企業でも在外子会社により組織文化が異なっているということを明らかにした。IBMの社員としてたとえ同じ職務についていても価値観の相違が存在する。Hofstedeは，この組織文化と国民文化の研究の不一致は，組織文化論の研究者が，シンボル，ヒーロー，儀礼といった表層的な文化，彼の言葉でいえば慣行を語っているに過ぎないことから生じるとしている。また，彼の研究に基づけば，多国籍企業の組織文化は，多くの点で設置国により異なることを示唆し

ている。近年，多国籍企業の拠点間のマネジメントにおいて，資源および権限の集中化に基づく拠点間の調整モードから，価値や信念の共有に伴う規範的統合，すなわち，組織文化の中心議論である共有化された価値による統合化が議論されている（代表的なものとして，Bartlett & Ghoshal, 1989；Hedlund, 1993）。このような社会化を通じた「共有化された価値」の範囲および共有化の仕組みが明確化されるとともにその浸透度を測定する必要がある。

第3に，収斂仮説と多様化仮説についてのインプリケーションである。彼の設定したいくつかの次元では，経済発展との優位な相関が見られた。この点からすると，経済発展からの影響により収斂化に向かう次元と，経済発展とは関係のない次元を識別する必要があろう。Child (1981) は，それまでの文献レビューを行い，この収斂仮説と多様化仮説の検討を行っている。彼によれば，収斂仮説を主張するグループは，組織構造や技術という相対的にマクロレベルの問題に焦点を当てており，多様化仮説の研究は，組織内における人間行動に焦点を当てている，ということを見出している。Adler (1991) も同様の結論を下し，次のように述べている。「世界的に見て組織は次第に類似性を持つようになってきているが，組織内の人々の行動はその文化的固有性を維持している。つまり，カナダとドイツの組織は外からは同じように見えるが，カナダ人とドイツ人は組織の中では異なる行動をとっているのである。さらに，ドイツ人もカナダ人も工場にロボットを設置しているが，両者のロボットの接し方は異なっている」（邦訳：56）。経済発展および工業化，あるいは近年の情報化が文化変容に与える影響は否定できないが，固有に継承されている文化が多く現存しており，現状では文化は多様性に富んでいると見なされている。

第4節　文化比較研究の基本問題

比較経営における文化比較については，上で見てきたように多くの研究成果の蓄積があり，また一定の成果をあげつつも以下のような問題を有している（茂垣 1985）。第1は，文化に対して多様であいまいな定義がなされていること

である。文化論的アプローチは，文化を明確に一致した定義が規定できず，したがって明確な文化的影響の理論を提供しているとはいいがたい。なぜなら「文化は研究者の数と同じくらいの意味を有している」(Ajiferke & Boddewyn 1970：453) といわれるほど文化の定義は多様だからである。たとえば，ある研究者は文化をその構成概念の個人的セットであり，個人レベルで測定可能であると見ており，またある研究者は，文化を同世代の人々によって共有され，そして同時代の集団レベルで測定される価値，規範，行動様式のセットとして文化を定義する。さらに他の研究者は，前の世代から継承された認知パターンや行動パターンのセットとして文化を定義し，歴史的に継承された価値や祖先集団における価値の観点から測定を必要とすると主張する。これら文化について異なる定義は，それぞれの文化比較調査結果の比較可能性を低下させ，帰納的な論理モデルの構築を困難にしている。文化の定義のあいまいさと多様性は，データの対立する解釈に導き，調査結果を一般化したり，識別するのを困難にしている。

　第2の問題は，文化要因と他の環境要因との間の明確な区別とそれら要因間の関係の確認が欠如していることである。この確認の欠如は，上にあげた文化の定義のあいまいさからももたらされるが，多くの経営に関わる文化研究では，それはまた文化の境界が国境と見なされているからである。このことは，国内における文化的多様性（たとえば，民族の多様化による文化の多様性）の存在の軽視ないしは無視につながる。そして文化の境界＝国境と見なすことにより国家間比較を容易にするが，国家システムを構成する法的，政治的，経済的，社会的諸特性から文化を分離することを困難にする。たとえば，Negandhi (1973) は，管理方式に影響を与える環境要因を，社会経済的，教育的，法的要因と文化的要因からなる複合システムとみなしている（図表3-7）。この環境複合体のうち文化は他の要因と並存的に作用する独立変数として捉えられるが，その場合，どのようにして文化を他の要因から分離して測定するのであろうか。

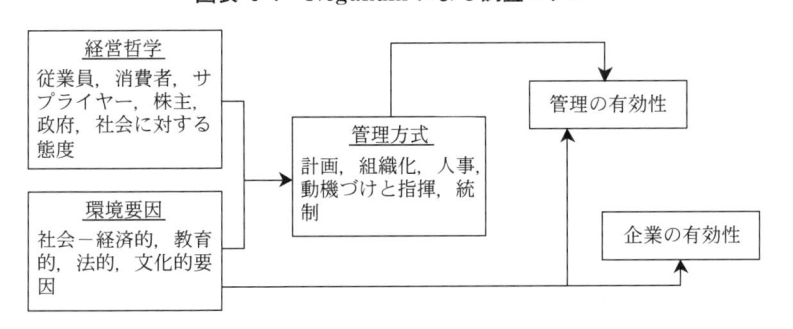

図表 3-7　Negandhi による調査モデル

```
┌─────────────────┐
│ 経営哲学         │
│ 従業員，消費者，サ│
│ プライヤー，株主，│──┐      ┌─────────┐
│ 政府，社会に対する│  │      │ 管理の有効性 │
│ 態度             │  │      └─────────┘
└─────────────────┘  │         ↑
                     ↓   ┌──────────┐
                   │ 管理方式      │
                   │ 計画，組織化，人事，│
                   │ 動機づけと指揮，統│
                   │ 制             │
                     ↑   └──────────┘
┌─────────────────┐  │         ↓
│ 環境要因         │  │      ┌─────────┐
│ 社会－経済的，教育│──┘      │ 企業の有効性 │
│ 的，法的，文化的要│        └─────────┘
│ 因               │
└─────────────────┘
```

備考）　矢印は影響の方向を示す
出所）　Negandhi（1973：287）

　Kelley & Worthly（1981）は，政治，経済，教育の要因をコントロールすることにより，管理者の態度への文化の影響を分離して測定することを試みた。彼らは調査サンプルとして3つのグループ，すなわち，Sample 1：コーカサス系アメリカ人，Sample 2：日系アメリカ人，Sample 3：日本人管理者を用いた。S1とS2のグループは，同じ金融機関で働いており，組織の規模・構造やテクノロジーなどの組織上の要因を同一にし，そこからの影響を排除している。S1とS2のグループは同一の経済的，法的システムと教育を有しながらも，異なる文化をもっていると仮定された。他方，S2とS3のグループ間での唯一の共通性は文化であると仮定された（図表3-8）。もし，S2グループの回答が，S1よりもS3グループの回答に近いならば，文化がその原因と考えられる。彼らの調査結果は，S2グループの回答がS1よりS3グループの回答に近いことを示し，文化的差異の重要性を支持した。この調査デザインは，文化の影響を分離して測定する方法の可能性を示唆しているが，彼らは文化について定義しておらず，むしろ残余的要因として文化を扱っている。さらに，文化と他の環境要因との関係や影響関係はまったく触れられていない。

　上記のように，多くの比較論者は，文化を環境からの影響力のセットのうちの一つとして考えているが，環境における企業経営への文化の影響については現在のところそれほど明確になっているわけではない。また，先に述べたよう

図表 3-8　文化分離のための調査デザイン

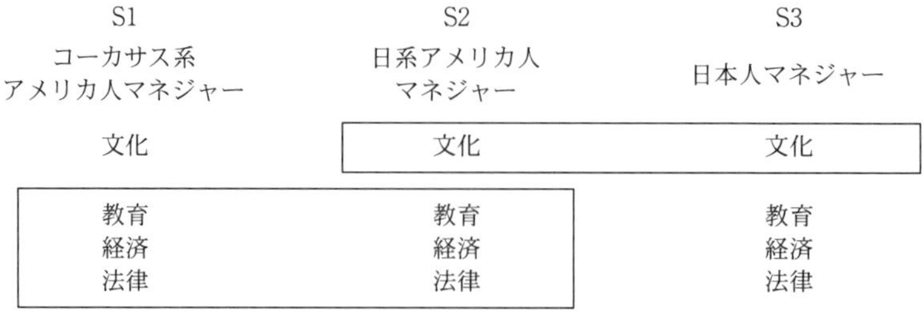

S1	S2	S3
コーカサス系アメリカ人マネジャー	日系アメリカ人マネジャー	日本人マネジャー
文化	文化	文化
教育	教育	教育
経済	経済	経済
法律	法律	法律

出所）Kelley & Worthly (1981 : 167)

に，ある研究者たちは工業化が社会構造の収斂に導くがゆえに，文化的差異は消滅すると論じ，経営の普遍性を強調する研究者は，文化を組織プロセスにおいて存在しない，あるいは存在しても非有意な要因として扱う。反対に，文化的差異の経営への影響力を強調する論者は，組織構造，テクノロジーの選択，管理方式の相違，マネジャーや従業員の行動様式の相違などに影響を与える主要な要因として文化を捉えている（この場合，独立変数として扱われるか他の環境要因との間の媒介変数として扱われる）。このような見解の相違は，文化のあいまいな定義とともにその文化の企業経営への影響についての測定の困難さ，あるいは文化の機能・役割についての理論的不明瞭さが根底にあるように思われる。

第4章　国際競争戦略と組織構造

　本章では，国際競争戦略と国際経営組織について考察する。序章で述べたように，経営戦略は3つの次元で捉えることができるが，ここでは競争戦略に焦点を当てる。本章のテーマは，先に見た発展段階論的パースペクティブに対する戦略選択的パースペクティブの検討である。戦略選択論的視点においては事業の性格および業界構造が重視される。われわれのアプローチは，それら戦略選択論的視点と戦略選択論的視点を統合である。その際，従来の国際経営組織の欠点を指摘するとともに，国際戦略経営における中心課題について検討する。

第1節　Porterの国際競争戦略

1.　価値活動の配置

　「経済のボーダレス化」の時代といわれ，企業がますます海外に進出し，直接外国企業との競争行動を展開するとともに，国内においても，諸外国の国際競争からの大きな波をうけ，もはやそれから逃れることはできなくなってきている。企業は常に国際競争を念頭に置き，戦略を策定し，それを実行できなければならないが，国際競争は，従来の競争ルールを大きく変えてきているのである。

　国際競争戦略を理解する上で，基本的フレームワークとなっている代表的な考え方の一つに，Porter（1986）の国際競争類型論がある。まず，彼の議論を中心にしながら国際競争戦略のポイントについて見ていくことにする。序章で見たように，彼の主張は，いかに自社の競争優位を構築するかという点にあり，この競争優位は，企業の様々な活動が相互に関連しながら買い手が購入する価値を創出する一連の活動から形成される。そして買い手が自社のある製品

を購入しても良いと考える価値を創出する活動のポイントはどこにあるのか，およびそれら価値活動の相互関係および連結関係はどのようになっているのか，これらのあり方が競争優位を左右すると見ている。

この価値連鎖の概念から，買手が購入する価値を生み出す活動（価値活動）の認識とそれら「活動の配置」が，国際戦略を考える場合の一つの軸を形成する。競争他社に対する優位性は，具体的な製品として企業が設計し，製造し，マーケティング活動を行い，流通チャネルに送り出し，各種のサービスを加えるという多くの活動の連鎖とそれを支援する一連の活動からもたらされると考えられる。これら活動を国際的にどのように配置すべきなのか。

川下活動の場は，通常買手の場につながっている。つまり，川下活動は買手により直接的に関係してくる。たとえば，日本企業がアメリカである製品を販売しようとするならば，アメリカでサービスを提供しなければならないし，営業や販売員をアメリカに配置しなければならない（代理店等の他社を用いることはもちろん可能である）。企業は，それぞれの国に川下活動を遂行する機能を何らかの形で配置する必要がある。それに対し，川上活動は，買手から地理的には離れて配置することは可能である。研究開発や調達，生産を本国や第三国で行い，供給することは可能である。

このように見ると，川下活動は買手の近くに配置する必要があり，そのため，参入している市場に国際的に分散化せざるを得ないが，他方，川上活動は，買手の場所から切り離すことが可能なために，必ずしも買手の近くに配置する必要はない。本国で集中的に行うことも，現地であるいは第三国で遂行することも選択することができる。つまり，国際競争行動を展開するに当たって，その活動の配置をどのようにするかの問題は，主に川上活動に関係している。

2．マルチドメスティック業界とグローバル業界

このようにとらえられる「価値連鎖」と「競争スコープ」（序章参照）とを

結びつけ，価値連鎖のどの部分をどこでどのように遂行するのかが，国際競争戦略のパターンを見る場合の鍵となる。どのような顧客にどのような製品を提供するのか，という「セグメント・スコープ」は，各国子会社が遂行する価値活動の内容を規定する。「業界スコープ」は，各国子会社がグローバルに調整された戦略で競争する業界の範囲を決定する。「垂直的スコープ」は，現地の供給企業や流通チャネルをどのように用いるのかに関わる。そして「地理的スコープ」は，企業がどこまで統一した戦略で競争するのかを決定する。

　しかし，これらをどのように決定するかに関しては，「業界特性」が決定的要因となる，というのが彼の主張であるが，自社の事業が関わる業界の特性が「マルチドメスティック業界」であるのか，「グローバル業界」であるのかによって戦略のタイプが大きく異なるというものである。

　マルチドメスティックのマルチ（multi）は複数を意味し，ドメスティック（domestic）は国内的という意味である。すなわち，マルチドメスティック業界とは，本質的に各国の国内的な業界の単なる集合を指している。それは，製品に対する要求が国ごとに大きく異なるような製品を取り扱う業界の場合に適合する戦略である。国内と海外はもとより，各現地市場もそれぞれ独立した市場として捉えられる場合である。この業界に属する事業の場合，経営資源を各国の諸条件に適合させることが必要である。川上的活動での規模の経済性よりも，現地市場への適合が重要な場合に当てはまる。各国子会社が，事業を行うのに必要な諸活動を自らほとんどコントロールし，高い自律性を得ることによって現地適応化を図っていく。つまり，ある国での戦略は，その国の状況によって決められなければならない。そのため，国境を超えた各拠点間の活動の調整よりも，現地適応化が第一義的に捉えられる。このようなマルチドメスティック業界に属する事業の国際競争戦略は，基本的に国中心の戦略であり，全体の戦略はその集合である。これをマルチドメスティック戦略という。このような戦略に基づいて行動する多国籍企業は，海外独立型のオペレーションを複数もつことになる。この業界の典型としては，包装食品，流通・小売り業，日用

雑貨，保険等があげられている。

　これに対し，「グローバル業界」とは，製品標準化が進んだ業界で，アップストリーム（価値連鎖における川上的活動）での規模の経済が極めて重要な競争上の優位性をもたらす業界である。たとえば，巨額な研究開発投資が必要とされる業界，生産における規模の経済がかなり効く業界に適合する。その巨額の研究開発投資を世界的売上で回収し，また，世界中で販売することにより，生産面での規模の経済性が発揮でき，製品単位当たりのコストの低下を期待できる。つまり，川上活動（研究開発，調達，生産）での規模の経済を発揮するには，世界的に標準化の程度が高い製品に適しており，国ごとに製品に対する要求が同質化している場合である。このようなパターンを示している業界として，ポーターは，航空機メーカー，テレビセットメーカー，半導体，複写機，時計等の業界をあげている。

　このようなグローバル業界では，ある国や地域での売上の増減は，全体の売上の増減につながり，規模の経済性に影響を与えることになる。たとえば，ある国での売上の減少は，全体の規模の経済性に影響を与える。それは，その製品の単位当たりのコスト上昇をもたらす。その結果，同じ製品を販売している他の国での競争に影響を与えることになる。このように，グローバル業界とは，「ある国における子会社の競争上のポジションが，他の国の子会社の競争ポジションに大きく影響を与える業界」である。それゆえに，マルチドメスティック業界とは異なり，単なる国内的事業の複数国家での集合ではなく，各拠点間の高度な調整が必要とされる。

3．国際競争戦略の4つのパターン

　以上のような「活動の配置」と「活動の調整」を基礎にして国際競争戦略の4つのパターンを見ることができる（図表4-1）。ただし，活動の配置に関しては，繰り返すが，川下活動は通常買手の位置のちかくに配置する必要があるため，図における「活動の配置」の分散―集中とは主に川上活動を指している。

図表 4-1 Porterによる国際競争戦略パターン

	分散	集中
高	（コンプレックス）グローバル戦略 拠点間で高度の調整を行う高度の海外直接投資戦略	シンプル・グローバル戦略
低	マルチドメスティック戦略 ドメスティック的企業による現地国中心の戦略	分権的マーケティングを伴う輸出中心の戦略

（縦軸：活動の調整、横軸：活動の配置）

出所) Porter (1986 b : 28) に一部加筆

　まず，販売・マーケティング活動の配置が分散化されているが，他の多くの活動（川上活動）のほとんどを一国（通常は本国）に集中させ，その本国に集中した活動と海外現地の販売・マーケティング活動との間の調整の程度が低いパターンである。図表の右下のセルがこれに該当し，「分権的マーケティングを伴う輸出中心の戦略」である。海外のマーケティング部門あるいは組織に大きな権限を与え，現地環境（特に販売・マーケティング環境）に適合した販売およびマーケティング活動を行わせることを基本としているものである。また，本国と海外拠点との調整の必要性が低いので，自社が現地に拠点を設けるよりも，現地環境に精通している代理店等の現地企業を用いるやり方も有力な選択肢である。

　次に，右上のセルの「シンプル・グローバル戦略」も，同様に輸出中心の戦略であり，販売・マーケティング以外の活動は本国に集中している。しかし，本国に集中している川上活動と海外の販売・マーケティング活動を高度に調整するということを基本としている。この場合，製品は，世界各国あるいは地域の市場を念頭に置き，製品標準化志向が高い。そのため地理的市場の情報を収

集し，国内に集中配置した製品の開発，設計にそれを反映させ，大量生産により規模の経済を達成する。すなわち，「グローバル業界」に属する事業が取りうる戦略の一つである。このシンプル・グローバル戦略は，1970年代から1980年代前半にかけて日本の家電メーカーや自動車メーカーが選択した代表的戦略である。これら川上活動の多くを集中配置することのメリットとしては，以下のようなことがあげられる。

① 研究開発費の世界的売上での回収
② 調達および生産面での規模の経済の発揮
③ 学習や経験の集中的蓄積と利用
④ 川上活動間の調整の容易さ（製品開発，調達，生産の機能間の調整）
⑤ 集中配置した国の比較優位ないし国家特殊優位の利用（日本でいえば，多くの優秀な部品メーカの存在，産業集積など）

しかし，これら2つの輸出を中心にした戦略（活動の集中化配置）は，為替変動，輸出相手先国の輸入規制等，国際環境の変化に対しては脆弱な面を有している。

次に，地理的に活動を分散化したパターンを見てみよう。まず，左下のセル「マルチドメスティック戦略」は，先述のマルチドメスティック業界に適した戦略であり，世界戦略は，本質的にそれぞれの国での国内戦略の単なる集合である。したがって，統一した戦略を持って国境を超えて行動するものではない。現地国の諸条件の適合を第1に考える国別の戦略である。この業界では，各国市場での成功は，その国の特殊環境にいかに適合するかにかかっている。その現地適合を十分に達成しようとすれば，各価値活動をワンセットで現地に配置した方が現地環境の変化を察知し，迅速に対応することが可能になる。例えば，ある製品に対する国ごとのニーズの違いが大きく，現地国向けに製品を開発しなければならない場合，製品開発から生産，販売まで一連の活動をワンセットで主要各国に配置するやり方である。また，現地市場への参入において，現地政府からの規制あるいは要請によって多くの機能を現地国に配置しな

ければならない場合もある。いずれにしても，事業の成否が現地国の諸条件への適合である。そのため，各現地子会社は，現地条件の変化に対して迅速に対応するために，ワンセットの機能（活動）を配置するとともに（自立性），それら活動をコントロールするための大きな権限を与えられ（自律性），国ごとに戦略を策定し，実行する。ワンセットで活動を有しないと，その欠けた活動は他の拠点（本国事業部，他子会社）に依存しなければならず，調整が必要となり，迅速な現地反応が阻害されるからである。「自律性」をもたらすには「自立性」（拠点間の相互依存性をできるだけ低くする）が必要となるからである。

しかし，このような各国へのワンセットの配置は，投資の重複ロス（開発，生産）の発生や調達や生産面での規模の経済性が低下することにつながる可能性がある。その意味で，規模の経済性があまり効かない業界か経済性を犠牲にしても現地適応性が必要とされる業界に適している。

残った最後である左上のセルは，グローバル業界に属し，諸活動を地理的に分散化し，それらの活動を高度に調整するというものである。この戦略の競争優位は，以下のようなものがある。

① 投下した研究開発費の世界的売上での回収
② 多くの国々の国家特殊優位の利用
③ 各拠点の役割専門化による規模の経済の発揮

第1は，シンプル・グローバル戦略と同様に，標準化した製品を世界各国で販売することによって，製品当たりの研究開発費を下げることである。

第2は，それぞれの国の特徴をうまく利用することによって競争力を向上させることである。一連の価値活動を国家特殊優位にあわせて分散配置したり，さらに機能内部を下位機能に分けて（たとえば，製品分業や工程分業およびその組み合わせ）分散配置することによって複数の国家特殊優位を利用する方法である。ローエンド商品や労働集約的工程を人件費の安い国に配置して，コスト低下を図るやり方は現在多くの企業が利用している。また，途上国によく見

られる加工輸出特区の利用による優遇税制の利用なども含まれる。もちろん，国家特殊優位は不変的ではなく変化する。その変化に対応するためにも各拠点間の調整が極めて重要である。たとえば，有利な為替レートを享受している国での生産量の増加は，全体のコストを下げることにも寄与する。

第3は，役割専門化による規模の経済の利用である。国家特殊優位に基づく活動の配置と役割の専門化により，たとえば，ある工場はある製品ラインの一部製品の生産に特化したり，部品・コンポーネントの生産に特化し，多くの国々に供給することによって量産が可能になり，調達や生産の面で規模の経済を達成することができるのである。

図表 4-2　活動別の配置・調整問題

価値活動	配置問題	調整問題
製　造	コンポーネントおよび最終製品の工場をどこに置くか。	分散した工場それぞれにどんな役割を与えるか。 世界中の工場をどう連結させるか。 製造技術と生産ノウハウを各工場間でどう交流させるか。
販売・マーケティング	製品ラインの選定 国（市場）の選定 広告と販売促進材の製作場所	ブランド名を世界中共通にするか。 売上高を国別勘定間で調整する。 チャネルと製品ポジションを世界中似たものにする。 国が異なっても価格は同じにする。
サービス	サービス拠点をどこに置くか。	サービス基準と手順を世界中同じにする。
技術開発	R&Dセンターの数と場所	各R&Dセンター間に研究開発課題を配分する。 各R&Dセンター間の人事交流 国別の市場ニーズに応じた製品を開発する。 国別に新製品発売の順番を決める。
調　達	資材購入拠点の場所	国別に資材供給業者を決め，管理する。 資材市場の情報を交換する。 共通資材の購入を調整する。

出所）　Porter（1986 b：26）

これら3つのメリットがうまく機能するかどうかは，拠点間の調整にかかっている。Porterは，調整問題は，配置の問題と同様に，価値連鎖内のどの活動にも例外なく存在し，「調整は，もともと分散した活動の間にノウハウや専門知識を共有させ蓄積させることであり，……このような知識を各国の事業単位の間で蓄積し移動させる能力こそが，ドメスティックあるいは国を中心とした業者よりもグローバル企業が持つ優位性の源泉である」(Porter 1986 b：38) と述べている。より具体的な配置と調整問題は，図表 4-2 のように例示されている。

欧米企業に加えて，近年の日本企業，さらには韓国企業などが海外直接投資を積極的に展開してきた結果，それら国々の巨大企業の間では活動の分散的な配置は，それほど大きな差はなくなってきている。そのように考えると，今後は拠点間の調整能力の優劣がグローバル業界に属する企業にとって競争優位の一つの大きな決め手であるといわれている。この拠点間の調整という課題は，国際経営管理の中心的領域である。国際経営管理の能力が企業の成功の正否を握るといっても過言ではない。この点については，さらに本章の最後で議論する。

第2節　国際経営組織のマクロ構造

企業の国際化の進展に伴って，組織はどのような変化を遂げていくのであろうか。企業の国際化の進展における戦略と組織構造との間の関係については，序章で述べた Stopford & Wells (1972) の研究が有名であるが，この第2節ではこの国際経営組織の具体的な構造について検討し，彼らが主張した国際経営組織構造の変化について再検討する。

1．国際事業部（海外事業部）の設置

海外進出における最初の大きな構造上の変化は，国際事業部（海外事業部）の設置である。彼らのアメリカ企業に対する調査では，60％の企業が子会社5

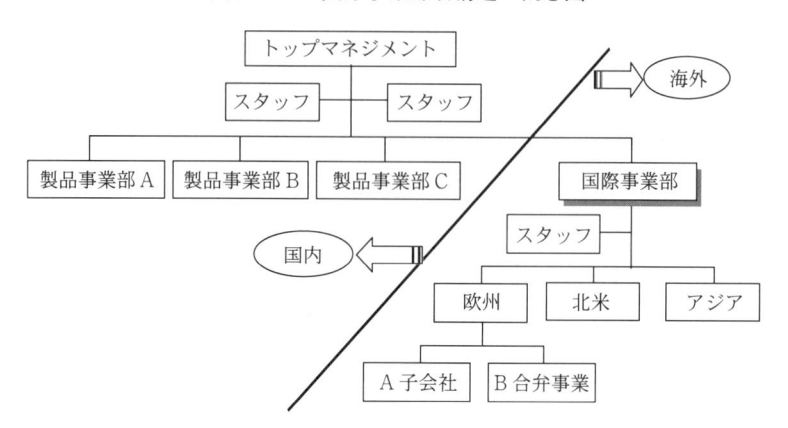

図表 4-3　国際事業部制構造の概念図

```
                    トップマネジメント
                  ┌─────┴─────┐
                スタッフ      スタッフ              海外
        ┌──────┬──────┼──────┬──────┐
    製品事業部A  製品事業部B  製品事業部C    国際事業部
                                          スタッフ
              国内                   ┌──────┼──────┐
                                    欧州    北米   アジア
                                  ┌──┴──┐
                                A子会社  B合弁事業
```

社を海外にもつまでにこの国際事業部を設立している。すなわち，多国籍化の初期の段階に一般的に見られる構造である。基本的にこの構造は，国内部門に国際事業部が付加された形となっている（図表4-3）。日本企業の場合，直接輸出を主要な海外市場へのアクセスの手段としていたが，その輸出を扱っていたのは輸出部である。海外事業とは輸出であり，その業務を行うのが輸出部であった。しかし，海外生産が開始されてくると輸出以外の海外生産に関わる知識やノウハウが現地生産会社から求められてくる。その結果，輸出部では対応できず，輸出，海外生産での技術援助，などで海外事業を一元的に管理する形で国際事業部が形成された。

　海外事業に関する権限と責任がこの国際事業部に付与され，在外子会社をコントロール下に置き統括するというのが基本型である。しかし，実質的に在外子会社に対するコントロールをもたないケースも多い。それは，次のようなケースである。

1) 在外子会社の自律性を認める方針をとる企業では，国際事業部は在外子会社支援のための本社スタッフとしての位置づけがなされることもある。特にこの多国籍化の初期段階では，海外直接投資に対する経験のなさや，あるいは現地国政府の要請ないし規制によって現地資本との合弁事業を選

択した場合，自社のコントロール力が弱まり，実質的に本社スタッフ化したりする。

2) あるいはまた，国内の部門（たとえば，製品事業部）主導で海外事業展開が推進される場合，在外子会社はその立ち上がり期には，国内の事業部にその多くの経営資源（生産技術，生産システム，ノウハウ等）を依存しなければならず，そのため，各国内の部門のコントロールを実質的に受けることになる。このような場合もまた，国際事業部は経営資源の移転の窓口，あるいは調整というようなスタッフ的役割を担うことになる。もし，この時に国際事業部が海外事業部を自己の支配下に置き，強いコントロールを行使しようとするならば，国内の当該部門との対立が生じる。

このような構造が国際化の初期に採用される理由には，以下のようなことがあげられる。

1) 国際化初期における在外子会社の少なさ。各国内部門（たとえば，製品事業部）ごとに少数の子会社を海外に有しているとしても，海外売上高の少なさから部門責任者はどうしても国内中心的な志向が強くならざるを得ない。事業部制の場合，プロフィット・センターとして捉えられるため，まだ売上や利益の小さい海外業務をどうしても軽視しがちになる。経営トップが海外展開を中長期的に考えていても，各部門は短期的に国内事業への優先度を高めてしまう結果になる。

2) 海外業務に関する経営資源のなさ。在外子会社を統括するには国内的管理とは異なる知識やノウハウが必要とされる。語学，貿易実務，通商関税法，外国為替，現地人事・労務管理関連知識などが必要とされる。これら知識・ノウハウを各事業部で独自に入手・蓄積することは，海外売上がまだ少ない初期段階では各事業部への負担が大きくなる。

3) 上の問題に関連して，設置のコストの問題がでてくる。すなわち，海外業務を専門的に取り扱う部門を設置し，在外子会社をコントロールした方が管理費の点と海外統括の有効性が高くなる。海外売上がまだそれほどで

ない各事業部にとってそれぞれ海外業務を担当するセクションを設置することはコスト的にも合わない。しかし，各事業部に関わる在外子会社をすべてあるユニットが統括するとなれば，それを専門に扱うセクションを維持できるだけの費用を賄うことができる。さらに自社に国際事業部を設けることは，海外事業が将来重要な柱であることを示すことにもなる。

4) 国際事業部が海外活動を調整することによって，大きなメリットが生まれる場合である。たとえば，国内を含めた拠点間の製品・部品等内部取引における移転価格（Transfer Price）の調整による企業グループ全体としての課税総額の減少（各国の法人税率・所得税率の違いを利用して税引後利益を大きくする），子会社間の輸出割当，在外子会社の資金調達での調整で大きな利益をもたらす場合である。

5) 国際的な経験をもつ管理者，専門家の育成に役立つこと。

しかし，この構造は，本質的に国内と海外を区分し，経営に当たるというものであり，国際化の進展とともに，国際事業部が海外事業を一括して統括するには以下のような限界が生じてくる。

1) 在外子会社の数と同時に地理的にも多様になってくると，国際事業部が管轄下にあるすべての子会社の状況や現地環境についての情報を収集し，分析し，適切な決定を迅速に行うことに限界が生じてくる。

2) 海外事業のウエイトが高くなるにつれ，国内部門との調整が重要な問題となる。その際，各子会社は，各製品や技術に関する専門的知識を有する国内の各機能部門や各事業部に依存したり，逆に国内の部門も在外子会社に製品や部品を依存するようになる。国内と海外の結びつきは相互依存性が強まり，より直接的なものになる。その結果，1）の問題とも関連して，国際事業部を通さずにダイレクトに国内と海外の事業を連結させる動機が強くなる。構造的にもはや国内と海外を区分するという方法では対処できなくなる。

以上のような理由で，国際事業部制構造は，国際化の進展とともに次に見る

グローバル構造に移行する。このグローバル構造には，「世界的地域別事業部制」「世界的製品別事業部制」と，両者を部分的に組み合わせた「混合型」，両者を完全に組み合わせた「グローバル・マトリックス構造」の4つがある。

2．世界的地域別事業部制

この組織構造は，市場ニーズ，政治・経済体制および政府政策，社会・文化の諸条件が似通った国，あるいは地理的近接性に基づいて，世界をいくつかの地域に分割し，その各地域ごとに業務全体にわたる責任を持つ地域担当者を配置する構造である。つまり，国際事業部が管理していた子会社を地域ごとに統轄するための事業部を設置し，権限─利益責任を与えるという構造である（図表4-4）。ここでは，本国市場も世界市場の中の一つの市場であるという位置づけがなされ，国内と海外という単純な区別をするものではなくなる。

この構造の一番のメリットは，その目的である国や地域ごとの環境諸条件（市場ニーズ，政治・経済的，社会的諸条件）に合った，ないしはその変化に敏感に反応しやすい分権的な構造であることである。つまり，現地適応化には適した組織構造である。

しかし，その反面，次のような問題点を包含している。

1) 製品ラインが多角化している場合，地域事業間でその多様な製品および製品ライン間の調整を行うのは困難である。各地域単位に大幅な権限を委

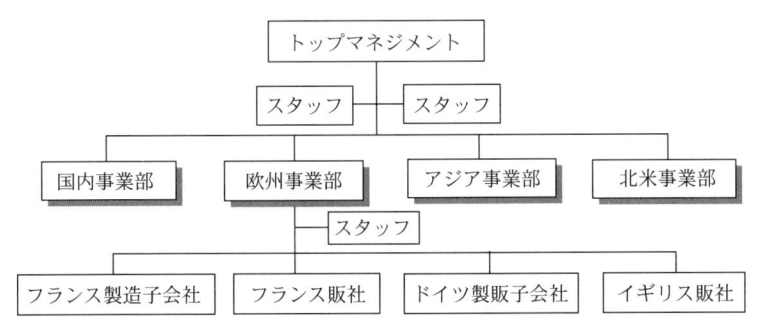

図表 4-4 世界的地域別事業部制の概念図

```
                    トップマネジメント
                          │
                    ┌─────┴─────┐
                   スタッフ    スタッフ
        ┌──────────┬──────────┬──────────┐
     国内事業部  欧州事業部  アジア事業部  北米事業部
                     │
                   スタッフ
           ┌──────────┬──────────┬──────────┐
      フランス製造子会社 フランス販社 ドイツ製販子会社 イギリス販社
```

譲しており，地域を超えて調整するには地域を超えたユニット（本社）がその調整に当たらねばならない。そうすると，現地適応化のための分権的構造は崩れてしまう。多角化度が低く，少数の事業である場合には，まだ可能であるが，高度に多角化した企業がこの構造を採用すると，地域を超えた各製品ラインごとの調整は複雑なものとなり，調整のコストは著しいものとなってしまう。

2) 高度に多角化し，多様な製品群を有すると，各地域事業部の担当者はそれら多様な製品群の製品・技術知識を必要とし，またそれぞれの製品群に関する市場情報を収集，処理し，的確な判断を行うことが必要とされるが，多角化が進めば進むほどそれは困難になる。

3) 経済性の問題。現地適応化を図るため各地域事業部が自立的に行動を行うために多くの機能を擁するようになる。開発から販売までのワンセットの機能を有するようになり，自己完結性が高まる。そうすると同種製品に対する研究開発投資の地域間での重複ロスや，地域を超えた部品・製品の生産や調達でのグローバル最適化，経営資源の世界規模での共有化が阻害される危険性がある。

このため，この世界的製品別事業部制構造は，次のような特性をもつ企業に適しているといわれる。

1) 製品系列の数が少なく，あまり多角化が進んでいない企業（専業型・本業中心型企業）
2) 地域によって事業環境が大きく異なるという事業特性をもち，特に国あるいは地域別の市場特性が重要な意味をもつ場合。
3) そのため世界規模で競争を展開するにあたって諸活動の配置を高度に分散し，しかも地域適応のために多くの活動をワンセットで地域に配置する必要性の高い事業に適している。

このように見ると，この世界的地域別構造は，現地適応化に重点をおいた企業に適合している。

3. 世界的製品別事業部制

世界的製品別事業部制は，製品系列ごとに事業部を形成し，その事業部単位に世界的視野に立って計画とコントロールを行う責任と権限を付与する組織構造である（図表4-5）。この構造は，以下のような特徴をもつ。

1) 各製品事業部は，当該製品について国内・海外の事業活動を一元的に管理し，その世界的責任を負う。
2) 個々の国や地域は，国内を含めて世界的事業の一部を構成するに過ぎない。
3) 各製品ラインごとのその最適ロジスティクスの形成，国家特殊優位および企業内国際分業下での各国子会社の役割専門化による規模の経済性，というような経済効率性を高めるために高度に世界的に分散化した諸活動を統合する。
4) そのため意思決定の各世界的製品事業部への集権化が図られ，世界規模での合理化を追求する。逆にいえば，子会社の自主性は制限され，子会社へのコントロールは高まる。
5) その集権的性格ゆえに，事業に関する情報が一元的に伝達されやすく，たとえば国内での高度技術の海外移転には適している。

他方，この構造は，次のようなデメリットを有している。

1) 各国や各地域での製品事業部間の調整が困難である。ある国や地域内で

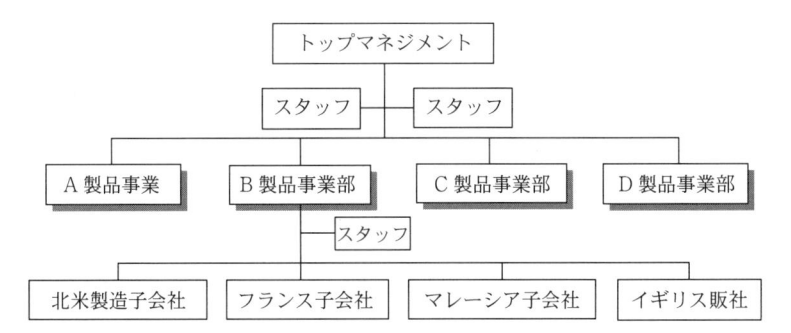

図表 4-5　世界的製品別事業部制の概念図

の製品事業部を超えた統一行動が取り難く，現地環境への一体となった取り組みが難しくなる。その地域についての各製品事業部間の調整が必要となっても，事業部の数が多く，権限が製品事業部に大きく委譲されているほど，それは難しくなる。

2) 現地適応化を阻害する。現地の環境について獲得した知識が製品事業部間で共有しにくいことや，本国にいる各事業部の意思決定者が多様な国や地域の情報を収集し，分析，理解し現地に合った意思決定を望むことは困難である。

したがって，この世界的事業部制構造は，以下のような企業や条件に適合するといえる。

1) 事業部間の技術の独立性が高く，多様な製品系列を有する企業，すなわち多角化企業が世界市場で競争を展開する企業
2) 高度な技術を必要とする製品を海外で生産する場合
3) 製品に対する各国の市場ニーズが同質化しており，国や地域ごとに違いが少なく，同一製品ないし部分的修正製品で対応できる場合

4．混合型

以上，国際化の過程で見られる典型的な組織構造の展開についてみてきたが，現実的には様々なパターンが見られる。というのは，複数の事業を営む多角化企業において，各事業の国際化の進展度が異なる場合もあるし，また，事業によってその特性が異なる場合もある。その場合，それぞれの組織構造を部分的に組み合わせた「混合型」構造が現れる。

たとえば，ある事業は世界的製品別事業部制の下で運営され，他の事業の海外業務は国際事業部の管轄下で行われるというパターンである。あるいは，世界的事業部制構造と世界的地域別構造では適する事業特性は異なる。世界的事業部制は，現地適応化よりも経済的効率性をグローバル規模で追求することが競争上の優位性にとって重要である事業に適しているし，逆に，世界的地域別

構造は，グローバルな経済的効率性よりも現地適応性が競争上の鍵となる事業に適している。同一企業がこのような特性の異なる事業を営んでいる場合，世界的地域別事業部と世界的製品別事業部で運営されるという組み合わせが生じる。これらが各組織構造の部分的組み合わせである「混合型」と呼ばれるものである。たとえば，味の素㈱は，素材事業であるファイン系のアミノ酸や医薬，甘味料などはグローバル事業として全世界均質のマネジメントが必要であり，世界的に製品別に統括されるが，食品事業は，地域によって味の好みが違うので地域特性に合わせた事業展開が必要であり，国際事業本部で管轄し，国内食品事業と海外食品事業に分けて展開している（日本在外企業協会 2000：101-102）。

5．グローバル・マトリックス構造

世界的地域別事業部制と世界的製品別事業部制ではそれぞれ強調するところが違い，異なるメリット・デメリットを有しているため，企業はそれぞれ自社の事業特性に合った構造を選択することになるわけだが，しかし問題は残っている。世界的製品別事業部制構造をとり，グローバルな統合化を進めていた企業が，国際環境の変化によって現地適応化をも求められたならばどうするのか。マルチドメスティック戦略を選択し，現地適応化を世界的地域別事業部制によって図ってきた企業が，競争条件の変化により経済性向上のためにグローバルな統合化をも求められた場合どのようになるのか。現実に，「現地適応化だけが重要である」あるいは「グローバルな経済効率性だけが重要である」という事業は少ない。程度の差はあれ，現地適応化もグローバルな効率性も求められているのが現実である。

このような国際環境の変化や，現地適応化とグローバルな効率性という双方の要求を同時に満たすために考案されたのがグローバル・マトリックス構造である。典型的には，製品別と地域別の2つのラインによって多軸化された多重構造になる（図表4-6）。各国の子会社は，製品担当マネジャーと地域担当マネ

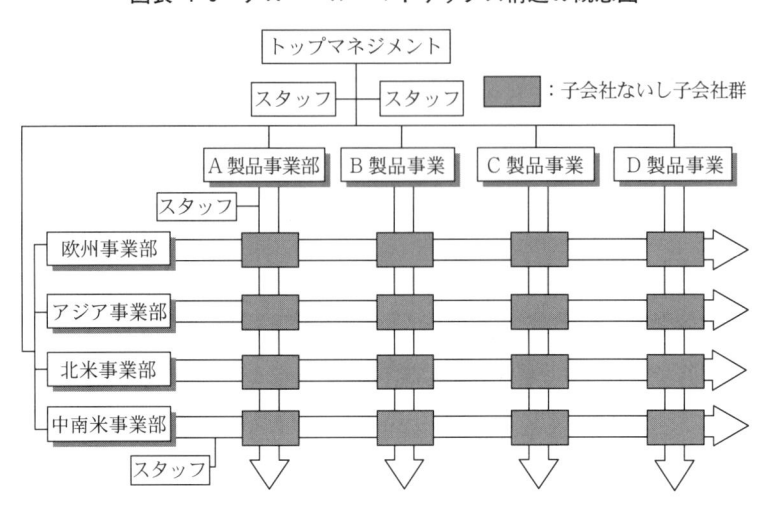

図表 4-6　グローバル・マトリックス構造の概念図

ジャーの双方から指令を受け，双方に対して報告義務を負うことになる（国内組織においても，機能部門と製品事業部のマトリックス組織が存在する。ここでは，国際経営組織におけるマトリックス組織であり，その意味でグローバル・マトリックス構造と名づけられている。さらに，このグローバル・マトリックス構造には，地域，事業に加え，機能部門を含めて，3次元マトリックス構造を採用した企業もある）。

　このグローバル・マトリックス組織では，国や地域を超えて活動をグローバルに統合する場合には，製品事業の担当者が指揮権を発動する。これによって各拠点をグローバルに統合することによって効率性や経済性を高めようとする。これに対し，現地適応化が必要な場合や，ある地域でのキャンペーンなど統一行動が必要とされる場合には，地域担当のマネジャーが指揮をとる。このように，2系統の司令ラインをもつことにより，グローバル統合と現地適合の同時達成を図ろうとしたものである。

　しかし，マトリックス組織は，よくいわれるように指揮・報告系統の多重化，複雑化により混乱が生じやすい。たとえば，アジアにある製品事業部A

に属する子会社のメンバーは，アジア担当者マネジャーと製品事業部Aからそれぞれ相矛盾する司令がきた場合，どちらの司令に従うのか。このことは，その子会社のみならず，その製品別担当マネジャーと地域担当マネジャーの間の権限争いをも引き起こす可能性がある。このような混乱を回避するためには，製品別と地位別の担当マネジャーが密接に調整することが必要となる。しかし，事業の数が少なく，地域的にも限定されている場合には，調整も可能であるが，事業が多く，多くの地域に事業を展開するにつれ，そのための調整は困難なものになるし，できたとしても調整のためのコストや時間は，莫大なものとなるであろう。

1970年代に，欧米の多国籍企業が多くの地域で多様な製品を持って多くの事業を展開したため，製品（事業）と地域の2つの観点から戦略を策定し，管理するためにグローバル・マトリックス組織を導入した。しかしその試みは，上記の理由で失敗に終わった。たとえば，Bartlett & Goshal は，次のように指摘している。

「グローバル・マトリックスの論理は採用せずにいられないほど魅力的なものだった。その二重リポーティング・チャネルは，各ニーズ間の不一致点を識別し，それを開発する構造的手段となり，その多重インフォーメーション・チャネルは，企業に外的複雑性の把握と分析を可能にし，またその重複権限は，外的変化に対応する固有の柔軟性を企業にもたらすというものである。……しかし，マトリックス構造はシンプルで合理的に見えたが，実際に国際環境の中でできた組織プロセスは，事実上，収拾不可能なことがわかった。二重リポーティング関係は，混乱と対立を招き，急増した公式的チャネルは情報の行き詰まりを生じ，重複権限は，縄張り争いと責任逃れを引き起こした。距離・言語・時間・文化の隔たりの中で，純然たる国内企業向けの方法では，マネジャーたちは混乱を除去することも，対立を解決することもできなかった」（Bartlett & Goshal, 1990：275）。

6. 地域本社制

　上記のようなマトリックス管理の一形態として，製品事業部に地域本社制を併用するケースがあり，近年，多くの日本企業が欧米亜の3極に設立してきている。本来，地域本社制は，持ち株会社の形態を取り，地域内の子会社の株を所有し，地域戦略の整合性を行使する権限が与えられる（竹田，1994：95）。

　地域本社の設置の目的は，「国際的な企業活動の広がりと量的拡大に伴い，企業内国際分業を確立する中で，地域特性を生かしながら全世界的に統合を行うとともに，経営の意思決定をすべて日本中心にするのではなく，現地分権化を進めること」（経済同友会『平成2年度企業白書』）である。つまり，地域本社制とは，本社機能を地域統括本社へ一部移転し，地域内生産・販売拠点の相互協力・補完関係を構築し，地域社会，経済に溶け込んだ事業活動を行うと同時に，さらにはこれら地域間の分業体制ないし相互補完体制を築くことによって，現地適応とグローバルな統合を同時達成しようとするものである。

　しかし，多くの地域本社の機能では，「複数の現地拠点の共通機能の一元化・効率化」が多く，その具体的機能は，販売機能の集約化か現地拠点のサポート的機能にとどまっている。つまり，地域本社はサービス・スタッフ的機能を果たし，権限のバランスは事業部に偏っているケースが多い。

　したがって，「グローバル・マトリックス構造」で指摘したような問題を有する製品と地域の一種のマトリックス組織であるが，日本企業が採用している理由として，「日本的組織風土においては水平方向の意思疎通が容易であるので，予想以上にマトリックス組織，あるいはこれに近い組織形態が普及している」（経済同友会，1990）ということも考えられるが，そもそもパワーバランスが事業部に傾いており，コンフリクトが発生するにいたっていないという見方もある。

　以上のような国際経営組織へのアプローチは，Chandlerの命題の検証としてなされ，マクロ構造が中心であった。序章で述べたように，Stopford & Wells（1972）は，「海外での多角化比率」と「海外売上比率」によって組織構

造が決定されるとした。すなわち，海外での多角化比率が高く海外売上高比率が低い場合には，世界的製品別事業部制構造がとられ，海外多角化比率が低く海外売上高比率が高い場合には世界的地域別事業部制がとられ，両者とも高い場合にはマトリックス構造が採用されるというのである。このような彼らのアプローチ，Stopford & Wells パラダイムとも呼べる研究アプローチは多く見られる。しかしながら，われわれは，そのような企業戦略レベルよりも競争戦略レベル，すなわち企業の有する事業の特性，その事業の属する業界特性によって事業ごとに組織特性が異なると考えている。すなわち，事業の特性こそがその事業を国際的にどのように統括するかに大きくかかわっていると見ている。国際競争戦略と国際的な統括組織についての分析は，ほとんどわが国ではなされていないといえよう。

第3節　グローバル戦略経営における組織

国際競争戦略のパターンについて，Porter (1986 a, b) は，包括的なモデルを提示した。彼は，事業が国ごとの基準で競争行動を展開するのか（マルチドメスティック戦略），グローバルな基準でそれを行うのか（グローバル戦略）という基本的な戦略選択のパターンを類型化している。そしてその選択にあたって大きな影響を与えるのが業界構造（グローバル産業かマルチドメスティック産業）であるが，傾向的には，家電や自動車業界の日本企業が1970代から80年代にかけて選好したシンプル・グローバル戦略からグローバル戦略へ，ヨーロッパ系多国籍企業に代表されるマルチドメスティック戦略からグローバル戦略へと向かっていることが指摘される。

Kogut (1985) によれば，グローバル戦略は，2つの形態の優位性，すなわち「立地特殊優位」と「競争優位」に基づいている。立地特殊優位は，諸国間の生産諸要素の偏在および生産要素費用や政府政策の違いを利用することによって確保される。また，この優位性の機会を求めて，為替レートの変動，税の最小化，資本コスト，原材料コストおよび原材料入手可能性に基づいて，その

立地ないし能力を諸国間でシフトさせる。これらは，国際的なロジスティックスを構築する際に考慮すべき主要問題でもある。グローバルな競争優位は，国際的な規模の経済，範囲の経済，諸国市場横断的な組織学習（Ghoshal 1987）を通じて開発される。この国際的な規模の経済を利用するためには，国家横断的な市場ないしセグメントの開発が必要であるとされる（竹内・ポーター 1986）。この立地特殊優位とグローバルな競争優位を連結することによって当該多国籍企業の優位性がもたらされると考えられている。国家横断的な資源の配置とその資源の展開が重要となる。マルチドメスティック戦略と比較したグローバル戦略における管理上の特徴は，多国籍的ネットワーク内での資源のフローを管理することである。これら資源のフローには，製品，原材料，部品および種々の生産設備をはじめ，有形・無形の資源を含んでいる（Bartlett & Ghoshal 1989）。グローバル戦略を追求している企業にとって，資源のフローは，立地特殊優位と競争優位を連結する「要」となるもので，その欠如はありえない（Roth, Wchweiger & Morrison 1991）。Kobrin（1991）は，グローバル産業における企業と立地横断的な企業内資源フローのレベルの増大とが結びついていることを示唆している。

　企業内の国家横断的な資源のフローは，グローバル戦略を追求している企業内での高度な調整を必要とする（Porter 1986 a, b）。これは資源のフローが子会社間の相互依存性を生み出し，特に互恵的相互依存性（Thompson 1967）をもたらす場合には，国境を超えた高度の調整を必要とする。このように，これまでの研究は，グローバル戦略の追求が立地間の国家横断的な調整の高度化を示唆している。国境を超えて知識，ノウハウなどの共有化を図るとともに，活動間のグローバルな調整が不可欠であるという。しかし，問題は，これらの調整をどのように行うのかということである。また，国際的な配置に関しては，多国籍企業間ではそれほど差異はなくなってきており，それらの分散化した拠点間の関係のマネジメントが企業の優劣を決めるという指摘もある（Hamel & Prahalad 1988）。つまり，これらは組織ないし管理の問題に帰することになる

のである。そこでグローバル戦略経営の観点からこれら戦略―組織の問題を総合的に扱う必要がある。

　しかしながら，先に見たような伝統的な国際経営組織のアプローチでは，戦略と組織の関係は一方向的に捉えられ，また組織も権限―報告関係に限定した組織観である。そこでは，それ以外の拠点間の垂直的および水平的な活動の調整方法については無視されている。加えて，Porterは，活動の配置とともに活動の調整によって国際競争戦略を類型化したが，その活動の調整方法についてはまったく触れられていない。彼は産業組織論的アプローチを取っているため，その関心は個々の企業経営にあるわけではない。ここに戦略と組織を統一的に捉えなおす必要性が見出される。

第5章　国際経営モデル

第1節　多国籍化と経営パースペクティブ

1. EPRG モデル

　事業の国際化のプロセスは，機能や活動の海外への移転ないし分散化のプロセスであると見ることができる。従来の企業の多国籍化の進行度は，海外子会社数や海外売上高，海外資産，海外従業員数などの指標で測られてきた。しかしながら，国際経営管理の進度はそれに対応するのであろうか。Perlmutter (1969) は，トップマネジメントの海外事業に対する基本的姿勢，信念や態度から国際化の発展段階を示している。この基本姿勢は，EPRG プロフィールとして表わされ，国際経営管理での志向性，および各機能分野における活動の基本的特徴にそれが反映されるとしている (Heenan & Perlmutter 1979, Chakravarthy & Perlmutter 1985)。EPRG とは，次のような分類を指している。

- 本国志向型（Ethnocentric）企業　………E
- 現地志向型（Polycentric）企業　…………P
- 地域志向型（Regioncentric）企業　………R
- 世界志向型（Geocentric）企業　…………G

1) 本国志向型企業　（E 型）

　本国志向型企業とは，本国本社のもつ基本的価値，行動様式を絶対的優位なものと考え，それを子会社との関係にも反映させるという基本的姿勢である。本社はもちろん在外子会社の主要ポジションに本国人（本国本社からの派遣者）を置き，本国での経営方針や管理方式，製造方法などをそのまま現地子会社に採用させる。それは暗に次のような態度で示される。「X の本国民族である私たちは，本社・子会社のどの外国人よりも優秀であり，信頼・信用できま

す。あなたがたが私たち固有の優秀さを認め，私たちの仕事のやり方と条件を受け入れるならば，喜んであなたがたの国に子会社を設けます」という態度である。

このように，本社・子会社のトップマネジメント層を本国からの派遣管理者で固め，本国での経営方式等を現地国の法的・政治的制約内で遵守させる。このような基本的姿勢は，海外生産子会社設立段階に一般的に見られる現象であるが，このようなやり方ないし政策が，在外子会社経営を本社の国際経営の枠組みにしっかりと組み込むために必要である，という理由でなされる。このような本国志向性は，本国本社から在外子会社へと一方向的に流れる命令・助言などのコミュニケーション・フローに端的に現れる。

2) 現地志向型企業 （P型）

現地志向型企業は，現地国の企業を取り巻く環境は本国のそれとは大きく異なっており，外国人が理解するのは困難であるという前提から出発している。したがって，海外子会社の経営は，現地の人間に任せるというのが原則となる。これは，「郷に入れば郷に従え。われわれはそこで何が進行しているのかを本当に理解することはできない。しかし，われわれは，現地の人々を信頼すべきである。彼らが利益を上げている限り，われわれは背後に留まっていたい」という表現で端的に示される。このような在外子会社の経営現地化は，特に「本社はわれわれ現地国の顧客の要求や流通の仕組みについて理解していない」という現地のマーケティング管理者によって促進され，また，現地国政府の要請あるいはプレッシャーによっても進められる。このような準独立的在外子会社は，かなりの部分で自律性を与えられており，本社は，財務的コントロールによってこれらの子会社を全体としてルースにまとめることができる，と考えている。

このような現地志向型の企業は，現地適応において優れている反面，本社が統一的なグローバルな戦略を策定し，実行する段になると，これら準独立的な在外子会社の戦略上の位置づけや子会社間の調整が問題となる。というのは，

先の本国志向型では本社のエスノセントリズム（自民族中心主義）によって特徴づけられたが，現地志向型ではそれぞれの在外子会社の自民族中心主義が顕著になるからである。ポリセントリズム（多中心主義）の一つの帰結は，在外子会社それぞれの自民族中心主義である。各国の在外子会社が自律性を主張する状況下にあっては，統一的なグローバル戦略に基づく在外子会社の協力ないし調整，活動全体のグローバルな統合化は難しくなる。したがって，先に見た「マルチドメスティック戦略」の前提となるような経営姿勢である。

また，現地適応のために自律性を獲得するには，権限のみならず，現地で自立できる基本的な活動のセットを持つことが必要とされる。すなわち，自前主義であり，基本的な活動において他拠点（本社および他の子会社）への依存性を少なくすることが求められる。その結果，現地には基本的な機能ないし活動がワンセットで設置されることになる。いわゆる完全インサイダー化の段階である。そのため，各国間での投資や活動の重複ロスが生じやすい。

3) 地域志向型企業　（R型）

地域志向型企業とは，現地志向の結果，各国ごとに基本機能をワンセットで設置することからくる非効率性を克服し，市場ニーズ，政治・経済・文化などの諸条件が類似している国家群を一つの地域として捉え，その地域を基準として意思決定を行おうとする志向性をもつ企業をさす。地域単位で現地適応を図りつつ，地域内での経営資源の重複ロスを避け，また，地域内の市場を勘案しつつ生産を行うため，国単位での生産を考えるよりも大きな規模の経済を享受することを可能にする。

地域内で製品分業あるいは工程分業が行われ，地域内での各国子会社の相互依存性は大きくなる。その結果，地域ベースで各国子会社を管理，運営するため，地域事業部ないし地域本社に大きな意思決定権限が本国本社から委譲される。国際経営管理の基本的単位は，それら地域となる。また，人事面でも地域ベースでマネジャーの採用，訓練，配置がなされる。このような地域中心主義（リージョナリズム）的な考え方は，地域経済圏の形成によっても促進される。

4） 世界志向型企業 （G型）

　世界志向型企業は，世界中の在外子会社間での国際分業の進展により，各国子会社の相互依存性が世界的に高まり，それらを地球規模で有機的に連携するためにとられる志向性である。世界志向のねらいは，本社と在外子会社双方のグローバルな協力・協調体制の確立である。本社・在外子会社ともにグローバルな目標に焦点を当てた全体の一部であり，それぞれの独自の能力で独自の貢献をする全体のシステムを構成するサブシステムと捉えられる。すなわち，本社と在外子会社は，みずから有機的な世界的統一体の一部と考えられ，その意味で，階層的関係というよりも水平な関係である。また，現地適応と同時に世界的な統合を図る企業である。これは，「われわれは良い現地企業になるだけではなく，グローバルな観点から最良の企業になることを目指している」という言葉で表現される。このような世界志向型企業というコンセプトでは，在外子会社の貢献を評価するための普遍的評価基準と在外子会社ごとの現地諸条件を考慮した個別基準の両方を設定することが必要となる。また，新たな製品の導入や，工場・研究所の設置などについての資源配分決定では，本社・在外子会社間の緊密な調整と協力体制が必要となる。

　以上のような本国志向型（E），現地志向型（P），地域志向型（R），世界志向型（G）の基本的特徴と機能分野ごとの特徴は，それぞれ図表5-1と図表5-2に示してある。だが，ここに示されている4つのタイプの志向性は，理念型（純粋モデル）であり，具体的な企業がまったく一つのタイプに当てはまることは稀である。多角化企業においては事業分野によって異なることがありうる。これら4つのタイプは，トップマネジメントの基本的姿勢の問題であり，それを反映した価値志向性を示しているのである。また，これら経営志向は，E→P→R→Gと単線型に移行するわけではなく，多様な進展が示されており，実質的には，多国籍化の方向というよりも類型論に近いものとなっている。

　また，やや視点が類似しているモデルとして，小林（1985）は，ロジスティ

図表 5-1　EPRG プロフィールによる企業の志向性

企業の志向性	EPRG プロフィール			
	E：本国志向	P：現地志向	R：地域志向	G：世界志向
ミッション	収益性（経済性）	現地での受容（正当性）	収益性と現地での受容（経済性と正当性）	収益性と現地での受容（経済性と正当性）
ガバナンス				
●目的設定の方向	トップダウン	ボトムアップ（現地の目的に基づいて子会社が決定）	地域とそこの子会社間で相互に取り決め	会社の全レベルで相互に取り決め
●コミュニケーション	大量の命令，指令，アドバイスを本社が出す。階層的	本社・子会社間および子会社間でのコミュニケーションはほとんどない	地域内での水平・垂直の双方向的コミュニケーション	全社的な水平・垂直的コミュニケーション
●資源配分	投資機会は本社で決定	自給的で，子会社間のフローはない	地域本部が，本社からのガイドラインの下で配分	世界規模のプロジェクトで，配分は地域本部と本社経営者によって影響を受ける
戦略	グローバル統合的	現地国への適応性	地域統合的で現地適応的	グローバル統合的で現地適応的
構造	階層的製品別事業部制	自律的国別単位をもつ階層的地域事業部制	製品・地域マトリックス組織	ネットワーク的組織（ある利害関係者や競争企業を含む）
文化	本国	現地国	地域	グローバル

出所）Chakravarthy & Perlmutter (1985：5-6)

クスの有機的な結びつきの強さとそれに伴う経営パースペクティブの広がりによって，多国籍化の進行を5段階に分けている。

　第1段階　本社経営中心……海外事業は主として輸出の延長で展開される。
　第2段階　進出地経営重視……輸入代替現地生産が始まる

図表 5-2　機能分野における EPRG プロフィール

テクノロジー 生産	大量生産	バッチ生産	フレキシブル 生産	フレキシブル 生産
マーケティング 製品計画	本国顧客ニーズによって主に決定された製品開発	現地ニーズに基づいた現地製品開発	地域内で標準化	地域バリエーションを伴うグローバル製品
ミクスの決定	本社	各国	地域	相互主義
人事方式 育成	世界中の主要地位には本国の人材	現地の主要な地域には現地人を開発	地域内の主要な地域の同地域の人材を開発	主要な地位には世界中から人材を開発
評価	人事考課と業績評価に本社基準を適用	現地で決定	地域で決定	普遍的および現地諸条件を加味した基準

出所）Chakravathy & Perlmutter（1985：5-6）

第3段階　地域関連を意識した進出地経営重視……進出地以外の第三国市場との結びつきや進出した地域での国際分業を意識した上での進出地重視の経営であり，本社と地域という点と面を結んだ経営

第4段階　世界的視野に立つ経営……世界の主要地域に形成された面と面を結び付けた経営

第5段階　グローバルロジスティクスによる経営……世界中に完成された多数の面をグローバル経営機会の極大化の必要性を認識実行する経営

　企業がその国際ビジネスを展開するにあたり，どのような姿勢で望むのか，あるいはどのようなパースペクティブを有するのかによって，国際経営の構築が異なることは明らかである。

第2節　グローバル効率性とローカル適応

　企業が国境を超えてその成長を図る中で，海外直接投資による海外オペレー

ションの増大による企業の多国籍化は,組織や管理の側面でも大きな変革を要求する。多国籍企業は,組織において今日最も複雑な形態である。多国籍企業の組織に関する研究は,主にコンティンジェンシー・アプローチでなされ,その中心は,戦略と組織の「適合」であり,「発展段階論」的である(その代表的な研究としては,Stopford & Wells, 1972 ; Franko, 1976 を参照)。そしてこれらは,マクロ構造を中心に分析がなされたが,よりミクロな組織デザイン変数として精緻化され(Galbraith, 1973),組織プロセスへの検討へと展開してきた(茂垣 1993)が,先述のように,主としてコンティンジェンシー・アプローチであり「分化―統合」問題として扱われた(Galbraith & Nathanson, 1978)。

1980 年代に入ると,多国籍企業における管理や組織についての新しい方法への関心が高まり,多様なモデルが展開されてきた(Hedlund, 1986 ; Prahalad & Doz, 1987 ; Bartlett & Ghoshal 1989)。これらのモデルの多くは,従来の組織デザイン変数よりも多元的な組織デザイン,統合化および調整メカニズムを取り扱っている。また,環境の複雑性のみならず,在外子会社の経営資源レベルあるいは役割にかなり焦点を当ててきている。ここでは,それら代表的な管理ないし組織モデルについて検討する。

1. マルチフォーカル組織

Doz, Bartlett, & Prahalad (1981) によれば,グローバルに行動する多国籍企業が直面している課題は,現地の政治的要請とグローバル統合の経済的要請との間のバランスをとることである。ホスト国政府の要請に応え,機能および経営資源をワンセットで現地に移行し,子会社の現地化を図り大きな自律性を与えることは,ホスト国における政治的および社会的正当性の獲得につながる。しかしそのことは,当該子会社と他国の子会社の戦略との適切な統合の確保を犠牲にすることになる(Hamel & Prahalad, 1988)。そして,グローバル戦略を採用したい多国籍企業の多くは,ホスト国の政治的要請と競争上追求したいスケール・メリット等の経済的要請への対応のジレンマに立たされている。とい

図表 5-3　管理モードの類型

企業の市場ポジション

	強	弱
技術の優位性　高	複合状況 パワー・バランス・モード	新市場での拡大を目指す優位な状況 パワー・バランス・モード
技術の優位性　低	成熟市場での市場維持を目指す適応状況 分権モード	本国市場へ撤退する下降状況 ————

出所）Doz, Y. L（1979：17）

うのも，ホスト国の要請に応じることは，往々にして多国籍企業の一貫した戦略と対立することが多いからである。Doz（1979）は，このような環境に多国籍企業がどのように適応するかは，その企業のもつ技術的優位性と市場地位によって異なるとした（図表5-3）。企業の市場地位の強弱と技術の優位性の高低の組み合わせからもたらされる状況と，それに対応する管理モードの特徴は，図表5-4で示される。その後 Doz（1986）は，政治的要請のグローバル戦略への影響を理解するためのフレームワークを再提起したが，彼によれば，ホスト国での事業活動コンテクストにおける重要な決定因は，① 多国籍企業のバーゲニング・パワーと，② ホスト国政府のバーゲニング・パワーである。多国籍企業のバーゲニング・パワーの源泉は，独占的技術，世界規模でのマーケットシェア，製品差別化である。

　他方，ホスト国政府のバーゲニング・パワーは，市場参入をコントロールする能力，政府がコントロールしている市場の魅力度ないし規模に求められる。両者のバーゲニング・パワーの傾きにより，企業がグローバル戦略を遂行し得るか，あるいは現地反応的な国中心の戦略をとらざるを得ないかを決定づける。すなわち，多国籍企業がテクノロジー・リーダーかつマーケット・リーダーであり，ホスト国政府のバーゲニング・パワーが低い状況では，グローバル戦略の選択が可能となるが，他方，パワー・バランスがホスト国政府に傾いて

いる状況では国中心の戦略をとらざるを得ない。

このようにDozは，多国籍企業に対しては，グローバル統合化による「経済的要請」とホスト国政府からの「政治的要請」という2つのプレッシャーがあり，この間のバランスをとるというのが多国籍企業が直面している課題であるという認識に立っている。経済的要請のプレッシャーが強まれば，国家特殊優位，規模の経済，世界規模の合理化を達成するためにグローバルに統合する必要性が高まる。Prahalad & Doz（1987）は，これを「世界的製品統合戦略」

図表 5-4　管理モードの特徴

	集権モード	分権モード	パワー・バランス・モード
管理方法			
構造	子会社と製品調整部門を伴う機能別組織	子会社と調整役割を担当するスタッフ	製品と地域のマトリックス
情報フロー	子会社と機能別管理者	基本的に各国内，副次的に世界的製品委員会	地域と製品間で多元的
計画・予算・報告	詳細な手続きにより厳格にコントロールし，本社の機能的管理者により統合	国別	製品と地域部門間の相互
昇進経路	中央で関与，各国間を頻繁に移動	国内のみで，国家間異動はない	製品・地域間で多元的
運営パターン			
生産	厳密な計画，統合された海外生産　本社による広範な援助とコントロール	国別に決定	地域，製品部門間での相互作用
R & D	中央の計画による標準製品の開発	本社スタッフによる現地国間の調整	製品部門間のイニシアチブによる中央での調整
地域での協力	子会社の役員を通じ本社で決定	国別に決定	ほとんど国別で，中央はガイドラインの提示
輸出マーケティング	本社のみ	本社スタッフによる子会社間調整	

出所）Doz, Y. L.（1979：19）

と名づけた。他方,政治的要請からのプレッシャーが強まれば,企業はそれに対応するために子会社の現地反応性を高めなければならず,そのために多くの機能をホスト国に配置し,大きな権限を与えることになる。あるいは,現地資本との合弁事業を余儀なくされる場合もある。このような政治的要請に応えることを基本として国ごとに戦略を立てていく。これを彼らは「現地反応戦略」と名づけた。しかし,これらのうちの一方への戦略的な偏りは,他方の戦略を選好しないようになり,一方への戦略的選好性をもたらす(組織慣性)。しかしながら,いくつかの企業は,世界的統合戦略か現地反応戦略かという明確な選好性を避けようとし,それらの間をスイングさせ,両者の要素を結合させようとする。彼らはこのような戦略を「マルチフォーカル戦略」と名づけている。この戦略は複数の焦点をもつことで,ある特定の選択に固定することを避け,統合化の利益と反応性による現地化の利益をうまくミックスしようとするものである。彼らはこのような図式を「統合―反応グリッド」と名づけた(図表

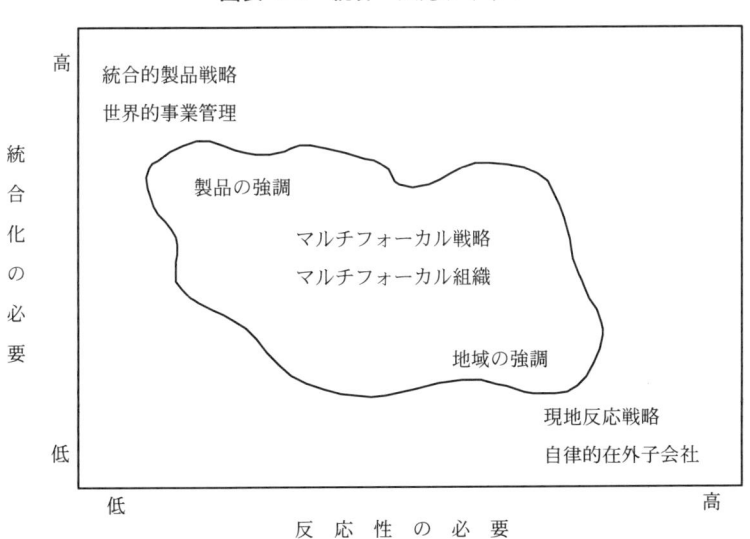

図表 5-5 統合―反応グリッド

縦軸:統合化の必要(低―高)
横軸:反応性の必要(低―高)

- 統合的製品戦略
- 世界的事業管理
- 製品の強調
- マルチフォーカル戦略
- マルチフォーカル組織
- 地域の強調
- 現地反応戦略
- 自律的在外子会社

出所)Prahalad & Doz(1987:25)

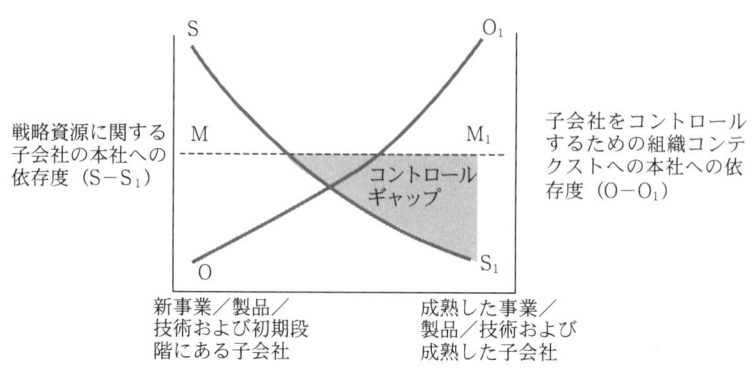

図表 5-6　本社―在外子会社間でのコントロール・メカニズム

戦略資源に関する
子会社の本社への
依存度（$S-S_1$）

子会社をコントロール
するための組織コンテ
クストへの本社への依
存度（$O-O_1$）

コントロール
ギャップ

新事業／製品／
技術および初期段
階にある子会社

成熟した事業／
製品／技術および
成熟した子会社

出所）Prahalad & Doz（1981：8）

5-5）。

　また，Prahalad & Doz（1981）は，在外子会社の成長ないし成熟にしたがって本社への戦略資源の依存度が低下することにより，資源パワーによるコントロールは困難になってくることを指摘し，その代替的コントロール手段（組織コンテクスト：認知志向性，戦略志向性，パワー志向性，管理志向性の変革）の必要性を唱えていることも注目に値する（図表5-6）。すなわち，在外子会社の能力，経営資源レベルが向上するにしたがって，代替的あるいは追加的な調整メカニズムの必要性を示唆している。

2．トランスナショナル・モデル

　Bartlett & Ghoshal（1989）によれば，組織のタイプに大きな影響を与える第1の要因は，企業が自社事業の戦略要求に自社能力を適合させる必要性である。換言すれば，企業のパフォーマンスは，業界で主に要求される戦略と，自社の戦略能力の適合に基づいている。国ごとに大きく異なる現地市場への適応が主な戦略課題となる業界では，各現地国環境における差異に対する高度の反応性が成功の鍵となる。グローバル効率性が決定的に重要な業界では，グローバルな規模の経済が成功の鍵となり，現地国市場への個別対応よりも，統一的

に世界市場を扱うことが最も適している。また，国際的製品ライフサイクルが妥当する業界では，このライフサイクルを効率的かつ柔軟に管理する能力が成功の鍵となり，本社の有する技術，知識の移転が重要性をもつのである。

　国際的な組織のタイプに影響を与える第2の要因は，経営伝統（administrative heritage）である。彼らによれば，「経営伝統は，当該企業の最大の資産の一つとなりうる——その鍵となる競争力の根本的源泉——が，それが変化に抵抗し，それによって戦略能力の再編成ないし拡大を妨げるがゆえに，大きな負債でもある」（Bartlett & Ghoshal 1989：33）とその影響を強調している。中でも最も影響力の大きい要因は，企業規範やプライオリティへのリーダーシップの影響力，根源的な価値や慣習への本国文化の影響力，その組織の歴史の影響力をあげている（Bartlett & Ghoshal 1989：41-48）。これらの要因が，その組織属性に反映され，組織プロセス上の特徴をつくり出していると見ることができる。

　これら2つの要因，戦略能力と経営伝統により，国際ビジネス環境で活動する企業および組織モデルを3つのタイプに識別すると図表5-7になる。すなわち，国の違いに対する反応性を通じて強力な現地プレゼンスを構築する「マルチナショナル企業」が用いる「マルチナショナル組織モデル」，世界的に標準化した製品で中央集中的なグローバルな規模の経済によりコスト優位を構築する「グローバル企業」が用いる「グローバル組織モデル」，本社のもつ革新的製品や加工技術等の能力・知識を海外オペレーションに適用することで優位性を築く「インターナショナル企業」が用いる「インターナショナル組織モデル」である。

　「マルチナショナル組織モデル」は，典型的には第2次世界大戦以前に多国籍化していったヨーロッパ企業に当てはまる（第6章参照）。海外オペレーションが他の市場と現地市場を区別する「差異」に反応することができるように，組織の資産や能力を分散化し，多くの権限を委譲する。この結果生じる組織の特徴は，「分権的連邦制」（decentralized federation）である。この場合，本社

図表 5-7 各企業タイプの戦略能力と組織特性

組織特性	マルチナショナル	グローバル	インターナショナル
鍵となる戦略能力	現地の相違への敏感さと反応性を通じた現地での強いプレゼンスを構築する能力	集中したグローバル規模のオペレーションを通じたコスト優位を構築する能力	世界的な伝播と適応を通じて親会社の知識とケイパビリティを活用する能力
資産と能力の配置	分散的で国ごとに自己完結的	集中的でグローバルな規模	コア・コンピテンシーの源泉は集中化し、他は分散化
海外オペレーションの役割	現地の機会を感じ取り利用すること	親会社の戦略を実行すること	親会社のコンピテンシーを適応させ、利用する
知識と開発と伝播	知識は各ユニット内で開発され保育される	知識は中央で開発され保有される	知識は中央で開発され、海外のユニットに移転する

出所) Bartlett & Ghoshal (1989:15, 58) より合成作成

と在外子会社の間の活動間にみられる相互依存性は低く，調整をそれほど多く必要としない。組織プロセスは，公式構造や公式システムよりも派遣マネジャーとの個人的な関係や非公式のコンタクトの上に築かれる。

「グローバル組織」は，資産，資源，権限の集中化に基づいている。在外子会社の役割は，販売とサービスに限定され，本国本社で立てた計画と方針を実行する出先機関として位置づけられる。これは，Porter (1986) の国際競争戦略の類型でいえば，海外マーケティングを除いて多くの機能を地理的に集中配置し，それらの機能間の調整を高度に行うという「シンプル・グローバル戦略」に相応している。この場合の調整メカニズムとしては，階層権限が用いられ，本社集権的である。そのため，本社と子会社間および子会社間の関係は，中央集中的な結びつきの中で，子会社が本社に依存してタイトにコントロールされる。製品，知識のフローは，本社から在外子会社へと一方向的であり，子会社の本社への依存制をつくり出す。彼らはこの組織を「中央中枢型」(central hub) と名づけている。

第3の「インターナショナル組織モデル」は，権限の委譲を進めながらも，

精緻な管理システムによって全体のコントロールを維持しようとするものである。公式的経営計画とコントロールシステムによって本社と在外子会社が密接に結びつけられている。現地の子会社は新しい製品を適用する自由はあるが，新しい製品，工程，アイディアに関しては本社に大きく依存しており，マルチナショナル企業よりもはるかに大きな調整とコントロールが本社によってなされる。したがって，彼らはこれを「調整型連邦制」と名づけている。

これら3つの組織モデルは，①資産と能力の配置，②在外子会社の役割，③知識の開発と普及において異なる特徴を有していることが示されている。しかし，各タイプの企業はそれぞれ大きなマイナス面を有している。マルチナショナル企業は，現地ニーズには敏感に反応し，対応することを可能にするが，多くの機能が分散・重複するために効率性を犠牲にしなければならない。グローバル企業では，資源や情報が本社に集中しているために，各国の子会社はあまり情報をもたずに経営しなければならず，現地の市場ニーズに対応する意欲や能力が損なわれがちであるため，現地でのイノベーションはあまり期待できない。インターナショナル企業は，グローバル企業よりも効率が悪く，マルチナショナル企業よりは適応性が低いものとなる。

彼らによれば，国際的に事業を行うことのますますの複雑性とともに，これら従来の3つのいずれのタイプでも，現代の産業および市場の多次元的でダイナミックな要求に有効に対処することはできないという。一方でグローバル統合を求める要因が強まりながら，他方では国ごとや地域ごとにニーズに応じていかなければならない要因が再現しており，そのため，多国籍企業は，さまざまな国の関心に応じるための組織力を伸ばし，なおかつ効率よく収益性が高まるよう諸活動を調整しなければならない。そのため，彼らは第4の企業モデルである「トランスナショナル企業」の概念を提起する。それは，以下のような要件の同時達成を図る企業モデルである。

① グローバル・オペレーションとグローバルな統合を通じた効率性と経済性

②　ローカル分化を通じて国あるいはローカルな違いへの反応性
③　広範な学習と知識移転を通じた高度の世界規模のイノベーション

そしてそれを達成する組織を「統合ネットワーク」と名づけ，次のような特性を記述している。

①　グローバル競争力：資産および能力が分散し，相互依存的で，専門化されている。
②　マルチナショナル的柔軟性：子会社の役割は分化し，専門化し，世界的な活動へのそれぞれ特殊な役割を果たし，貢献する。
③　世界的学習：知識を共同で開発し，世界中で共有化する。

このような特性を有するトランスナショナル企業では，活動間の調整はかなり複雑なものとなる。トランスナショナル企業では，従来の企業モデルよりも多元的で柔軟な調整メカニズムを多用することが必要であるとされる。彼らは在外子会社の役割を「現地資源」と「環境の戦略的重要性」によって配分することを提唱し，そのため子会社の能力およびその役割は特殊性を帯びることになり，一律的にそれらを扱うことは不適切になる。したがって，それぞれの子会社の特性に応じて多様な調整メカニズムを柔軟に使い分ける必要もでてくることを示唆している。この点については，後にさらに検討を加える。

3．ヘテラルキー・モデル

従来の伝統的多国籍企業論においては，独占的企業特殊優位の存在と，その優位性の利用で企業の多国籍化を説明してきた（Vernon 1966）。しかし，多国籍化後においては，規模や範囲の経済性，学習，オペレーションの柔軟性による「新たな優位性」の形成がより重要視される（Kogut 1983）。上記の Bartlett & Ghoshal（1989）の基本的視点もこの文脈で理解できる。このことは，Porter（1986）のいう「配置の地理的分散」が高度な段階での新たな競争優位の形成には，各拠点での新たな競争優位の形成（周佐 1989）とそれら拠点間の相互依存性のマネジメントが決定的に重要になってくることを示唆している。

Hedlund & Rolander（1990）は，スウェーデン多国籍企業の分析から戦略的機能の各子会社への分散化傾向を見出し，それら戦略的子会社のグローバルな役割に注目し，新たな組織モデルとしてヘテラルキー・モデルを提唱している。

彼らは，チャンドラー以来の伝統的な「環境」「戦略」「構造」間の関係を「戦略—構造パラダイム」（strategy-structure paradigm：SSP）としてその妥当性の限定性を批判し，その代替的フレームワークを提示する。そこでは，「戦略」と「構造」は分離できず，むしろその相互連結を重視し，一体性を強調する。ただし説明の便宜上それらは分けて説明される（図表5-8）。

戦略は時間に対するアクション・プログラムとして捉えられ，それは「活用（exploitation）」プログラムと「実験（experimentation）」プログラムからなっている。活用プログラムは，短期的に，所与の資源の効果的な利用，既存の行動からでてくる価値の適切化をはかるアクション・プログラムである。つまり現有資源の有効利用である。それに対し，実験プログラムは，その主な目的は機会をヒューリスティックに探索することであり，将来の可能性を変化させることにある。そこでのキーワードは，探索と学習である。

このように定義される戦略と相補的な関係にある多国籍企業におけるヘテラ

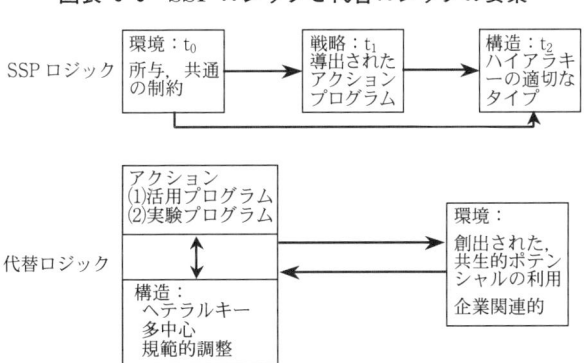

図表 5-8　SSPロジックと代替ロジックの要素

SSPロジック：環境：t_0 所与，共通の制約 → 戦略：t_1 導出されたアクションプログラム → 構造：t_2 ハイアラキーの適切なタイプ

代替ロジック：アクション (1)活用プログラム (2)実験プログラム ↔ 構造：ヘテラルキー 多中心 規範的調整 → 環境：創出された，共生的ポテンシャルの利用 企業関連的

出所）Hedlund & Rolander（1990：23）

ルキー構造について，彼らは次のような特徴をあげている（Hedlund & Rolander, 1990）。

① 多中心性：センター機能は地理的に分散し，常に上位にある次元は存在しない。これには，2つの意味がある。一つは，各在外子会社ないし国際的プロジェクトチームが，各局面でセンターとしての役割を果たすことが期待されることと，第2には，戦略次元（製品，国，機能）の多元性と柔軟性である。後者はDoz & Prahald (1986)のマルチフォーカル組織の発想に近いと思われる。

② 在外子会社の戦略役割：在外子会社は，その子会社だけの戦略役割を有するのではなく，多国籍企業全体としての戦略役割をもつ。つまり，全社レベルの戦略は，地理的に分散したネットワークで形成され，実行されることになる。

③ 広範な管理モード：市場とハイアラキーの間の多様なモードを柔軟に用いる。

④ 規範的統合：数値や高圧的なメカニズムよりも，企業文化等によって規範的に統合される。共有化された目標および知識，共通の組織文化は，重要な統合のメカニズムである（Hedlund, 1993）。

⑤ 他企業とのコアリッション：これによりグローバルな環境における潜在的なシナジーを利用できる。これは，外部資源の活用としての戦略提携を意味する。

⑥ ラジカルな問題志向：既存の資源の「活用」とともに，機会や資源の探索，学習を中心とした「実験」の重視。

⑦ ホログラフィックな組織：基本戦略や詳細な情報へのアクセスが組織に広く共有されている。情報テクノロジーはその意味できわめて重要である。また，組織ユニット間の情報の素早い移転に対する組織の能力は，企業内でのキャリア，人事のシステマティックなローテーションによって助けられる（Hedlund 1993）。

⑧ 「頭脳としての企業」モデル：企業全体が思考し，その思考に基づいて行動する。本社が頭脳で子会社が手足と考える伝統的多国籍企業観とは異なり，子会社がそれぞれ頭脳をもち，思考し，行動する。
⑨ グローバルな展開を通じて新たな企業特殊優位を求め，発生させるためのアクション・プログラム：既存の本社保有の優位性を利用するよりも，新たな競争優位をもつ資源の形成のための実験プログラムとその共通活用のためのプログラムを重視する。

以上のような特徴は，次のように要約できるだろう。すなわち，グローバルな事業の展開において，新たな経営資源および機会を発見する（⑨）ために，ラジカルな問題志向（⑥）で実験プログラムを重視し，在外子会社の戦略役割（②）を期待する。また，国際的なコアリッション（⑤）もそのために必要とされる。そしてそれらは，本社の手足としてではなく，頭脳として各在外子会社が機能する（⑦）ことを求め，本社への情報集中や，各子会社内だけでの情報の保持ではなく，情報の共有化が必要とされる（⑧）。これらのことは多国籍企業内に多中心性（①）をもたらすことになる。コアリッションも含めたこの多極的で多元的な国際的な事業展開における各拠点間の連携は，広範な管理モード（③）を用いながらも，特に規範的統合（④）がその重要性をもつ。

このようなヘテラルキーの属性は，「多中心性」的性格とその中心の流動性をもってハイラルキーの対峙概念として捉えられる（Hedlund, 1993）。しかし，彼ら自身も認めているように，これらヘテラルキー的な多国籍企業は，主にスウェーデン企業の分析から導き出されたものである。スウェーデンのように国内市場の相対的に小さい国では，企業成長において早くから海外展開が意図された。その結果，相対的により大きな市場で事業を展開している在外子会社が製品あるいは機能に関して本社よりも量的に大きな，あるいは質的にも優れた経営資源を蓄積しているケースが散見される。そのように見ると，高度多国籍化という観点からは，方向性としては認めるとしても，日本企業の場合，多国籍化の歴史も浅く，すべての企業に当てはまるわけではない。また，先述の

Bartlett & Ghoshal (1989) が指摘しているように，経営伝統もまた影響すると思われる。

　上記のような近年の多国籍企業あるいは国際経営に関する研究は，本国親会社の有する所有特殊優位が唯一の競争優位の源泉とは限らないことを示唆している。すなわち，経営資源や知識のフローが親会社から在外子会社へという一方向的なものではなく，在外子会社から親会社へ，あるいは子会社間での水平的な移転が生じている，という認識である。

第3節　グローカル経営

　多くの論者が指摘するように，業界によって適する戦略が異なることはよく指摘される。たとえば，Porter (1986) はグローバルに各拠点の活動を高度に調整することによって競争優位が形成される業界と，むしろ各国の拠点が個別的に戦略を立て，実行した方が競争優位につながる業界とを区別し，それぞれグローバル業界，マルチドメスティック業界と名づけている。彼によればグローバル業界には，民間航空機メーカー，TVセット，半導体，複写機，自動車，時計などが当てはまり，国を超えた調整によって規模の経済が「価値連鎖」における支援活動および川上活動で発生し，それが競争優位につながると指摘する。マルチドメスティック業界には，小売業，非耐久消費財，保険業などが伝統的には当てはまり，現地適応が競争優位の源泉となる業界というのである。もちろん，業界構造はダイナミックに変化し，現在マルチドメスティック業界の特性を帯びている業界も，グローバル業界へとシフトする傾向も指摘される。

　先述したように Bartlett & Ghoshal (1989) は，日用雑貨業界，家電業界，通信機器業界を分析し，それぞれ必要な主用戦略として，適応性，効率性，知識の移転をあげている（図表5-9）。たとえば，日用雑貨業界は国や地域ごとの違いに対応する必要性の高い業界であり，Porter (1986) の分類でいえば，マルチドメスティック業界に相応する。この業界のポイントは，国や地域による

図表 5-9　業界での必要能力と会社のケイパビリティ

業界で優位な戦略要件

	反応性（マルチナショナル）	効率性（グローバル）	知識とケイパビリティの移転（インターナショナル）
反応性（日用雑貨）	**Unilever**	花王	Procter & Gamble
効率性（民生用エレクトロニクス）	Philips	**松下電器産業**	General Electric
知識の移転（電話交換）	ITT	NEC	**Ericsson**

各社の主要な戦略的ケイパビリティ

出所）Bartlett & Ghoshal（1989：21）

市場ニーズの違いに敏感に対応することである。したがって，現地適応化が主要な競争優位の源泉となる。それと対照的なのは，家電業界でもいわゆる黒物製品（AV機器）であり，この製品群ではグローバルな効率性を高めることが必須である業界に位置づけられる。この業界のポイントは，市場ニーズの世界的同質化傾向に基づく，研究開発，調達，生産面での規模の経済の実現である。したがって，各拠点の連携，調整が不可欠であり，グローバルに統合された戦略およびマネジメントが必要とされる。そのようなグローバルな統合化による規模の経済の発揮が競争優位の主な源泉である。通信機器業界では革新的な技術革新能力とその革新的技術を海外に移転する能力が求められる業界であるが，現地の要請（多くの現地政府の政策，規制・規格）にあった仕様に変更していく能力が必要とされる。したがって，本国での高い技術的能力とそれを在外子会社に伝播する能力が競争優位の主な源泉となる。

　このように，彼らによれば業界によって必要とされる主要な戦略および能力は異なっており，その適合の度合いによって成功する企業が決定されるというのである。たとえば，彼らの1980年代に関する分析では，適応性が必要とさ

れる日用雑貨業界で世界的に成功を収めた企業は，現地適応化に優れた欧州企業のユニリーバであり，効率性を必要とされる家電業界で成功を収めたのは，国内集中生産と大量輸出という規模の経済，効率性を発揮した日本の家電メーカー，松下電器産業であったという。

　しかし，われわれの見るところ，1990年代の後半に入ると，国際競争の展開はより複雑性を増してきているように思われる。すなわち，従来のグローバルな効率化か，あるいは現地適応化かという二分法では対応できない状況も出現している。たとえば，先にPorterがグローバル業界の一つとしてあげた自動車業界では，特定地域専用車の導入が相次いでなされていることは一見，現地適応化の方向へ進んでいるように見える。ところが他方では，プラットフォーム（車台）の共通化，部品の共通化が進行しているという状況である。1980年代のLevitt (1983) による「世界における市場ニーズや製品要求は均質化している」という主張は，世界共通製品に基づくグローバル戦略の必要性の根拠となっているが，Bartlett & Ghoshal (1989) が主張するように，一方でグローバルな統合を求める要因が強まりながら，他方では国ごとや地域ごとにニーズに応じていかなければならない要因が再現している。その同時達成とは言わないまでも，そのバランスを取るのが重要な業界あるいは事業が存在している。つまりグローバライゼーション（世界規模での統合化）とローカライゼーション（現地適応化）という2つの課題に応えることが要求されるのである。

　この要求に応えうる経営をわれわれは「グローカル経営」と名づけた。これを先のPrahalad & Doz (1987) とBartlett & Ghoshal (1989) のモデルとの関係を示しているのが図表5-10である。われわれのグローカルという用語は，Bartlett & Ghoshalのトランスナショナルという用語とほぼ同義である。しかし，トランスナショナル（transnational：超国家）という用語は，論者によって異なった意味で用いられており，混乱を避ける意味で「グローカル」という用語をここでは用いている。周知のようにこの「グローカル」という用語は，「グローバルに考え，ローカルに行動する」ということを意味している。1980

図表 5-10　グローカル経営

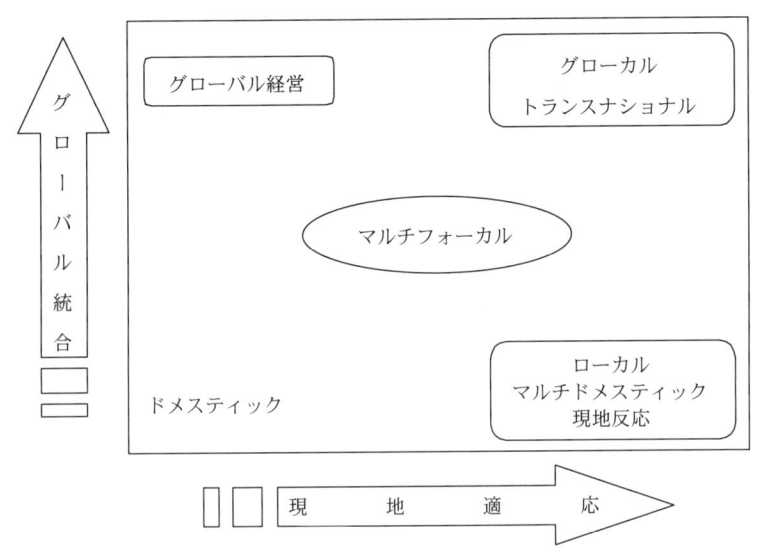

```
           ┌─────────────────────────────────────────┐
  ↑        │  ┌─────────────┐      ┌──────────────┐  │
  グ       │  │ グローバル経営 │      │  グローカル   │  │
  ロ       │  └─────────────┘      │ トランスナショナル│  │
  ー       │                       └──────────────┘  │
  バ       │                                         │
  ル       │          ╭──────────────╮               │
  統       │         (  マルチフォーカル  )              │
  合       │          ╰──────────────╯               │
           │                       ┌──────────────┐  │
           │                       │  ローカル     │  │
           │  ドメスティック          │ マルチドメスティック│  │
           │                       │  現地反応     │  │
           │                       └──────────────┘  │
           └─────────────────────────────────────────┘
                      ───────現　地　適　応───────→
```

年代後半より，この用語はかなり一般化しており，欧米の文献でも用いられるようになっている。われわれは，「グローカル経営」を「グローバライゼーションとローカライゼーションという2つの課題に応えるための経営」の意味で用いている。われわれの研究の主たる目的は，この「グローカル経営」における本社―在外子会社間関係の構築にあり，より具体的には，それらの間での調整メカニズムを見出すことである。

第6章　日本企業の国際経営

　前章では，国際経営についてのモデルを紹介したが，日米欧に本拠をおく多国籍企業は，それぞれ違った特徴を有していることが指摘されている。それぞれの国あるいは地域で，多国籍化が進行した時代背景，国家政策，社会文化，あるいは経営風土が大きく異なるからである（Bartlett & Ghoshal 1989）。ここでは，これら3地域における企業の国際戦略とそのマネジメントの相違について，どのような環境のもとで，どのような意図をもって形成され，またどのような方向へ進もうとしているのかを概観する。

第1節　ヨーロッパ系多国籍企業の特徴：分権化の組織伝統

　ヨーロッパといってもその内部はある共通性を持ちながらも大きな多様性に満ちている。われわれは一つのイメージ（たとえば，西洋文化）で捉えがちだが，国ごとにその文化もかなり異なっており，企業や企業経営に対する考え方も英独仏で異なっている（吉森1993）。だが，企業の多国籍化の展開については，ある程度共通性を見て取ることもできる。ここでは，ヨーロッパ全体ではないが，英独仏およびスウェーデンを念頭において，そこに見られる国ごとの違いよりも，その共通性から多国籍企業の特徴を描き出すことにする。

　ヨーロッパ系多国籍企業の特徴は，まずそのその歴史の古さである。19世紀から20世紀初頭にかけて，ヨーロッパは経済世界の中心であったが，それぞれの国内市場（人口）はそれほど大きくない。工業先進国でありながら国内市場の相対的小ささは，企業成長のための海外進出をいち早く想起させる。19世紀にすでに多国籍化の動きをみせ，第2次世界大戦以前に多くの企業が多国籍企業に発展していた。当時の国際環境は，各国が高い関税障壁を設定し，保護主義的動きをとっていた。そのため，各国のボーダーが高く，在外子会社は，その国の市場に限定して経営活動をするのが一般的であった。また，その

国に限定しても利益が出るように巧みに競争は排除されていた。吉森（1993）によれば，競争忌避と競争制限行動が英独仏企業行動の特徴であり，競争，特に価格競争は一般に不公正であり，反社会的であると非難された。そして競争は，限界生産者をつぶさないことを前提として行われ，売上を大きくして利益の絶対額を増大させるよりも，単位当たりの売上に対する利益（売上高利益率）を極大化することを望んだ（吉森1993：188）。競争者同士の社会階級の類似性と，反トラスト法の欠如は，カルテル締結を容易にし，またボーダーの高さが第三国立地企業からの輸出参入を防いでいた。つまり，環境的には，ポーターのいう「マルチドメスティック戦略」を選好させる要因が多く存在していたのである。

　もう一つの大きな特徴は，同族主義的経営の伝統である。たとえば，Chandlerは，「イギリスの事業家たちは，同族以外のサラリーマン経営者に事業管理を任せるよりも，自分の企業を自分の手で管理しようとした。自分たちの会社を単なる金もうけの機械と考えるのではなく，大事に育てる同族資産であり，子孫に相続させるべきものだと考えたからである」(Chandler 1986：427)と述べ，イギリスの経営体制を「同族資本主義」(family capitalism) と名づけている。同様にフランスやドイツにおいても同族経営の多さが指摘される。そしてそれら同族企業は，その経営において規模の拡大よりも同族による企業の所有と支配の永続化をより重視することが指摘される（吉森1993：43-44）。

　以上のような時代背景と同族経営の特徴は，在外子会社経営に大きな影響を与える。Franko (1974) は，1950～60年代のヨーロッパ系多国籍企業を調査し，在外子会社の経営者が直接本国本社のトップに報告するという関係を見出している。在外子会社へは，同族のうちの一人あるいは現地に精通している自分の最も信頼できる人間（自分と同じ階級で同じ教育を受けてきた人間）をその社長として任命する。そしてその社長は，その信頼に応え現地経営にあたるというものである。配当期待を充たす限り，本国本社からはほとんど制約を受けず，大きな自由裁量権をもって現地経営にあたった。本社―子会社関係は，

公式システムではなく，個人的人間関係や私的な接触をもとに成り立っていた。Franko（1974）による調査では，1961年におけるほとんどのヨーロッパ系多国籍企業は，国際的持株会社/国内職能部門制という組織構造であり，彼はこれをマザー・ドーター（mother-daughter）構造と名づけた。同様に，Bartlett & Ghoshal（1989）は，ヨーロッパ系多国籍企業における伝統的調整方法について次のように記している。すなわち，「その多くが依然として創業者ファミリーに強く影響を受けているヨーロッパ企業は，しばしば子会社の経営をファミリー・メンバー（あるいは信頼できる家臣）に委せた。そのマネジメント・プロセスは，これらの人間の企業目的についての理解と彼らの緊密な人間関係に依存していた。それゆえ，支配的な調整プロセスは，主要な意思決定者の慎重な選抜，育成，異文化適応に依存していた」（Bartlett & Ghoshal 1989：163）と。そして，親会社と在外子会社の活動の調整は社会化に大きく依存していることを見出している。たとえば，彼らによれば，ユニリーバ社は，国際化の初期の段階から，知識の移転を行い，親会社の価値と目標が一致した事業を国外で開発するために派遣者に大きく依存していたという。

　このように戦略的にはマルチドメスティック戦略を採用し，組織構造的には分権化，そして調整メカニズムとしては社会化をその特徴としていたのである。

　しかし，このような構造も，1960年代後半から1970年代初頭にかけて消滅し，これに代わりグローバル構造（世界的製品別事業部制/世界的地域別事業部制）が主流になってくる。その理由として，Franko（1974）は，先に述べた協調的環境が壊れたためではないかとしている。すなわち，第1に，1968年に始まるEC域内での関税障壁の撤廃であり，第2に，反トラスト法の制定，第3にアメリカ企業や日本企業のような新しいタイプの企業が進出してきたことにある。より具体的には，日米の企業が標準化製品をもって低コストを武器に欧州市場に乗り込んで，価格競争を仕掛けた。これらにより，激しい国際競争に巻き込まれ，特にコスト的には規模の経済を武器とする日米企業に太刀打

ちできなくなる。これらの要因により，国境を超えた在外子会社間や本社子会社間での連携の重要性が高まり，構造上の変革を促したと思われる。しかし，一方で，長い間の分権化の思想は，ヨーロッパ企業の組織伝統として残っているが，他方で，国際競争の高まりとともにより最近では，EU 形成，さらに通貨統合により，EU 域内での子会社の再編と連携を強める方向に作用している。このため，それら活動間の調整をどのように行うかが，大きな課題であると思われる。

第 2 節　アメリカ系多国籍企業の特徴：公式化の組織伝統

アメリカ企業経営の特徴は，近代経営の発展過程からもたらされている。アメリカの工業化は，ヨーロッパに続き，特に 19 世紀後半から急速に展開するが，その時期はまた，大量の移民が主に南欧から流れ込んできた時期でもある。彼らは後期移民と分類され，初期移民とはその移民目的によって区別される。つまり，初期移民の多くは宗教上の迫害から逃れてきたが，後期移民に分類される彼らは主に母国での農業不況により土地を追われた農業出身者が多く，また，出身国，言語，宗教において多様である。アメリカでは彼らの多くを工場労働者として受け入れたが，工場労働の経験がなく，言葉もあまり通じない異文化の人々にどのようにして協働させるのか。アメリカの経営学が実践的マネジメントとして生成したのはこのような切実な課題が存在したことによる。そこで，その一つの答えが，作業を細分化，単純化，反復化することであった。複雑な作業を教え込むのは大変だが，それを細かく分け，単純化することによって習熟しやすくする。さらに，それらの作業方法を標準化し，マニュアル化することで作業のばらつきを極力おさえる。このようなアメリカ国内における「異文化のマネジメント」で当時なされたのは，文化の違いを標準化によってマネジメントすることであったといえる。いわゆる，標準化 (standardization) に基づく「公式化 (formalization) による諸活動の調整が中心となる。これがアメリカ企業に見られるマネジメントの一つの大きな特徴であり，

多国籍化した場合も，それが組織伝統として子会社のマネジメントに大きな影響を与えている。

アメリカ企業の多国籍化は，第2次世界大戦後に本格化した。それ以前に多国籍化した企業もあるが，その場合，先のヨーロッパ企業と同じように各国のボーダーの高さからかなり分権化した行動をとらざるを得なかった。ところが，大戦後の国際環境は，自由貿易主義へと移行した。先に述べたようにECの発足は一つの大きな契機である。もう一つは，アメリカが名実ともに自由主義世界のリーダーになったこと，いわゆるパックス・アメリカーナの時代の到来である。第2次大戦で大きな損害を受けたヨーロッパ諸国に比べ，アメリカはほとんど無傷で，世界の超大国として君臨することになる。そしてヨーロッパ経済復興のために，アメリカ政府は対欧直接投資を促進する政策をとった。企業にとっても当時のドルの強さは，海外資産取得に有利であり，輸出よりも海外直接投資を促進させた。また，技術的にもアメリカが先行し，革新的な製品が次々と産み出され，アメリカ企業の技術的優位性が確立した。Vernon (1966) の「PLC モデル」はこのような状況を反映している。

アメリカ企業の国際競争戦略の特徴は，この革新的製品の大量生産による「規模の経済」の発揮と「比較優位」の利用である。この規模の経済と比較優位，そして市場へのアクセスを検討し，工場の配置を決める。当時の技術は，少品種大量生産が基本であり，一つの製造ラインに一つの製品を流すことになる。そして比較優位および市場へのアクセスを考慮し水平および垂直分業を行うのであるから，全世界規模でのロジスティックスを構築しなければならない。そのためには，国ごとにバラバラに子会社が行動することは許されず，中央計画に基づいた統一的行動をとる必要があったためである（安室 1992）。その行動の調整メカニズムとして特徴的にとられたのが先に述べた公式化である。つまり，在外子会社経営という異文化のもとでのマネジメントを公式化によって統一化しようとするものである。

この公式化利用のメリットは，第1に，本国で蓄積された経営資源，特に情

報的資源をマニュアルのような形で，現地国に移転しやすいことである。第2には，そのため，現地人マネジャーの登用がしやすいという側面がある。この意味で経営の現地化が促進される。第3に，本社の統制は受けるが，ある程度の権限委譲が促進されることである。現地マネジャーのすべき役割は明確にされており，ルールおよび手続きが明確化されている。そのため，本社計画の枠内ではあるが，後述する日本企業に比べ相対的に権限委譲が進む傾向にある。第4に，管理体制の中に規則的に情報を流すルートが確立しており，子会社間の日常的な調整には比較的コストがかからない。つまり，日常的な調整コストは低いというメリットを有している。また，公式化に基づく意思決定のルーチン化は，マネジメントの効率化をうながす。

　ところが，この公式化への依存は，大きな欠点も有している。過度の公式化は官僚制化につながり，海外子会社のイノベーションを疎外する可能性を有していることである。このことは，Vernonモデルで見てとれるように，アメリカで技術革新が起こり，革新的製品がアメリカでつくられる（つまりアメリカ本国で優位性をもつ経営資源が形成される）という前提に立つ限り問題はない。そのように優位性をもつ資源をアメリカから他国へ移転するには有利なシステムであるからである。しかし，現在では革新的技術ないし製品がアメリカからだけ生まれているわけではない。さらに重要なことは，多国籍化のメリットは，異なる環境（国）で様々な刺激を受け，それに対する様々な反応が，多くのイノベーションを産み出すということである。そのため，過度の公式化はこのメリットを生かせなくする。したがって，今後の方向としては，活動の調整を公式化から社会化へとそのウエイトを移すことであろう。アメリカで1980年代より「企業文化論」「組織文化論」が流布したのはその現れであるともいえる。

第3節　日本企業に見る国際経営の特質

1．集中から分散への戦略の転換

　1970年代から1980年代半ばまでの日本企業の欧米の主要市場に対する参入および国際競争戦略は，輸出戦略を中心にして展開されてきたのは周知の事実である。国際競争力が高く貿易摩擦でも問題に取り上げられた自動車メーカーや家電メーカは，直接輸出によって特徴づけられる。このような自社海外販社を伴う直接輸出を中心にした国際競争戦略は，Porter（1986）のモデルでは「シンプル・グローバル戦略」に該当する。

　前述したように，この戦略の特徴は，販売ならびにマーケティング機能を除いて，多くの機能を本国（日本）に集中させ，国内に集中配備した機能の規模の経済を発揮し，機能間の調整を容易にするところにある。製品開発は，海外市場をも射程に入れて企画され，自社が直接販売子会社へと輸出を行う。海外に自社販売子会社を設立する理由は，そして，現地ニーズ情報の収集と現地での積極的なマーケティング活動の必要性である。現地ニーズに対応した製品の開発，差別化マーケティングや技術サービスの必要性から，コスト上は有利である商社や現地代理店などの介在する間接輸出をとらず，日本本社と海外の消費者との「情報ループ」を築くために在外子会社を設立した（第1章第3節参照）。

　日本企業は，海外市場にも受け入れられる製品を本国で集中的に開発，部品調達・生産を行い，研究開発費を世界全体での売上によって分散させ（つまり1製品当たりの研究開発費を低下させる），部品の調達においては系列ないし下請け等の協力会社を中心にしたJIT方式の採用による部品在庫の圧縮，生産においては「規模の経済」および「範囲の経済」を用いた国内・海外向けの製品のバラエティー化を，低コストで実現するシステムを構築した。これらが1970年代後半から1980年代に日本企業が有した国際競争力の源泉であった。

また，海外での価格設定も，経験曲線を利用したマーケットシェア至上主義をとり，低価格設定による市場浸透を基本としていた（しばしばこの低価格戦略は，相手先国によりダンピング提訴の対象になった）。

しかしこのような先進諸国を中心にした輸出によるマーケットへの参入は，大きな弱点を有していた。それは国際環境の変化に脆弱なことである。保護貿易主義の台頭，相手先国の輸入規制や為替レートの変動によって利益が大きく変動などの不安定要因は，1985年のプラザ合意以降の急激な円高の進行による為替差損の発生とコスト競争力の低下，輸入国側の国内産業保護のための輸入規制措置，現地国政府によるプレッシャーの高まりにより顕著になった。そこでそれら先進国に輸出で参入していた日本企業は，すでに確保した海外市場防衛のため，現地生産（当初はKD方式に基づく組み立て，その後ローカル・コンテンツ規制により現地部品調達比率を向上）を展開し始めた。また，円高によるコスト競争力の低下を避けるために（いわゆる円圏離脱），ASEAN諸国を中心にした東南アジアへの生産拠点の設立も活発化していった。

さらに，1990年代に入ってのバブル崩壊，1994年の円高のさらなる進行は，中国と東南アジアへの海外直接生産投資を増大させた。また，同時に東南アジア諸国の経済発展は，この地域が市場としても魅力的であることを示し，生産のみならず販売面でも重要視され，販売拠点の強化も同時に行われている。

このような活動の海外分散化は，これまでの国内中心の経営管理から国際経営管理への変革を迫っている。

2．中央集権的スタイルとイノベーション

日本企業の経営上の特徴としてよく「現場主義」や「ボトムアップ経営」がいわれ，アメリカ企業のトップダウン方式と比較され，比較的分権的なマネジメント・スタイルをとっていることが指摘される。これは国際経営管理にもあてはまるのであろうか。在外子会社の製造現場では，現場主義が中心で，ホワ

イトカラーとブルーカラーの平等主義がとられている。しかし，子会社内部の管理ではなく，本社と在外子会社との関係においては，本社への集権性が指摘されている。

　Moran & Riesenberger（1994）は，「日本企業は，世界中に厳しいコントロールを行使するために中央集権的なグローバル本社を備えた組織の形である」(279-280）と指摘し，各在外子会社の役割は，企業の戦略を忠実に実行することであると特徴づけている。Bartlett & Ghoshal（1989）も日本企業の国際経営管理を同様に特徴づけ，経営資源と権限が本社に集中している「中央集中型」と名づけ，「親会社の戦略を実行する」するのが在外子会社の役割であるとみなしている。

　これには2つの理由がある。第1に，日本企業は，グローバルな効率性を中心に国際競争戦略を立ててきたためである。「良いものをより安く」が日本企業の基本的な戦略である。そのため，先のシンプル・グローバル戦略から海外に生産拠点を分散化しても世界規模での効率性を重視する。海外に分散化した拠点を効率性重視で統括するには，中央集権的なスタイルが適している。それはそれで大きな競争上の優位性がある。しかし，現在日本企業に求められているのは，効率性のみならずイノベーションである。そこで多国籍企業にとってのイノベーションの源泉を考えてみる必要がある。

　第2に，日本企業の多くにとって，海外生産を中心とする多国籍化は，緒についたばかりである。欧米企業に比べ，その経験は一般的に少ないといえよう。したがって，従来の国際経営論ないし多国籍企業論が指摘するように，多国籍化の初期にあっては，本国本社の国際経営の枠組みに組み込むためには，中央集権的な一方向的管理が必要ともいえる。新しく設立された在外子会社にとっても，多くの必要な資源を本社に依存しなければならない。その意味で，競争力の源泉となるような経営資源の移転は重要な課題である。いわゆる「日本的生産方式」や「日本的システム」に代表されるような日本企業のもつ経営資源（ヒト，モノ，カネだけではなくむしろ生産管理方式，作業方式等のよう

な「情報的経営資源」が中心)の在外子会社への移転である。これらの方式が環境(特に文化や教育水準)の異なる国々に移転可能であるのか,どのような修正を加えなければならないのか。企業は試行錯誤を重ねながら努力してきたし,現在も継続的に行っている。なぜなら海外生産だからといってこれまで信頼を勝ち得てきた「品質」を落とすわけにはいかないからである。

　しかしここで次の段階,企業の長期的な成功という観点から企業の多国籍化を考えねばならない。これまで国内で中心に形成してきた経営資源の移転が,在外子会社の能力の向上をもたらし,ひいては多国籍企業全体としての競争力をもたらす,ということは否定できない。しかし,それだけで多国籍化することのメリットである,各国の国家特殊優位を本当に利用できるのであろうか。Bartlett & Ghoshal (1989) は,「多様な市場ニーズや技術トレンド,競争活動を感じ取る能力が重要であるのは,イノベーションを起こすためにはそうした刺激が必要だからである。今日,新しい消費トレンド,先進技術,競争戦略は世界中のどこで生まれてもおかしくない。広く分散したそういう刺激を感じ取る能力が競争で優位に立つための大きな元手になる」(119)と主張する。各国の環境は,様々なニーズや課題を企業に投げかける。それらに対処することで,様々なアイディア,既存製品の変革,生産工程の変革,さらには新製品や新技術の開発がもたらされる。つまり,多様な国で事業を展開する企業は,国内企業に比べて多くのイノベーションの源泉ともなる様々な刺激を受ける機会に恵まれている,ということを認識する必要がある。そしてそれだけではなく,また,きわめて重要な点であるが,その対処するプロセスの中から新しい知識,ノウハウ,スキルなどの情報的経営資源が獲得される。このようなプロセスをいかに有効に管理するか,言葉をかえれば,いかに在外子会社がそれぞれの役割のなかで自主的,積極的に各国の市場の要求に応えられるように子会社経営のシステムを作り出すかが問題となろう。加えて,国境を越えてそれら情報的経営資源を他の拠点に移転する,あるいは共有化する能力もまた必要とされよう。そのような在外子会社の管理とともに各拠点間の管理というのが日

本企業の国際経営管理における今後の一つの重要な課題である。

3. 海外派遣者依存の国際経営

現地の有する国家特殊優位を活用するには，経営の現地化が求められる。この現地化は，経営のどの側面を見るかによって異なってくる。現地生産も現地化の一つであるし，現地での開発も「開発の現地化」である。そのように活動の各局面と経営資源の要素（ヒト，モノ，カネ）の側面で現地化を捉えることができる。ここでは，日本企業にとっての大きなの課題である「ヒトの現地化」について見ることにする。

吉原英樹は，日本企業の在外子会社経営が，「日本（本社）中心のワンウエイ」（本社からの子会社への集権的で一方向的な管理）であると特徴づけ，これまでの「日本人による，日本の親会社のための経営」から「現地人による自主経営」への方向転換の必要性を説き，「在外子会社の社長に現地人を起用」「現地人のミドル管理者の活性化」「現地人の技術者による開発の現地化」という3つの課題について論じている。なぜこれらのことが必要かというと，多国籍企業がもつ本質的な優位性のうち，経営者，管理者，技術者などの人材のグローバルな活用という点で，日本企業はあまりみるべき成果をあげていないからであるとしている。

このことは，逆にいえば，現地での経営者，管理者，技術者などの多くを日

図表 6-1 ヒトの現地化の比較：在日外資企業（1993）と在外
日系企業（1994）の比較　　　　　　　　　　　　　　（%）

ポジション	外資系企業			在外日系子会社			
	全体	製造業	商業	北米	欧州	アジア	計
常勤役員	18.3	14.9	22.3	43.1	50.9	35.8	43.1
管理者	2.8	1.5	5.3	23.2	36.2	15.2	23.2
従業員	0.8	1.8	3.2	3.2	5.7	1.4	3.2

出所）通産省『外資系企業の動向』（1993, 1994）より作成

図表 6-2　日米欧多国籍企業における在外子会社のトップマネジャーの国籍

本国	本国籍の割合	現地国籍の割合	第三国籍の割合
日本（n=26）	74%	26%	0.2%
ヨーロッパ（n=21）	48%	44%	8%
アメリカ（n=20）	31%	49%	18%

出所）　R. Kopp（1994：581）

図表 6-3　日米欧の管理者・一般従業員の現地国籍人比率

本国	管理者に占める現地国籍人の割合	一般従業員に占める現地国籍人の割合
日本（n=27）	48%	81%
ヨーロッパ（n=17）	82%	91%
アメリカ（n=22）	88%	98%

出所）　R. Kopp（1994：599）

本人が占めていることを表わしている。図表6-1は，通産省の調査による在日外資系企業との比較である。日本の商慣行の特異性，複雑な流通網，各種規制の多さから，それらに精通している日本人を登用しているとも説明可能であるため厳密な比較とはならないが，日本企業の在外子会社における「常勤役員」と「管理者」の日本人比率，すなわち日本からの派遣者は，かなり高い比率となっている。また，サンプルは少ないものの，日米欧の多国籍企業の在外子会社での国籍別人材構成を示したものが図表6-2および6-3である。トップおよびマネジャー層での本国国籍人・現地国籍人の比率を見ると，日本企業はかなり「ヒトの現地化」では，遅れているといわざるを得ない。

このように多くの日本企業は，海外拠点のマネジメントにあたっては，日本本社からの派遣者による「直接的コントロール」（安室 1981）に大きく依存している。日本在外企業協会による1976年の調査でもそれは裏づけられている

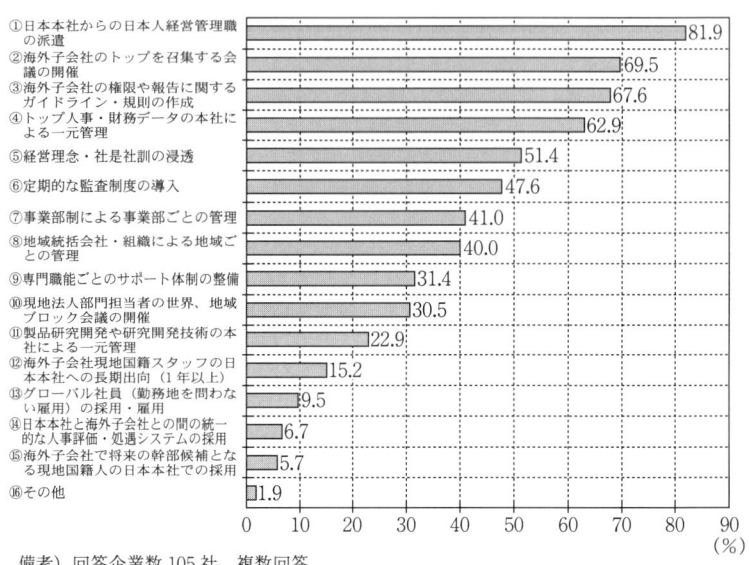

図表 6-4　在外子会社の統括方法

項目	%
①日本本社からの日本人経営管理職の派遣	81.9
②海外子会社のトップを召集する会議の開催	69.5
③海外子会社の権限や報告に関するガイドライン・規則の作成	67.6
④トップ人事・財務データの本社による一元管理	62.9
⑤経営理念・社是社訓の浸透	51.4
⑥定期的な監査制度の導入	47.6
⑦事業部制による事業部ごとの管理	41.0
⑧地域統括会社・組織による地域ごとの管理	40.0
⑨専門職能ごとのサポート体制の整備	31.4
⑩現地法人部門担当者の世界、地域ブロック会議の開催	30.5
⑪製品研究開発や研究開発技術の本社による一元管理	22.9
⑫海外子会社現地国籍スタッフの日本本社への長期出向（1年以上）	15.2
⑬グローバル社員（勤務地を問わない雇用）の採用・雇用	9.5
⑭日本本社と海外子会社との間の統一的な人事評価・処遇システムの採用	6.7
⑮海外子会社で将来の幹部候補となる現地国籍人の日本本社での採用	5.7
⑯その他	1.9

備考）回答企業数 105 社，複数回答
出所）日本在外企業協会（1997：13）

（図表 6-4）。

　日本企業は，在外子会社に対して多くの管理者の派遣を中心にした本社－在外子会社間関係を構築する傾向にあり，欧米多国籍企業による間接的コントロールに対して直接的コントロールとして特徴づけられる。Ouchi（1977, 1979）は，コントロールのタイプをビヘイビアル・コントロール（行動統制）とアウトプット・コントロール（結果統制）に大別している。日本企業は，在外子会社に多くの日本人管理者を派遣し，現地では彼らが上司として部下である現地国籍従業員（HCNs）の行動を直接的にコントロールしているといえる。

　しかしながら，欧米の多国籍企業も人数は少ないとしても派遣管理者（本国のみならず第三国も含めて）が皆無なわけではない。それではどのような理由で海外に人材を派遣するのであろうか。Edstrom & Galbraith（1977）は，欧州多国籍企業の調査から海外に派遣者を送る理由として次の 4 つをあげている。

① 要件を満たす現地の人材がいない場合
② 管理能力の利用
③ 人への国際経験の提供
④ 調整とコントロールの促進

「要件を満たす現地の人材の不足」は，多くの企業があげる理由である。特に本国では大企業であっても現地では中小規模であるケースが多い。そのため，必ずしも一流の人材が採用できない。そのように，適任のHCNsが見出されず，あるいはすぐに教育訓練できないならば，適した人材を他国から派遣する必要がある。

「管理能力の利用」は，有能な人材と昇進の機会の両方が常に同一子会社内に存在しているとは限らない。その場合，国際的異動は，昇進プロセスの変更とともにその昇進の機会を与えることになる。さらに進んで，適材適所を国籍に拘わらず実践し，グローバルな人材の活用を図るという政策に進化する。グローバルに未利用の管理者資源を活用することを意図したものといえる。

「個人への国際経験の提供」は，特に若年層の幹部候補生に対してなされることが多く，若いうちに国際的なビジネスの経験あるいは海外の職場を経験させることによって国際的に活躍できる人材の育成を目的としたものである。日本企業でも「海外トレーニー制度」などの名称で実施している企業も増えている。若手日本人社員が中心であり，HCNsまで実施している企業は少ないが，しかしいくつかの企業では，「本社出向」「逆出向」という形で実践され始めてきている。日本本社でのトレーニーとしての対象者は，大きく新入社員研修と管理者研修に区分され，エグゼクティブ対象の本社研修が制度化されてきている企業もある（根本1999）。また，本社からの派遣者（expatriate）に対して本社への派遣者を意味するInpatriatesという概念も提起されている（Harvey & Buckley 1993, 根本1999）。このような日本人社員の海外でのトレーニングと海外拠点からの逆出向やインパトリエイトは，日本本社の「内なる国際化」（吉原1989）の推進，あるいは本社企業文化の変革にも大きな意義が見出される。

さらに、興味深いことに、Kobrin (1987) は、アメリカ系多国籍企業におけるアメリカ人派遣者の減少（主にアメリカ人社員の海外勤務忌避傾向に原因があるとしている）が、ひいては国際的な視野をもったビジネスマンの育成を大きく阻害し、その結果、将来的に米国系多国籍企業の競争力の低下を導くのではないかと懸念している。この点からいえば、国籍を問わず、国際的なビジネス経験の提供は、今後の人材育成の一つの鍵であると思われる。

最後の「調整とコントロールの促進」は、日本人を現地に派遣する最大の理由であろう。とりわけ企業の活動の配置を海外に高度に分散し、その拠点間の調整を高度に行うというグローバル戦略 (Porter 1986) を追求する際には、その調整能力が不可欠である。

3. ヒトの現地化と調整問題

上で述べたような問題は、国際人事管理の領域である。その日本企業の国際人事管理といった場合、大きく2つの領域に分けられる。一つは、日本からの派遣者の選抜・教育訓練・処遇管理・帰任問題に関わる領域である。もう一つは、現地スタッフの人事管理であり、これは現地のトップを除いてはほとんど現地サイドで処理されてきた。このように、日本企業にとっては、本社における国際人事に関わる業務は日本人派遣者に関わるものが中心であった。具体的には、海外派遣登録制度の整備、入社から派遣までの教育訓練コースの整備、派遣者の給与体系の整備（たとえば、生活給積上方式から購買力保証方式やバランスシート・アプローチへ）、帰任後の再適応プログラムなどである。しかし、現在、国際人事のあり方は大きな転換期を迎えているようである。それは、日本人派遣者を中心とした国際経営管理体制の限界からもたらされているようである。具体的には、以下のようなことが問題点としてあげられる。

第1に、現地国籍従業員 (HCNs: Host Country Nationals) の昇進可能性を狭めることからの動機づけ上の問題である。上位職種を日本人が占めることには、それだけHCNsの昇進可能性を限定することになり、彼らの上昇志向お

よび期待を挫くことになる。その結果，優秀な人材の退社を促すことになりかねず，また，優秀なHCNsを雇用することも困難になる。さらに，潜在能力の高い人材を教育・訓練し，将来の経営幹部と考えても実際には上位職および重要ポジションを日本人が占めていることから将来への不安をおぼえ，自己啓発意欲を萎ませてしまう。

第2には，HCNsによる「派遣者は本社志向性が強い」という認識である。これは日本本社との調整，コミュニケーションに関わる問題である。たとえば，日本の工場と連絡を取り，何らかの調整を図りたいとしても日本の工場には現地あるいは英語に堪能な人材は少なく，逆に，現地では日本語を読み書きでき，話すことができる人材は少ない，このような状況では，日本とのコミュニケーションが日本人同士の日本語によるものとなり，HCNsは，重要な情報は日本人が握り，日本人が本社との連携で物事をすべて決めている，と認識する。つまり，日系企業は本社志向が強く，本社の集権度も高いという認識である。その結果，われわれを信用していない，十分には活用していないという不満に結びつきやすい。しかし，この根底にあるのは，日本人派遣者の問題というよりも日本国内での国際化の遅れであるともいえよう。

第3に，派遣に関わる支出の問題がある。国際的に見て人件費の高い日本人を大量に派遣することは，その付帯費用を含めるとかなり高額になる。また，同一職位であっても派遣者の手当てを含めた支給額とHCNsのそれとは大きな格差を生み出すことになり，彼らの間での軋轢を生み出しかねない。コスト・パフォーマンスの面から見れば，派遣者がコスト以上のパフォーマンスをあげていれば問題はないと見る企業もあるが，同等のパフォーマンスをHCNsであげられないのか，という見直しは必要である。

第4に，吉原(1989)が指摘するように，日本企業がグローバルな人材を有効に活用しきれていない，という問題である。特に，トップ・マネジャー層を中心にした人材の活用の面では，日本人に依存しており，グローバルな人材活用の面では多国籍企業というメリットを生かしていない。

さらに、このような問題点に加えて制約要因も指摘されてきている。派遣要員の絶対的不足である。プラザ合意以降の急速な海外拠点の設置（特に生産拠点）は、大量の派遣者需要を生み出したが、それを手当てする人材の質的な問題はともかく、絶対量の不足がある。バブル崩壊以降、多くの企業は新規採用を縮小してきたが、そのため今後の派遣要員は不足すると思われる。また、長期的に見ても日本国内の少子化現象は、人材の量的不足をもたらすと予想される。

上記のような問題点が指摘されているが、今後の重要な課題は、グローバルな人材の活用という面からのアプローチであろう。欧米の多国籍企業も派遣者を活用している。しかしその人材は日本企業のそれとはかなり異なっている。すなわち、第三国国籍の人材（TCNs: Third Country Nationals）の派遣である。特に、先進国でありながら国内人口の少ない欧州系の企業では、多国籍化の歴史も古く、またM&Aを通じた企業の多国籍化も活発であり、本社トップマネジメントの多国籍化も進んでいる。したがって、本社からの派遣者であっても本国人（PCNs: Parent Country Nationals）とは限らないし、さらに子会社間での派遣もなされている。

人材のグローバルな活用には、いくつかのポイントがある。
① サクセッション・プランとハイ・ポテンシャルな人材の登録とモニタリング
② グローバルな人材育成とキャリア・パスの整備
③ 国際的な異動の処遇ガイドラインの整備

サクセッション・プランで重要なことは、派遣者の役割の一つとして後継者の育成を明確にすることである。もちろん、このことは必ずしも日本人を排除することではないが、その必要性を明確にさせることが必要である。適時・適材・適所の原則を計画として実行することが肝要である。的確なアセスメント・データが必要であり、それぞれの業務内容に適合したコンピテンシーを洗い出し、多面的な評価と本人との対話が求められる。さらに、これに関連し

て，ハイ・ポテンシャルな人材の確認，育成，活用がある。日本人からのサクセッションのみならず主要ポジションのサクセッション・プランには，コンピテンシーの確認とともにその育成が結びつかねばならない。特にグローバル・ビジネスに直結する分野では，グローバルな人材育成，キャリア開発・キャリアパスの整備は不可欠となる。従来の教育訓練あるいは能力開発は日本と海外で分化されていた。日本では国際要員育成のための教育研修がなされ，海外の現地法人では各自が教育訓練を行うという体制である。それが一定地域内での現地法人数が増えるにつれ，地域本社の設置とそこでの研修センターの開設など，地域単位での教育訓練も見られるようになった。今後は，それら国や地域単位の独自の研修とグローバル・ベースの研修の並存という形へと進化するであろう。また，国際的な異動と処遇のガイドラインの整備に取り組む企業も見られるようになった。たとえばキヤノン㈱は，「全世界で基本的なところで共有できるルール」であるCGAP（Canon Global Assignment Policy：国際出向制度）を整備しはじめた（日本在外企業協会2000：116-117）。このようなグローバルな人材の育成，登用，国際的異動は，従来の日本人中心の直接的コントロールによる国際経営体制を打ち破るキー・ファクターである。すなわち，このような国際人事管理の動きは，企業の海外拠点間の活動の調整方法に大きな変革をもたらすと期待される。そこで次章で，その活動の調整メカニズムについて検討する。

第7章　在外子会社モデル

　第4章で述べたように，Porterは，国際競争戦略の基本タイプを「活動の配置（集中一分散）」の次元と「活動の調整（高一低）」の次元の組み合わせによって4類型化している。しかし，彼はその調整メカニズムには立ち入ってはおらず，国別で行われる同種類の活動が互いにどのような関係にあるか，どのくらい調整されているか，と述べるにとどまっている。しかしわれわれの関心は，むしろその活動の調整を行う際に用いられるメカニズムにあり，国際競争戦略類型間で調整メカニズムにどのような変化が見られるのかを特定することにある。このような本社－在外子会社間での「活動の調整」のメカニズムを明らかにすることは，国際経営における主要な問題領域の一つである。

　本書でこれまで述べてきたように，伝統的な多国籍企業におけるコントロールに関する研究の多くは，企業全体の組織モデルに基づいたコントロール・システムの差異，とりわけ構造を中心としたマクロ的な差異に注目してきた（序章および第4章参照）。しかし，近年では，多国籍企業が用いる調整メカニズムに関する先行研究のいくつかは，子会社のタイプにより用いられる調整メカニズムが異なることを示唆している。ここではそれら在外子会社類型と調整メカニズムに関わる先行研究のレビューを基に，次章で紹介する本社－在外子会社間の調整メカニズムに関する検証に先立ち，本章ではそれに用いた在外子会社の類型化を提示する。

第1節　在外子会社役割と調整メカニズム

　Jarillo & Murtinez (1990) は，Porter (1986) や Prahalad & Doz (1987) の議論を敷衍して，在外子会社レベルでの戦略を分析するためのフレームワークを提示している。その在外子会社戦略のタイプを分ける2つの基本的次元は，地理的に分散した諸活動の「現地化の程度」と本社および他の在外子会社との

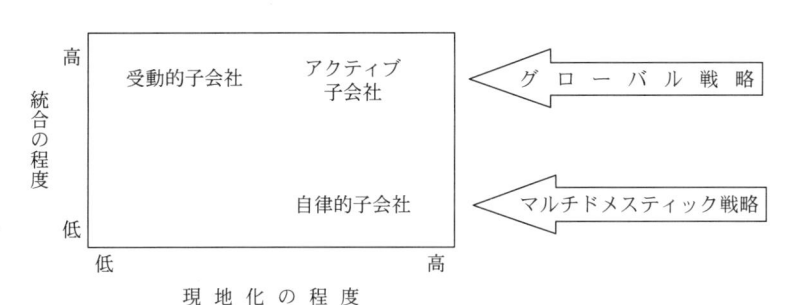

図表 7-1　在外子会社戦略タイプ

```
高 ┌─────────────────────────┐
   │ 受動的子会社   アクティブ │  ⇐ グローバル戦略
統合│               子会社    │
の  │                         │
程度│                         │
   │              自律的子会社│  ⇐ マルチドメスティック戦略
低 └─────────────────────────┘
    低                     高
       現 地 化 の 程 度
```

出所) Jarillo & Martinez (1990：503) に加筆

「統合の程度」である（図表7-1）。

「自律的子会社」は，Porter (1986) のいう「価値連鎖」の多くの活動を遂行し，しかも親会社あるいは他の子会社から比較的独立している。いわゆるワンセットで機能を有し，現地完結型ビジネス・スタイルをとっている在外子会社タイプである。Porter (1986) の類型ではマルチドメスティック戦略，Bartlett & Ghoshal (1989) の類型では，マルチナショナル型企業に見られる典型的在外子会社タイプである。「受動的子会社」は，価値連鎖のごく少数の活動（たとえば販売のみとか，生産の一部の工程のみ）を遂行している在外子会社である。この場合，価値活動の有効な連結のためには，本社や他の子会社との統合ないし調整が不可欠となる。「アクティブ子会社」は，多くの価値活動を遂行し，なおかつ他の拠点（本社および他の子会社）との密接な相互関係の下で運営がなされている在外子会社のタイプである。そのため，このタイプの在外子会社も統合ないし調整のためのメカニズムを用意する必要がある。ここで示唆されるのは，Porterの国際競争戦略の類型で「グローバル戦略」に属する（すなわち拠点間の調整を高度に行う）子会社には「受動型」と「アクティブ型」の2つのタイプに分けられる，ということである。

グローバル戦略における在外子会社の役割についての同様の類型は，Roth & Morrison (1992) によっても指摘されている。彼らはPorterのいうグローバ

ル戦略における在外子会社の役割のタイプを2つに分類している。すなわち，「グローバル合理化型」と「グローバル・マンデート型」である。グローバル合理化型子会社は，グローバルで合理的なプロセスの一部となる子会社であり，価値活動の狭い範囲に専門化し，その結果，その子会社のパフォーマンスは，他の拠点に大きく依存しているタイプである。これはJarillo & Martinezの子会社戦略タイプの「受動的子会社」に対応している。他方，グローバル・マンデート型子会社は，ある製品ないし製品ラインに関する一連の価値活動をワンセットで有し，世界的な責任が与えられており，その製品ないし製品ラインの開発，生産，マーケティングをグローバルに管理する子会社である。したがって，このようなグローバル・マンデート型子会社は，資源のフローを多国籍企業という相互依存性のネットワークの中でその任務を果たすことが期待される。したがって，本社の役割は伝統的な中央集権型のスタイルとは大きく異なる。本社のタスクは，そのような在外子会社の戦略が全体の目標に適合することを確保し，その任務を指示するために必要とされる資源と自由を提供することである。すなわち，分散した戦略プロセスの管理と支援へと移行する。このことは，本社による直接的コントロールや集権的コントロールが低下することを意味する。しかしながら，全体の調整を維持するためには，その代替的調整メカニズムが必要とされるのである。

Martinez & Jarillo (1991) は，先の子会社戦略タイプに基づき在スペインの外資系企業（すなわち，外国企業の在スペイン子会社）の調査により必要とされる調整メカニズムの実証研究を行った。彼らは，調整メカニズムを「フォーマル・メカニズム」と「インフォーマル・メカニズム」に分けている。フォーマル・メカニズムには，集権化，公式化，計画，アウトプット・コントロール，ビヘイヴィアル・コントロールが含まれ，インフォーマル・メカニズムには，ラテラル・リレーション（水平関係），インフォーマル・コミュニケーション，組織文化が含まれる。ここにいうラテラル・リレーションとは，垂直構造をカットし，問題を共有している異部門あるいは子会社マネジャー間での直

接コンタクトであり,インフォーマル・コミュニケーションは,同じくマネジャー間でのインフォーマルで個人的なネットワークの創出とその利用である。組織文化は,共有化された価値による規範的統合を指している。彼らの調査によれば,他の拠点との統合化の低い「自律的子会社」では,当然のことながら多くの調整メカニズムを必要としなかったが,グローバル統合の程度が高い「受動的子会社」と「アクティブ子会社」との間にも用いるメカニズムに差が見出された。すなわち,受動的子会社では,フォーマル・メカニズムが中心的に用いられているが,高度のグローバル統合と現地化の同時達成を図る「アクティブ子会社」の場合には,フォーマル・メカニズムに加えてインフォーマル・メカニズムを多用し,最も多くの調整メカニズムを必要とすることを見出した。

彼らのいうインフォーマル・メカニズムは,一般に「社会化」によるコントロールという概念に近い。Edstrom & Galbraith (1977) は,集権的コントロール,官僚制的コントロール(公式化に基づく間接的コントロール)に加え,頻繁で大量の人材の拠点間での異動を通じた「社会化によるコントロール」を見出している。Galbraith & Edstrom (1976) は,人材の拠点間での異動,すなわち海外派遣政策の主な次元を図表7-2のように示している。

彼らは,派遣理由の「組織開発」への移行を強調する。海外事業の拡大に伴い,本社―子会社間および子会社間の相互依存状況が高まるにつれ,派遣者の情報収集あるいは派遣による情報ネットワークの形成が調整に大きな役割を果たすと主張した。そのために派遣者は,派遣先で現地の同僚や部下と頻繁にコミュニケーションを行い,そこの文化を学習し,その文化に対してオープンで肯定的な態度を獲得しなければならない。派遣者は,現地の人々や文化について固定観念をもたず,自己の価値システムの観点からそれを評価せず,エスノセントリックな考え方を捨てなければならない。これらのことが,派遣の間だけではなく,その後も現地の人々と個人的にも話し合うことを可能にする。

また,ここでの派遣は,日本企業によく見られるような本社からの一方向的

図表 7-2　海外派遣政策の次元

次元＼派遣理由	ポジションの補充	管理者の育成	組織開発
相対的人数	少	中	多
派遣者	技術者と少数の取締役	技術者と管理者	あらゆる分野
ホスト国の場所	発展途上国	発展途上国と独自の能力を有する国	世界中
フローの方向	親会社から子会社へ	親会社と子会社との相互方向	親会社と子会社との相互方向および子会社間
派遣員の年齢	若年層	若年＋中年層	キャリア全体を通して
頻　度	1～2度	数度	多頻度
派遣者の国籍	親会社の国籍	親会社の国籍＋子会社からの候補者	全国籍
人事情報システム	親会社の候補者リスト	親会社と子会社からの候補者	人事部門によってモニターされる広範な候補者と職務のリスト
人事部門のパワー	弱	中	強
戦略的配置と分布	なし	なし	広範

(出所)　Edstrom & Galbraith (1977：253)

な派遣ではなく，本社と在外子会社との間の相互方向および在外子会社間の派遣も含まれることに留意すべきである。これらの双方向的なグローバルな人材の異動は，情報ネットワークを拡大し，その中で多元的な接触を開発する。それは，一種のインフォーマル組織の開発であり，そこで有効なコミュニケーション活動が生じるプロセスと捉えられる。そして派遣者は情報収集のみならず拠点間の連結ピンの役割を果たす。在外子会社間あるいは本社と在外子会社間のこのような直接的コンタクトは，十分な情報交換を発生させ，相互依存関係の下での在外子会社の自由裁量を増大させるとともに，派遣者の社会化によって全社的な統合が達成される。彼らはこれを「社会化によるコントロール」と呼ぶ。この社会化によるコントロールは，相互依存関係の増大とともにますま

す用いられる必要があるというのが彼らの主張であり，先のグローバル・マンデート型子会社やアクティブ子会社では社会化によるコントロールの重要性が示唆される。

　このような社会化によるコントロールや共有化された価値による規範的統合という調整メカニズムは，多くの論者によって指摘されている。第5章で提示したHedlund（1993）も「ヘテラルキー」概念においては多中心性と各拠点の自律性という特徴から集権化によるコントロールよりも「規範的統合」を重視する。同様に，Baliga & Jeager（1984）は，多国籍企業におけるコントロール・システムを理念型的に「官僚制的コントロール」と「文化的コントロール」に分類し，本社－在外子会社間での交互的相互依存性が高まるにつれ，官僚制的コントロールでは複雑な依存性を処理できず，文化的コントロールが選好されるモードであると主張する。また，White & Poynter（1990）は，「グローバル・ベースでの優位性の機会」と「ローカル・ベースでの優位性の機会」を同時追及するためには，ヘテラルキー的な水平的な組織が必要であり（図表7-3），そこでのラテラル（水平的）な意思決定プロセスによる内部柔軟性が高度の外部多様性に対処する方法であるとし，そのためには共通の意思決定前提（特に価値前提）の存在と，それに導くような「共有化された価値」の重要性

図表 7-3　戦略優位―組織の関係

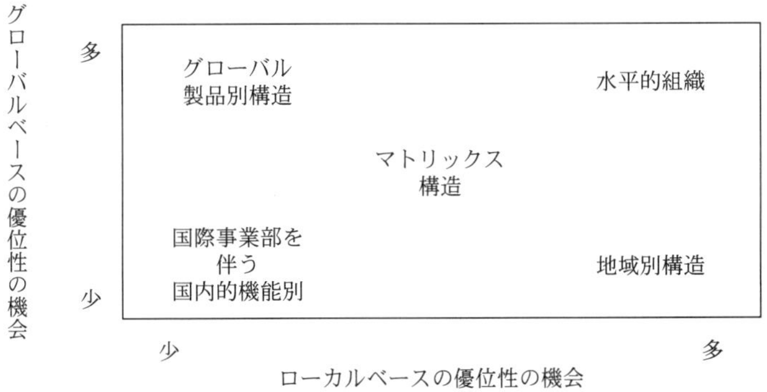

	ローカルベースの優位性の機会　少　　　　　　　　　　　　　　　多
グローバルベースの優位性の機会　多	グローバル製品別構造　　　　　　　　　　水平的組織
	マトリックス構造
少	国際事業部を伴う国内的機能別　　　　　　地域別構造

出所）White & Poynter（1990：98）

が指摘されている。

第2節　在外子会社の経営資源レベルと役割モデル

　上記のようなフレームワークは，子会社の遂行する機能と本社および他の子会社との関係，すなわち当該子会社の役割に焦点を当てており，本社－子会社間関係および子会社間関係をその役割上の特徴から分析しようとするものである。しかし，彼らの唱える「能動的子会社」「グローバル・マンデート型」子会社というタイプの設定で暗にその背後にあるものは当該子会社の能力であると思われる。すなわち，在外子会社が他のユニットに行使するパワーの源泉としての経営資源水準ないし能力である。たとえば，初期段階にある子会社は，戦略的資源に関わる子会社への依存度が高いため，ほとんどパワーを行使することはできない。しかしその子会社が経験をつみ，成熟化し，戦略資源の本社への依存度が低下するにつれ，本社による資源フローの制御による子会社のコントロール能力は低下する。Prahalad & Doz (1981) は，このような状況において本社は有効な代替コントロール手段として「組織コンテクスト」（認知志向性，戦略志向性，パワー志向性，管理志向性の変革）を用いねばならないと主張している。その意味で，在外子会社の類型化を考える場合，子会社の経営資源レベルないし能力を明確にしたモデルが求められる。

　この子会社の能力を視野に入れて子会社の類型化を試みたものに Bartlett & Ghoshal (1989) によるモデルがある。彼らは，先の「トランスナショナル企業」の「統合的ネットワーク組織」を提示しているが，その中で，在外子会社の役割を，現地子会社を取り巻く現地環境（特に市場）の重要性を示す戦略軸と，それら子会社技術，生産，市場開発等における資源・能力を示す組織軸によって4つのタイプに分類している。すなわち，それら2つの次元の組み合わせによって，在外子会社を「戦略リーダー」「貢献者」「実行者」「ブラックホール」として位置づけている（図表7-4）。

　「戦略リーダー」は，強い競争力をもち，戦略上重要な市場にある在外子会

第7章 在外子会社モデル　169

図表 7-4　現地組織の基本役割

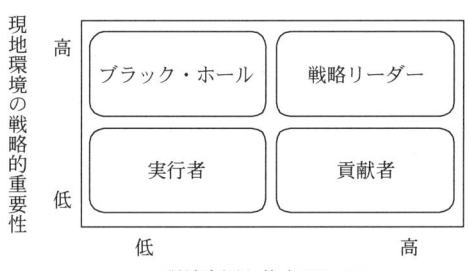

	低	高
高	ブラック・ホール	戦略リーダー
低	実行者	貢献者

縦軸：現地環境の戦略的重要性
横軸：現地資源と能力のレベル

出所）Bartlett & Ghoshal（1989：106）

社の役割である。そのような子会社は，幅広い戦略を開発し，実行する上で本社のパートナーとして認められ，変革が必要となる初期の警告的兆候を探知し，その結果生じる驚異や機会を分析し，適切な組織上の対応を開発することにも関与する。

「貢献者」は，当該子会社が高い資源および能力を有しているが，市場の戦略的重要性が低い場合の役割である。この場合，環境に対して多くの余剰能力をもつことを意味するが，その意義は，その余剰能力をグローバルな課題に向けることによって高められる。そうしないと，組織能力が高いだけにその内部能力が現地の自律性の増大にのみ傾けられ，当該多国籍企業のグローバル戦略にとってはあまり重要ではないかあるいは不必要な製品やシステムへの分化への道を見出すことに集中する傾向がある。そのため，そのような高い能力を現地の課題だけではなくグローバルな課題（たとえば，世界的な製品開発課題）に向ける必要がある。その意味で，このセルに位置づけられる在外子会社は，グローバルな課題解決への貢献者となる。換言すれば，戦略知識に対する貢献者である。

「実行者」は，戦略的にはあまり重要ではない市場にあり，組織の能力も高くない場合の役割である。つまり，非戦略的市場にあり，その現地オペレーションを維持するだけの能力しかない。大多数の在外子会社はこのタイプに当てはまり，基本的にその役割は戦略の実行者である。しかし，このタイプの子会

社は，戦略プロセスや革新プロセスを支える資源を発生させるという意味で重要な役割を果たしている。

「ブラックホール」に位置づけられる子会社は，戦略上あまり好ましいものではない。なぜなら，戦略的に重要な市場に位置しているのに，能力がそれに見合ったほどついていない状況である。この状況を抜け出すことはそう簡単ではなく，コストと時間を要する。

彼らは，このように経営資源レベルを加味した海外子会社の基本的役割を分類した上で，それぞれの活動を調整するメカニズム，すなわち先述の集権化，公式化，社会化のウエイトが異なることを示唆している。

第3節　子会社コンテクストと本社―在外子会社関係の「適合」モデル

Ghoshal & Nohria (1989) は，多国籍企業において，組織は内部は同質的ではなく，その異質性により内部分化されているとして，在外子会社のコンテクスト要因と本社との関係の適合関係について，コンティンジェンシー・アプローチを用いて分析した。在外子会社コンテクストとは，当該子会社が保有する「現地資源レベル」と直面している「環境の複雑性」の程度の組み合わせである（図表7-5）。それは，①環境の複雑性が在外子会社と本社との間の相互依存性を決定づけ，②在外子会社の保有する資源レベルがそこでの依存性の方

図表 7-5　在外子会社コンテクストと相互依存性

環境の複雑性		
高	C1　相互依存性：高　子会社が依存的	C4　相互依存性：高　本社が依存的
低	C3　相互依存性：低　子会社が依存的	C2　相互依存性：低　本社が依存的
	低　　　　現地資源　　　　高	

出所）Ghoshal & Nohria (1989 : 326)

図表 7-6　在外子会社コンテクストと相互依存性

	低　　　　現地資源　　　　高	
高 環境の複雑性 低	クラン 　C：中 　F：低 　S：高	統合的 　C：低 　F：中 　S：高
	C：高 F：低 S：低 階層的	C：低 F：高 S：低 連邦的

備考）図中記号
　C：Centralization（集権化）
　F：Formalization（公式化）
　S：Socialization（社会化）

出所）Ghoshal & Nohria (1989：326)

向を決定づける，という仮説の組み合わせである。

　これらの仮説には若干の説明が必要であろう。①の仮説は，Lowrence & Lorsh (1967) および Thompson (1967) らによるコンティンジェンシー・アプローチでの仮説であり，その援用である。すなわち，環境の複雑性が増大すれば，その組織が直面しているタスク環境の特性に基づいて分化されるが，その一方で統合されるべき相互依存性が増大する，というのである。後者，②の仮説は，Peffer & Salancik (1978) および Pfeffer (1981) の資源依存パースペクティブから導出されている。彼らは，組織プロセスが内部のパワー関係に基づいて展開されること，そしてそのパワー関係は，当該企業の資源配分に基づいていることを主張した。多国籍企業における本社－在外子会社間関係は，その点から見ると，2者間の資源交換関係として取り扱われ，希少性のある資源の偏在が相互依存関係に影響を与えることになる。

　彼らは，それぞれの類型（C1～C4）に適する統治メカニズムを，「集権化」「公式化」「規範的統合（社会化）」に求め，在外子会社コンテクストに適合する組み合わせを求めた。それは先行研究のレビューからの3つの仮説に基づいている。

　仮説1：集権化は，(a) 環境の複雑性と負に相関し，(b) 現地資源レベルと

負に相関する。

仮設2：公式化は，(a) 環境の複雑性と正に相関し，(b) 現地資源レベルと正に相関する。

仮説3：社会化は，(a) 環境の複雑性と正に相関し，(b) 現地資源レベルと正に相関する。

これらの仮説の組み合わせにより，本社―在外子会社間関係の基本的構造が規定されるとする（図表7-6）。環境の複雑性の程度が低く，現地資源レベルも低いケース（C1）は，本社―在外子会社間での相互依存性が低く，しかも在外子会社は経営資源を本社に依存している。そのため，本社による集権化による統治が可能であり，また，集権化は，それが指令による管理を可能にするもっとも費用のかからない管理メカニズムであるがゆえに，最も適している。公式化，社会化は費用の点およびそれらの利用が相互依存性の低いパターンでは利益が少ない。したがって，このケースは「階層的」統治である。

環境の複雑性の程度が低いが豊富な経営資源を保有している在外子会社との関係（C2）では，相互依存性は低いものの，その経営資源に基づいたパワーを在外子会社が有しているがゆえに，本社への集権化による一方的な統治はコンフリクトをもたらすがゆえに適していない。また，社会化は，長期的な教育訓練，人材の国際的異動・人材交流などを通じて達成されるために費用がかかり，この相互依存性の低いケースでは適していない。公式化は，意思決定と資源配分のルーチン化であり，双方のパワーを低めるために適している。この方法は，対等な組織単位間での「連邦的」関係と見ることができる。

環境の複雑性が高いが，現地資源に乏しい在外子会社（C3）は，歴史の浅い子会社かあるいはその環境変化に適応できず，必要な経営資源が形成ないし蓄積できなかったケースにあたる。この子会社は危機的状況にあり，その危機を乗り越えるために本社に多くの経営資源を依存しなければならない。したがって集権化による統治が可能となる。しかし，公式化が創出するその潜在的慣性により変化する環境への適応が制限される。規範的統合は，本社と当該子会

社の間の相互関係を促進し，その相互関係に基づいた実行を可能にするがゆえに適しているとされる。この統治構造は「クラン」と名づけられた。

環境の複雑性が高く，しかも複雑な環境に直面している場合（C4），その本社―在外子会社間の関係を管理する利益は最も大きい。集権化は，現地資源レベルの高さから適しておらず，また，環境の変化は公式化をある程度制限する。規範的統合は最も費用がかかるが，複雑な環境下での相互依存性を管理するには最も適している。高度の規範的統合，中程度の公式化，低い集権化（分権化）という組み合わせになり，彼らはこれを「統合的」と名づけた。

さらに彼らは，上記の3つの仮説，および本社―在外子会社関係の4類型における「適合」統治構造について欧州および北米多国籍企業66社の618のケースについて実証分析を行った。その結果は，3つの仮説および4つの適合統治構造についておおむね支持している。しかしながら彼らの研究は，環境決定論的アプローチに偏っていること，そして企業の採る主体的な戦略選択を無視していることが指摘されよう。多国籍企業組織における分化と統合は，環境の複雑性のみならずどのような国際競争戦略を選択するかに大きく影響を受ける。Prahalad & Doz による現地反応戦略，Porter のいうマルチドメスティック戦略，Bartlett & Ghoshal によるマルチナショナル戦略というような現地適応化を第一に優先する戦略の場合，環境の複雑性により分化が促進されるが，国境を超えた拠点間の統合の程度はグローバル戦略を追求する場合とは著しく異なるであろう。換言すれば，統合の必要性は，価値連鎖の配置問題とそれら拠点間の相互依存性により大きく影響を受けると考えられ，その視点を加味した研究が必要とされる。

第4節　ナレッジ・フローに基づく子会社類型

Gupta & Govindarajan（1991, 1994）もまた，在外子会社のコンテクストに焦点を当てその類型化（1991）と調整メカニズムとの関係についての実証研究（1994）を行っている。彼らは多国籍企業を，① 資本フロー（子会社への投資

や本社への配当),②製品フロー(拠点間での輸出入),③ナレッジ・フロー(拠点間での技術やノウハウの移転)という3つの次元を有する取引のネットワークとしてみる。この3つの次元のフローとして多国籍企業を見るという視点は別に新しいものではないが,彼らは特に,③のナレッジ・フローに焦点を当てている。というのも,在外子会社へのコントロールの行使が意図したナレッジ・フローの実現に大きな影響を与えている,と考えているからに他ならない。したがって,彼らの命題は,(1)子会社間におけるナレッジ・フローのパターンの相違によって当該子会社の戦略的位置づけが異なるという重要な次元を示しているということであり,(2)これらの相違が公式・非公式の管理メカニズムの組み合わせに反映される,というものである。

　まず,彼らは企業内ナレッジ・フローを「専門的知識(たとえば,スキルやケイパビリティ)もしくは戦略的価値を有する外部市場データのいずれかの移転」(1991:773)と定義する。移転する専門知識のタイプには,インプット・プロセス(たとえば,スキルの移転導入),スループット・プロセス(製品設計,工程デザイン,パッケージングのデザイン),アウトプット・プロセス(マーケティング・ノウハウ,流通専門知識)があり,外部市場データの移転は,主要な顧客,ライバル会社,サプライヤーについてのグローバルに関連する情報の移転である。留意すべきことは,ここでいうナレッジ・フローが,専門的知識もしくはグローバル関連の外部市場情報であり,内部管理情報(月次財務データの交換)の移転ではないということである(1991:773)。すなわち,戦略的意思決定に関連したナレッジのフローである。

　このように定義したナレッジ・フローの方向(アウトフローとインフロー)によって彼らは子会社の戦略役割を類型化する(図表7-7)。

　ナレッジのインフローが低く,アウトフローが高い「グローバル・イノベーター」は,他の拠点に対するナレッジの源泉としての役割を有する。歴史的に見るとかつて日本やアメリカの多国籍企業,特に日本の輸出志向型企業にとっては国内拠点だけがこの役割を果たしてきたが,この状況は変わってきてい

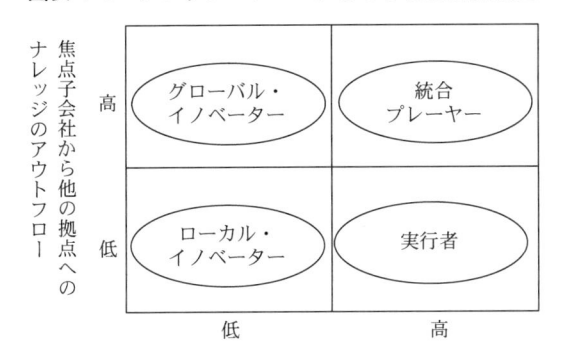

図表 7-7 ナレッジ・フローによる子会社役割類型

	低	高
高	グローバル・イノベーター	統合プレーヤー
低	ローカル・イノベーター	実行者

（縦軸：焦点子会社から他の拠点へのナレッジのアウトフロー）

他の拠点から焦点子会社へのナレッジのインフロー

出所）Gupta & Govindarajan（1991：774）

る。その背景にあるのは，技術の多様性と国家によるその強みの偏在である（Porter 1998）。また，欧州多国籍企業は，在外子会社がグローバルな役割を果たすケースが見られる。たとえば，スウェーデン企業であるエリクソン社のイタリア拠点は，通信システム開発のグローバル拠点となっており，フィンランド拠点は携帯電話を引っ張るグローバルな役割を担っている（Gupta & Govindarajan 1994：445）。

「統合プレーヤー」もまた，一方でグローバル・プレーヤーと同様の役割を有している。すなわち，他の拠点が利用できるナレッジを創出するという役割である。しかし，他方では，自ら必要とする知識を完全に自給自足できない。この点がグローバル・イノベーターと異なる点であり，ナレッジの供給者であると同時に，他の拠点にナレッジを依存している。この点から，統合プレーヤーは，他の拠点との相互依存性の程度が最も高いと考えられる。

「実行者」は，自分自身でのナレッジの創出にはほとんど関わっておらず，多くのナレッジを他の拠点に頼っている。多くの多国籍企業の初期や在外子会社の新規設立時に見られるパターンである。また，Bartlett & Ghoshal（1989）の分析によれば，1980年代までの日系在外子会社に最もよく当てはまるタイプといえる。

「ローカル・イノベーター」は，当該子会社が主要機能分野での重要なノウハウの創出に対する現地での責任を有するが，そのナレッジが他の国にとってはあまりにも特異なものであり，ナレッジのアウトフローが少ないケースである。伝統的な「マルチドメスティック」型多国籍企業の在外子会社に当てはまる（Gupta & Govindarajan 1991：773-775, 1994：445-446）。そのため，統合プレーヤーとは反対に，水平的な相互依存性は最も低いと考えられる。

さらに，以上のような在外子会社の類型化を行うとともに，それら在外子会社の戦略的位置づけによって拠点間の「水平的な相互依存関係の程度とそれぞれ必要なコントロール・メカニズム」，および「自律的イニシアティブの程度とそれぞれ必要なコントロール・メカニズム」に対する仮説を立て（図表7-8, 7-9），日米欧の多国籍企業69社の在外子会社359社に対する調査を行っている。

これらの仮説の基礎となっているのは，第1に，「相互依存性の高まりは，

図表 7-8　子会社の戦略的コンテクスト（1）

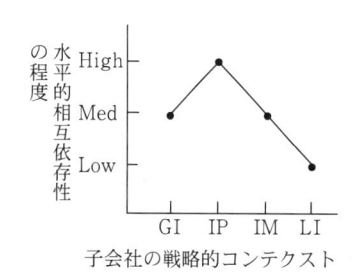

（水平的相互依存性の程度：GI=Med, IP=High, IM=Med, LI=Low）

水平的相互依存性にそって必要とされるコントロール・メカニズムの仮説
・公式の統合メカニズム
・コミュニケーションの頻度
・マネジャーの社会化

図表 7-9　子会社の戦略的コンテクスト（2）

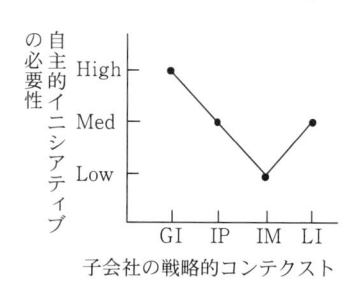

（自主的イニシアティブの必要性：GI=High, IP=Med, IM=Low, LI=Med）

自主的イニシアティブにそって必要とされるコントロール・メカニズムの仮説
・子会社マネジャーのコントロールの位置
・本社－子会社分権化
・給与に対するボーナスのサイズ

備考）GI＝グローバル・イノベーター，IM＝実行者
　　　IP＝統合プレーヤー，LI＝ローカル・イノベーター
出所）Gupta & Govindarajan（1994：447, 449）

図表 7-10 子会社類型間でのコントロール・メカニズムの相違

	Mean Values across different subsidiary strategic roles				F-Statistic (differences between means) and significance
	GI (n=64)	IP (n=114)	IM (n=63)	LI (n=111)	
1. Lateral Integration	−0.07	0.40	0.00	−0.40	13.36***
2. Corprate-Subsidiary communication	0.19	0.29	−0.13	−0.27	7.65***
3. Inter-subsidiary communication	0.06	0.32	−0.03	−0.34	9.05***
4. Coporate socialization	−0.35	0.08	0.27	−0.04	4.60**
5. Subsidiary president's locus of control	0.07	0.19	−0.27	0.00	3.12*
6. Corporate-subsidiary decentralization	0.04	−0.03	−0.10	0.08	0.54
7. Size of bonus relative to salary	−0.21	0.17	0.13	0.28	4.43**

note: all variables were standardized (mean=0, SD=1) before conducting these tests.
*P<0.05 **P<0.01 ***P<0.0001
出所）Gupta & Govindarajan (1994：452)

図表 7-11 仮説とその検証結果

	コントロールメカニズム	GI		IP		IM		LI	
		仮説	結果	仮説	結果	仮説	結果	仮説	結果
相互依存性	統合メカニズム(水平)	中→中		高→高		中→中		低→低	
	本社―子会社間コミュニケーション	中→中		高→高		中→中		低→低	
	子会社間コミュニケーション	中→中		高→高		中→中		低→低	
	社会化	中→低		高→中		中→高		低→中	
自主性	子会社マネジャーのコントロールの位置	高→中		中→高		低→低		中→中	
	分権化	高→―		中→―		低→―		中→―	
	給与に対するボーナスのサイズ	高→低		中→中		低→中		中→高	

より高度で複雑なコントロール・メカニズムを必要とする」という従来のコンティンジェンシー・アプローチの援用である。第2に，子会社に対するナレッジ創出の期待が大きいほど子会社の自主的イニシアティブが必要とされるという仮説である。これら仮説の検証結果は，図表7-10のように示される。

自主的イニシアティブに関わるコントロール・メカニズムでの「本社－子会社分権化」では，在外子会社類型間で有意差が見出されていない。また，詳細に見ると，仮説とは若干のズレが生じている（図表7-11）。

これらの仮説と調査結果の不一致は，特に在外子会社の自主性に対してナレッジのフロー方向にだけ基づく子会社類型には限界があることを示唆している。しかしながら，分権化を除く多くのコントロール・メカニズム項目でナレッジ・フローに基づく在外子会社類型間での有意差が見出されており，これまで取り扱われてこなかった，そしてまた経営資源として重要視されるべきナレッジ・フローを在外子会社類型に取り込む意義は大きいと思われる。

第5節　在外子会社の役割進化モデル

これまで述べてきたように，いくつかの先行研究は，在外子会社の役割を位置づけたうえで本社－在外子会社間の調整メカニズムを検討する必要性を指摘してきた。その際，各在外子会社がどのような役割を担うかについては，当該子会社の保有する経営資源のあり方がきわめて重要な要因であることが示唆される。このような観点から，在外子会社での経営資源の形成ないし蓄積とその役割変化の関係についての動態的な分析は重要であると思われる。しかし，これまでの研究ではこの側面がほとんど無視され，調査時点における在外子会社の経営資源レベルとその役割について静態的に分析されてきたにすぎない。近年になって，この在外子会社の果たす役割とその変化についての研究が見出されるようになった。本社－在外子会社間での調整メカニズムを分析するにあたって，これらの議論を検討することは多いに有益であると考えられる。

Ferdows (1997) は，製造メーカーで生産を競争上の優位性の大きな源泉で

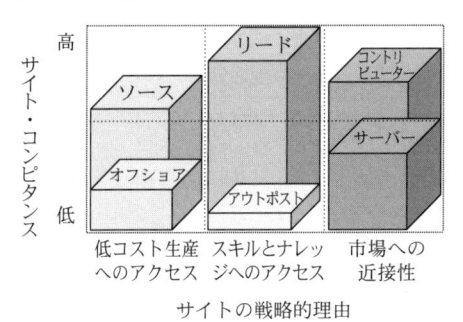

図表 7-12　海外工場の役割：戦略マトリックス

```
高 ┌──────┬──────┬──────────┐
   │      │ リード │ コントリ  │
サ │ ソース │      │ ビューター │
イ │      │      ├──────────┤
ト ├──────┤      │ サーバー   │
・ │オフショア│      │          │
コ │      ├──────┤          │
ン │      │アウトポスト│        │
ピ │      │      │          │
タ │      │      │          │
ン │      │      │          │
ス │      │      │          │
低 └──────┴──────┴──────────┘
   低コスト生産 スキルとナレッ 市場への
   へのアクセス ジへのアクセス 近接性
           サイトの戦略的理由
```

出所) Ferdows, K. (1997)

あると考えている企業にとって海外工場の役割と能力のグレードアップが不可欠であると主張する。彼は，在外子会社（工場）の役割を，①当該工場のロケーション上の理由（「サイトの戦略的理由」）と，②当該工場の能力（「サイト・コンピタンス」）という2つの軸によって6つに類型化するとともに（図表7-12, 7-13），その役割向上のための施策について論じている。

「オフショア」は，いわゆる保税地区に多く見られるタイプであり，本国あるいは第三国への輸出が主たる目的として設立された工場である。そのため普及製品の低コスト生産へのアクセスがロケーション上の理由であり，技術的あるいは管理上必要な投資も最小限にとどめられ，開発やエンジニアリング機能は保有しておらず，必要な専門知識も他の拠点（親会社あるいは他の在外子会社）に依存している。また，サプライヤーとの交渉権限もほとんど有していない。また，輸出ロジスティクスに関しても権限外である。

「ソース」もまた低コスト生産を目的として位置づけられるが，その役割はオフショア工場よりも拡大されている。その企業の多くの地理的市場に供給する製品や他の生産拠点に供給する部品を開発し，生産するための資源と専門知識を有している工場である。したがって，その拠点マネジャーは，調達（サプライヤーの選択を含む），生産計画，工程変更，輸出ロジスティクス，製品カスタム化，再設計に関しても比較的大きな権限を有している。

図表 7-13　海外工場類型と特徴

類　型	サイトの戦略的理由	専門知識・能力	権　限
オフショア	低コスト生産	他に依存	現地独自の権限なし
ソース	低コスト生産	グローバル市場への部品・製品の開発・生産の資源と専門知識を有する：高い生産能力	生産計画・工程変更，輸出ロジスティクス，製品カスタム化，再設計に関してオフショアよりも権限大きい
サーバー	国ないし地域市場への供給	限定的	現地適応のための部分修正を行う権限を持つ
コントリビューター	国ないし地域市場への供給	高い生産能力と開発，エンジニアリング能力を有する	開発，工程エンジニアリング，現地でのサプライヤー選択の権限
アウトポスト	情報収集が主で，副次的目的としての生産	―	―
リード	新しい工程・製品・技術の創出	創造的な能力とナレッジ，ナレッジの製品・工程への変換能力	新工程，製品，技術の開発，全体のサプライヤー選択に影響力

出所)　Ferdows（1997：74-76）より作成

「サーバー」は，特定の国ないし地域の市場への供給目的で設立される。すなわち，設立の戦略的理由は，市場への近接性であり，典型的には，関税障壁の克服，ロジスティクス・コストの削減，外国為替変動への対応である。製品の部分修正や生産方法の改善を行うオートノミーを有してはいるが，能力は限られており，その権限も限られている。

それに対し，「コントリビューター」もまた，ある特定国ないし地域の市場への供給目的を有しているが，能力が比較的大きく，その責任も，製品開発とサプライヤーの選択，製品と工程エンジニアリングまで有しており，調達決定に対する権限をも有している。

「アウトポスト」の主要な役割は，情報を収集することであり，先進サプライヤー，競争企業，研究所，主要顧客の存在地域に置かれる。このタイプの工

場は，生産は副次的目的であり，最新のナレッジやスキルへのアクセスが主目的である。

最後に，「リード・ファクトリー」は，会社全体のために新製品，新工程，技術を創出する，能力のかなり高い先端工場である。いわゆる「マザー工場」がこれに当たるであろう。アウトポストと異なり，情報収集だけではなく，集めたナレッジを現地のスキルと技術的な資源を活用し，イノベーションを創出する。そのため，かなり大きな権限が現地マネジャーには与えられ，主要サプライヤーの選択に大きな発言権を有し，サプライヤーや研究機関との共同開発に参加したりする。

このように分類される在外子会社のネットワークによって国際生産と供給がなされるわけである。彼の主張によれば，優れたメーカーは，平均的なメーカー以上に，より高度な戦略役割を有する在外子会社群が多いという。すなわち，ソース，コントリビューター，リードのポジションにある工場が多いということである。それを前提とすれば，海外工場の戦略役割をいかに向上させるかが問題となる。そのポイントとしては，以下の点が指摘されている。

図表 7-14　海外生産の理由

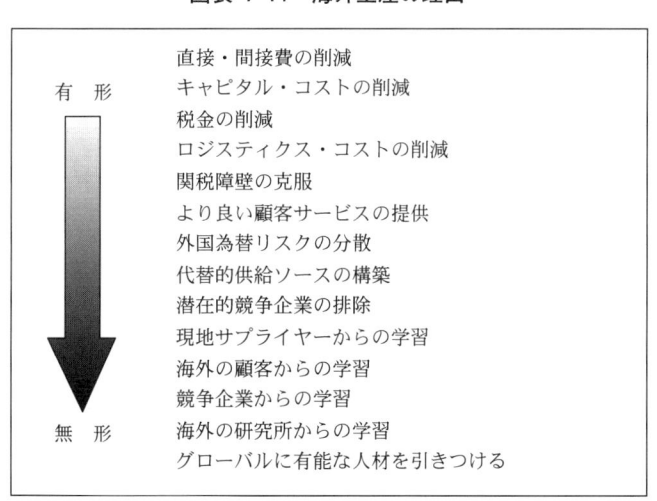

有形
↓
無形

- 直接・間接費の削減
- キャピタル・コストの削減
- 税金の削減
- ロジスティクス・コストの削減
- 関税障壁の克服
- より良い顧客サービスの提供
- 外国為替リスクの分散
- 代替的供給ソースの構築
- 潜在的競争企業の排除
- 現地サプライヤーからの学習
- 海外の顧客からの学習
- 競争企業からの学習
- 海外の研究所からの学習
- グローバルに有能な人材を引きつける

彼は，在外子会社の役割のアップグレードには，親会社サイドでは，海外生産の理由として，図表7-14に示したような「有形的ベネフィット」よりも「学習」を中心とした「無形的ベネフィット」に多くの注意を払うことの重要性が強調される。この点については，低コストや市場参入の視点を超えた立地選定の重要性を唱えるPorter（1999）のクラスター理論とも通じている。また，国際経営組織の観点からいえば，企業内における拠点内での学習と拠点間での学習のみならず，外部環境からの学習を視野に入れた研究の必要性，すなわち，グローバル学習組織についての研究の重要性を示唆している。

　上記は，事業戦略の観点からであるが，在外子会社サイドについてみれば，工場内部での改善を通じた「パフォーマンスの継続的向上」と「外部資源の開発」が強調される。戦略役割の高度化には，それを裏づける内部資源の高度化，それを示す生産効率あるいは品質向上というパフォーマンスが必要であり，必要な外部資源の開発，たとえば，JITでのサプライヤーによる生産・供給能力の育成等が必要となる。しかし，ここで問題となるのは，在外子会社の戦略役割の進化のプロセスが，在外工場の能力に焦点が当てられ，それはそれで在外子会社経営にとって重要な視点を提供するが，本社―在外子会社関係において必ずしも明確に捉えられていない点にある。在外子会社の役割決定には本社が大きくかかわっていることはいうまでもない。在外子会社役割の高度化については，本社サイドの視点を加味する必要がある。

　さらに，Birkinshaw & Hood（1998）は，本社―在外子会社関係を視野に入れた，能力と子会社役割の相互作用を基に，子会社進化モデルを開発した。図表7-15は，彼らが提示した子会社におけるケイパビリティの変化とチャーター変化の組み合わせを示している。ここで彼らは，資源を「子会社によって所有され，あるいはコントロールされている利用可能な要素ストック」とし，ケイパビリティを「望ましい目的に影響を与える組織プロセスを用いて，資源を用いる子会社の能力」と定義している。また，チャーターは，「多国籍企業における当該子会社の役割の可視的な明示」と定義され，子会社役割を意味す

図表 7-15　ケイパビリティとチャーター変化の関数としての子会社

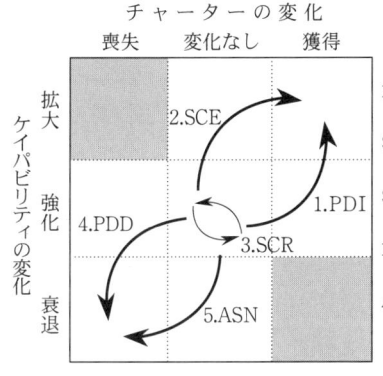

```
           チャーターの変化
          喪失  変化なし  獲得
    拡
ケ   大         2.SCE
イ
パ   強                    1.PDI
ビ   化   4.PDD
リ              3.SCR
テ
ィ   衰
の   退         5.ASN
変
化
```

PDI：parent-driven investment：
　　　本社主導的投資
SCE：subsidiary-driven charter extension：
　　　子会社主導的チャーター拡大
SCR：subsidiary-driven charter reinforcement：
　　　子会社主導的チャーター強化
PDD：parent-driven divestment：
　　　本社主導的剥奪
ASN：atrophy through subsidiary neglect：
　　　子会社怠慢による衰退

注）略語表記は，出所と一部異なっている．出所論文において，前半と後半でその略語表記が異なっており，ここでは混乱を避けるために後半部分での表記に統一してある．
出所）Birkinshaw & Hood (1998：775)

る。この子会社役割進化モデルでは，子会社役割が必ずしも子会社能力を正確に反映しているわけではなく，能力変化が役割変化に先導するケースもあれば，遅れるケースもあること（すなわち，時間的なズレが生じること）を示している。

　PDI（本社主導的投資）は，本社による子会社の役割の拡大が決定され，それに基づいて当該子会社の能力の拡大・高度化が図られるパターンである。SCE（子会社主導的チャーター拡大）は，まずある子会社での能力の拡大・高度化がなされており，それを本社が認識し，当該子会社の新たな役割の獲得に進展するパターンである。このパターンは，子会社マネジャーの主体的な活動を示し，新たな役割獲得に必要な能力を有していることを本社に示すことを通じて達成される。しかし，その子会社の能力の高度化が必ずしも新たな役割獲得に繋がるとは限らない。その能力を本社が戦略上どのように評価するかにかかっている。SCR（子会社主導的チャーター強化）は，既存の能力を強化することによって，現在の役割を維持する状況に当てはまる。新しい役割を求めるというよりも，一つの特定の領域で能力を深耕することである。PDD（本社

図表 7-16　進化プロセスに影響を与えるコンテクスト要因（仮説命題）

コンテクスト要因	正のインパクト	負のインパクト	インパクトなし
親会社要因			
・競争的内部資源配分	SCE, SCR, ASN	PDI, PDD	
・意思決定の分権化	SCE, SCR, ASN	PDI, PDD	
・親会社マネジメントのエスノセントリズム	PDD, ASN	PDI, SCE	SCR
子会社要因			
・子会社の実績（高）	PDI, SCE, SCR	PDD, ASN	
・子会社マネジメントの信頼度	SCE, PDI（SCEよりは小さい）	PDD, ASN	SCR
・子会社従業員の企業家精神志向	SCE, SCR	ASN	PDI, PDD
ホスト国要因			
・国の戦略的重要性	PDI, SCE	PDD, ASN	SCR
・ホスト国の支援	PDI, SCE(小), SCR(小)	PDD, ASN	
・要素投入の相対的コスト（低）	PDD, SCE	PDI, ASN	SCR
・現地ビジネス環境のダイナミズム	SCE, SCR, PDI(小)	ASN, PDD(小)	

出所）Birkinshaw & Hood（1998：786-794）より作成

主導的剥奪）は，本社による子会社役割（たとえば，製品開発役割，製品の市場供給役割）の剥奪であり，それにより当該子会社の能力が衰退するという状況である。ASN（子会社怠慢による衰退）は，それとは逆に，子会社の能力の低下，その結果，子会社のパフォーマンス低下が生じ，最終的に本社がその役割を取り上げるというプロセスをさしている。

　彼らは，このような在外子会社の役割進化モデルを提起し，それぞれの進化プロセスのシナリオを検討している。また，どのような要因がそれぞれの進化プロセスに影響を与えるのか，ということに関して，彼らは図表7-16のよう

な命題を仮説として立てている。

このような，子会社進化に関する動態的なモデルは，本社―在外子会社間での調整メカニズムを検討する際に，また，変化あるいは進化を考える際に有益なモデルとなり，あわせて，変化する子会社役割とともにどのような調整メカニズムの変化が見られるのかを検討する必要性が指摘されよう。その際，上記2つのモデルとも役割変化と当該子会社の能力の変化（どちらが先かという問題はあるにせよ）が強調されており，在外子会社役割と能力の観点からの調査研究とともに，経時的な調査研究が必要であることが示唆される。

第6節　本研究での在外子会社類型

われわれは，調査モデルの設計において，第1段階として，Porter（1986）の国際競争戦略類型をベースにした。その主な理由は，第1に，同一企業内においても事業の性格により国際競争のパターンが異なり，それが調整メカニズムの相違に反映すると考えられることである。第2に，国際競争戦略の類型をベースにすることにより，企業の主体的な戦略選択の側面を取り込むことが可能になり，従来のコンティンジェンシー・アプローチに対する批判，すなわち環境依存モデルの欠陥を取り除くことが可能になることである。第3に，彼の国際競争モデルは，後述のように，「拠点間の活動の調整」が主要次元の1つとなっており，そのことによって，活動の調整の高低によりどのような調整メカニズムの変化があるのかを確認できることである。最後に，これらのことを通じて，企業の国際競争戦略と調整メカニズムを中心とした国際経営管理の側面を統一的に扱うことができると考えたからである。

われわれが今回行った調査は，上記のような国際競争戦略類型に基づいて，まさにその調整問題を扱っている。すでにわれわれは，国際競争戦略類型に基づいた本社事業部サイドへの調査を行っている（根本・諸上 1996；茂垣 1996）。そこでは，個々の事業部の国際化の進展は必ずしも並列的に進むとは限らず，選択される国際競争戦略も異なるかもしれない。調査結果は，同一企業でも事

業により国際競争戦略が異なり，それに応じて調整メカニズムが選択されることを示した。今回の調査は，在外子会社サイドに対するものである。調査目的は，たとえ同一事業であっても在外子会社のコンテクストによって役割および調整メカニズムが異なる，という仮説の検証である。しかし，在外子会社が属する事業（部）の属性を無視して分析を行うことは戦略との関係を無視してしまうことになる。したがって，まず第1段階として，その子会社の属する事業の国際競争戦略を特定化し，その国際競争戦略における当該子会社の位置づけを本社との調整の程度によって類型化した。そのようなステップで本社—在外子会社間関係を国際競争戦略に基づいて当該子会社と本社との間に見られる調整メカニズムを分析する（国際4類型）。次に，第2段階として，グローバル戦略を追求している事業に属する在外子会社を，そのコンテクストにより再分類し，その在外子会社類型（グローバル子会社4類型）に基づいた調整メカニズムの差異を明らかにする。グローバル戦略の在外子会社だけを再分類する理由は，前述の先行研究でも明らかなように，同一の事業部に属する子会社間においても，その子会社のコンテクストによって調整メカニズムが大きく異なると仮定されるからである。

まず，図表7-17のような国際4類型モデルを設定した。これが今回の分析

図表 7-17　国際4類型

活動の調整		
高	グローバル型 子会社 G型	インプリメンター型 子会社 I型
低	ローカル型 子会社 L型	アウトポスト型 子会社 O型
	分散	集中
	活　動　の　配　置	

の第1段階の調査モデルである。

「アウトポスト型子会社」は、前哨基地ないし橋頭堡の意味で名づけられた。先述のFerdows (1997) は、サイト・コンピタンスが低く、ナレッジやスキルへの接近を目的とする在外工場に対して用いている。われわれはそれに加えてドメスティック段階にある企業が先駆け的に設立した在外子会社、あるいは高度に多国籍化した企業においても設立後間もない子会社で、比較的高い自由度が認められた前哨部隊と位置づけている。したがって、当該子会社が属する事業部に関わる経営資源の国際的な分散度はそれほど高くはなく、他の拠点との相互依存性も低いと考えられ、本社との調整の必要性が低い。仮説としては、調整メカニズムが低く、また一貫した調整方法は確立していない（あるいは存在しない）と予想される。

「インプリメンター型子会社」は、経営資源が本社に集中し、高度な活動の調整を通じて、在外子会社は本社の決定に従い業務遂行に当たる実行部隊と位置づけられる。仮説としては、本社への高い集権化と公式化が予想される。このタイプの在外子会社は、Bartlett & Ghoshal (1989) の類型の「実行者」と一致している。また、Jarillo & Martinez (1990) の受動的子会社およびRoth & Morrison (1992) の「グローバル合理化タイプ」子会社の概念に近い。

「ローカル型子会社」は、属する事業に関わる国際的な経営資源の分散度が高く、市場ニーズの異質性や現地政府政策により現地適応化がきわめて重要とされる子会社に当てはまる。的確にそして素早く現地環境に対応していくことが求められ、それに必要な機能および経営資源を有し、自律的な経営を行っていく。そのため他の拠点との相互依存性は小さく、活動の調整の必要性も小さい。これは、Jarillo & Martinez (1990) の自律的子会社、Gupta & Govindarajan (1991, 1994) でのローカル・イノベーターに相当する。仮説としては、本社の集権化は低く、われわれの前回の調査結果（根本・諸上1996；茂垣1996）からは、現地適応化のための公式化が高いと予想される。

「グローバル型子会社」は、経営資源が海外に広く分散した事業部に属し、

しかもそれら分散した拠点間で高度な調整を行っているタイプである。このグローバル型子会社では，経営資源の国際的な分散が高いばかりではなく本社との調整の必要性も高いため，最も多くの調整メカニズムを必要とすると仮定される。このタイプの在外子会社は，Jarillo & Martinez (1990) のいうアクティブ子会社と受動的子会社の両方のタイプを含んでいる。すなわち，グローバル戦略を追求している事業に属しても，在外子会社のコンテクスト（機能・役割，経営資源レベル，現地環境の複雑性）によって調整メカニズムが異なる。そのため，調査の次の段階では，このタイプの子会社を再分類（グローバル4類型）し，調整メカニズムの相違を分析した。

3. グローバル子会社4類型

さらにわれわれは，活動の配置が分散し，それら分散した拠点間の調整を高度に行っているグローバル型子会社をさらに4つのタイプに分類した。それらの在外子会社群にあっても当該子会社の有する経営資源レベル，および本社が世界グループとして果たすリーダーシップのあり方によって調整メカニズムが異なると考えられるからである。グローバル戦略が意味するように，グローバル段階にある企業は一般にグローバル政策調整度が高いが，それが必ずしも本社中心であるとは限らないことは，先に見たBartlett & Ghoshal (1989), Hedlund (1993), Gupta & Govindarajan (1991, 1994) らの先行研究が示している。具体的には，グローバル政策調整を本社主導で行うか，あるいは分化され相互依存関係にあるネットワーク関係で行うか等がグローバル経営の戦略と組織を特徴づけるきわめて重要な要因の一つであると考えられる。

さらに，在外子会社の経営資源のレベルは，本社―在外子会社間関係における相互依存性の方向性を決定づける要因である（Ghoshal & Nohria 1989; Gupta & Govindarajan 1991, 1994）。研究開発能力，製造能力の低い在外子会社はそれらを本社ないし他の在外子会社に依存せざるを得ないし，逆にそれらの能力の高い在外子会社に対しては他の拠点の依存度が高まると考えられる。こ

第7章 在外子会社モデル　189

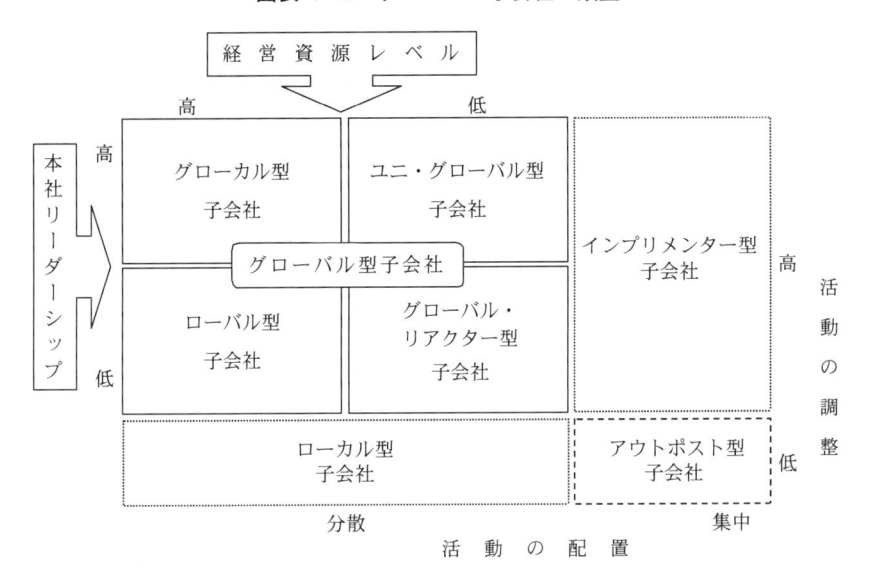

図表 7-18　グローバル子会社 4 類型

```
                    経営資源レベル
              高  ←        →  低
         ┌─────────────┬─────────────┐┌─────────────┐
      高 │  グローカル型  │ ユニ・グローバル型 ││             │
本       │    子会社     │    子会社      ││ インプリメンター型 │ 高
社       │      ┌──グローバル型子会社──┐      ││    子会社     │
リ  →    │      └────────────┘      ││             │ 活
ー       ├─────────────┼─────────────┤│             │ 動
ダ       │   ローバル型   │  グローバル・  ││             │ の
ー       │    子会社     │ リアクター型   ││             │ 調
シ   低  │              │    子会社     ││             │ 整
ッ       └─────────────┴─────────────┘└─────────────┘
プ       ┌───────────────────────────┐┌─────────────┐ 低
         │        ローカル型子会社          ││  アウトポスト型  │
         │                              ││    子会社     │
         └───────────────────────────┘└─────────────┘
                    分散                              集中
                          活 動 の 配 置
```

のように，在外子会社の経営資源レベルがグローバル経営の戦略と組織を特徴づける最も重要な要因の一つであると考えられる。

　以上のように，グローバル型子会社は，「本社主導の調整度」と「子会社の経営資源レベル」の高低の組み合わせで，図表 7-18 のような 4 類型に分類される。

　ユニ・グローバル型子会社は，グローバル型子会社の中でも相対的に経営資源レベルが低く，グローバル政策の調整も本社主導でなされるタイプである。本社―子会社間関係は，本社への当該子会社の依存度が高く，階層的な管理メカニズムが構築されやすい。国際 4 類型におけるインプリメンターに近い。異なるのは，属している事業部での経営資源の分散度が高いということである。また，現地環境の点からは，そのタスク環境が比較的安定的で，自主的な環境適応の必要性が低い場合に適している。このような場合，本社中心の統一化（unification）が強調される。そこからユニ・グローバル型子会社とネーミングした。

グローバル・リアクター型子会社は，当該子会社の現地経営資源レベルが相対的に低く，また本社のリーダーシップも低いというパターンである。活動の調整度は高いがそこでリーダーシップを握れるだけの経営資源ももち合わせていないため，他の拠点に対して受け身的であり，一貫した行動をとるというよりも，状況即応的な行動をとると考えられる。Miles & Snow（1978）は，環境への一貫した対応メカニズムがなく，受け身的で内的整合性をもたない企業タイプを「リアクター型」と名づけたが，ここでのネーミングはそこから用いた。

グローカル型子会社は，本社リーダーシップによるグローバル調整がなされており，しかも当該子会社の経営資源レベルが高いというケースである。ユニ・グローバル型子会社の進化型ととらえられる。このような子会社は，世界的な技術水準や研究開発能力を始めてとして様々な創造的活動において優れた能力を有している。したがって，本社―子会社の相互依存関係が強いと予期される。本社は戦略決定者としての役割を果たすが，子会社の経営資源レベルが高いために，集権化のみによる調整は大きなコンフリクトを生じせしめる。したがって，本社のリーダーシップの発揮においても彼らの意見を十分に吸い上げた上でのリーダーシップが必要となり，子会社サイドでは現地での利害だけではなく，本社のグローバル政策を積極的に推進するユニットであることが求められるが，それを可能にするには，多様な調整メカニズムが必要とされると予想される。このタイプの子会社は，グローバルに考えローカルに行動することが求められ，その意味でグローカル型子会社と名づけた。

ローバル（Local-Globalizationの短縮）とは，われわれの造語であり，「現地からグローバルへ」「地域からグローバルへ」という発想である。ローバル型子会社の特徴は，その独自能力により特定の機能，製品あるいはグローバル事業において戦略的リーダーとなっていることにある。本社はこのタイプの子会社にグローバルな委任統治権（mandate）を与え，そのリーダーシップをフォローすることである。このローバル型子会社の概念は，Roth & Morrison

(1992) のいうグローバル・マンデート子会社に近く，本社との関係では，ヘテラルキー (Hedlund & Rolander 1990) 的なものとなる傾向が強いと思われる。

　われわれの基本的な調査仮説は，上記のような理念的に識別された在外子会社類型間での調整メカニズムの差異が存在するということであり，日系在外子会社へのアンケート調査と訪問調査によりそれらを検証することにある。

第8章　日系在外子会社の特徴

第1節　調整メカニズムと調査方法

1．問題の所在

　国際経営の特殊問題領域として，国境を超えた拠点間の調整問題がある。古くは，Fayerwather (1969) が「多様化―統一化原理」と呼んだ，現地環境への適応化と世界的な戦略および組織の統一化という多国籍企業が置かれている緊張関係の認識から出発している。さらに Porter (1986) の「活動の配置―活動の調整」という分析のフレームワークに見て取れるように，国境を超えた拠点間のマネジメントの問題は，国際経営において主要な問題領域である。Bartlett & Ghoshal (1989) は，国際経営における重要なイシューとして，ローカルでの適応力，グローバルな統合力，世界的な学習をあげている。ここでの問題認識は，多国籍企業がその在外子会社で直面する環境の異質性に適合するように組織単位が「分化」すると同時に，それら企業内国際分業の進展により，そのネットワークとして各拠点間の活動を調整するという「統合」の問題である。このような，分化と統合の同時達成の必要性を，彼らは現地適応からもたらされるイノベーションの発生，グローバルな経営資源の配置とその相互利用，グローバルな効率性という点から重視する。

　われわれは，1994年に，本社―在外子会社間の調整についての本社サイドへのアンケート調査を行っている（諸上・根本，1996；茂垣，1996）。その際，われわれは，その分析の基本単位を「事業」とし，さらに機能ごとの調整の相違を析出した。Porter (1986) や Bartlett & Ghoshal (1989) は，先に見たように基本的分析単位を「業界」としている。Porter (1986) は，「国際戦略をつくる場合に適切な分析単位は業界である。競争優位を手にしたり失ったりする舞

台が業界だから」(邦訳：21) であり，彼の研究目的が特定業界に最も適した国際戦略タイプの識別にあるからである (諸上・根本，1996)。また，Bartlett & Ghoshal (1989) もまた，業界で必要とされる能力と戦略との一致を重視し，その意味では基本的分析は業界であるが，その経営メカニズムではいきなり企業あるいは組織という用語を用いる。しかし，経営戦略には，Hofer & Shendel (1978) が主張するように「企業戦略」「事業戦略」「機能別戦略」の3つの分析レベルがあり，Root & Visudtibhan (1992) が指摘するように，同一企業でも，事業によって，また機能部門によってその戦略フォーカスが一致せず，ズレていることが少なくない。それは，各事業単位が競争戦略の策定とその戦略遂行の基本的単位であるからである。したがってわれわれは，国際競争戦略とそこでの調整メカニズムの分析をより精緻に行うためには，基本的分析単位を企業，それも各事業単位とした研究が必要であると考えたからである (諸上・根本，1996：8-12)。

このように基本的分析単位を事業とし，企業の各事業部に調査票を郵送し，その回答データを基に，国際経営の7類型，中でも経営資源の国際的分散度が進み，拠点間の調整度が高い「グローバル段階」にある事業を4類型モデルとして仮説的に設定し，そこで用いられる調整メカニズムを分析した。われわれは，先行研究をベースに，調整メカニズムをプログラム化 (公式化，計画化，標準化) と集中化 (資源の集中化，集権化) そして社会化 (理念浸透，教育研修，人材交流) に区分して分析を試みたのである。そこでの調査結果は，このグローバル段階にある企業が，必ずしも同一的なグローバル経営を行っているわけではないことが示された。すなわち，在外子会社の経営資源レベルが高く，本社リーダーシップの高いグローカル型においては，集権化，プログラム化，社会化が高く，多様な調整メカニズムを活用する傾向が見られた。したがって，今後のグローバル戦略の展開にあたっては，各在外子会社が保有する経営資源・能力を考慮した意図的な調整メカニズムの選択が示唆された。このことは，他面では，前回の研究の限界をも示している。第1に，われわれは，各

事業に対してその事業が用いる国際競争戦略のタイプを特定化するとともに，代表的な子会社について回答を得，それに基づいて分析を行った。そのため，事業の国際競争戦略の戦略選択と在外子会社との調整メカニズムの関係は明確になったが，同一の事業であっても，在外子会社の資源レベルによって調整メカニズムが異なることは必ずしも立証されていないことである。第2に，このアンケートは日本本国の事業部に行ったもので，在外子会社そのものに対して行った調査ではないという点である。もちろん，前回の研究は，事業戦略レベルを中心とした調査であり，国際競争戦略と在外子会社に対して用いる調整メカニズムを明らかにすることが目的であった。したがって，必ずしも在外子会社ごとの調整メカニズムの相違を直接的に明らかにすることを目的としたものではなかった。その意味では，今回の調査は，前回の調査で示唆された在外子会社の有する特徴による調整メカニズムの相違を明らかにする，という次のステップへの展開と位置づけられる。そこでわれわれは，日系在外子会社を訪問インタビューするとともに，在外子会社に対するアンケート調査を企図した。

　本章は，このアンケート調査の回答に関する予備的考察である。したがって，ここでは，調整メカニズムに関する分析を行うものではなく，その前提としての回答企業に見られる特徴を示すにとどめることにする。ただし，ここで示されたいくつかの設問に関する回答は，日本企業の在外子会社のマネジメント上の特徴を示していると思われる。

2. 調整メカニズムの構成

　これらの先行研究から，調整メカニズムの構成要素としては，以下のようにまとめられるだろう。①「権限の集中」(集権化) によるもの，②「プログラム化」によるもの，および③「社会化」によるものである。これは先のEdström & Galbraith (1977) やBartlett & Ghoshal (1989) およびGhoshal & Nohria (1989), Nohria & Ghoshal (1997) の3分類と類似している。しかし，彼らのいう「官僚制的コントロール」や「公式化」は，政策，計画，ルール，職

務記述書等がマニュアルおよびその他のドキュメントで書きとめられている程度，すなわち，文書化の程度で測定される。これは「公式化」の概念に含まれる構成要素である。このように定義される公式化は，行動の結果生じるアウトプットをコントロールするよりも，行動を導き，修正することを通じてのコントロールを提供する (Ouchi 1977)。したがって，この公式化の概念には，先の Martinez & Jarillo (1991) が提起した公式化・計画・ビヘイヴィアル・コントロールが含められよう。特に，われわれは，彼のいう「計画」は，存在の有無が問われるよりも，明示的に文書化されているかどうかを問うことが，拠点間の活動の調整度を測定するためには必要である。したがって，この計画は，ここでは公式化を測るための対象となる。

さらに，本社―在外子会社での調整メカニズムを分析する場合，その公式化の程度のみならず，それら本社―在外子会社間でのその標準化の程度（共通度）を問わねばならない。これは通常の国内組織を対象とした場合と異なり，海外拠点との調整メカニズムでは重要な要因であると考えられる。各在外子会社で異なる公式化が調整メカニズムとして機能するには十分ではない。それらの間での「公式化」の「標準化の程度」も重要であると考えられる。したがって，本研究では，この「公式化」と「標準化」の2つのサブメカニズムを設定し，それらから構成される調整メカニズムを「プログラム化」と名づけた。

次に，調整メカニズムとしての「社会化」のサブメカニズムであるが，これも上の議論を整理すれば，2つに分けて考えられよう。第1は，拠点間での価値の共有化そのものの程度である。われわれは，それを「理念浸透」と名づけた。これには，意思決定前提の価値前提として機能する経営理念や，社員の行動規範等が含まれよう。第2は，対人コンタクトの程度である。社会化は「個々人が社会の価値，慣行を他者との相互作用を通じて学習して内面化していく過程」であり，そこでは人材交流が不可欠になる。そこで，われわれは，「社会化」におけるサブメカニズムとして，「人材交流」を測定することにした。

最後に，用いられる調整メカニズムの構成が累積的・付加的か，あるいはウエイトの違いかという問題はあるが，われわれは，調整メカニズムを構成するそれらサブメカニズムがどのように組み合わされるのか，ということに焦点を当てている。

3．調査方法

調査票を郵送して回答と返送を依頼する方法をとった。そのための送付先の選定は，以下のような手順で行った。

先に示したように，われわれは1996年より在外子会社の訪問調査を行っている。そこでは，同一企業でも在外子会社（設立国経営環境，経営資源レベル，拠点間の調整の必要性）によって調整の方法が異なるのではないか，というテーマをもって製造業4社を中心にその在外子会社を複数訪問させていただいた。そのため，この4社の在外子会社は郵送による調査対象として入っている。その他の企業は，日本親会社レベルで見た場合，製造業の業種分類を基にしつつ，海外展開が進んでいる企業（在外子会社数の多い企業）を選定した。したがって，ここでは非製造業は対象としていない。

さらに，在外子会社の選定においては，東洋経済新報社『1997年度海外進出企業総覧：企業別編』を参照し，製造機能を有する拠点を優先した。調査票において製造や製品・工程分業に関わる質問項目が多数あったためである。

このような作業を通じて，1600社を選定し，調査票を郵送した。なぜなら調査期間は，1998年5月23日から8月31日である。昨今の状況を反映してか，数社は拠点の閉鎖や移転によってそのまま返送されてきた。有効回答は，253社であり（回収率15.8％），今回の分析に使用した。

4．回答企業の概要

回答のあった企業（日系在外子会社）の概要は，次の通りである。まず，担当している機能の面から見ると図表8-1のように示される。製造機能を有する

回答が多いのは，調査上この機能を重視したからである。また，研究開発機能を備えた拠点も46社（不明を除く回答の18.4％）あるが，実際には，研究開発とはいっても現地向けのマイナー修正の設計もあり，かなり小規模のものも含まれる。従業員規模で見ると（図表8-2），100人未満の企業が約2割あり，100人以上300人未満の在外子会社が約3割で，合わせて300人未満の企業が全体のほぼ5割である。1000人未満では全体の8割を占めている。国内では大企業であっても在外子会社では中小企業規模であるという企業が多い。設立形態別に見ると，新規設立が106社（42.4％），買収が25社（10％），合弁による設立が119社（47.6％）である。合弁形態の場合の出資比率による分布は図表8-3で示してある。

　操業年数の相違は，在外子会社の経営資源のレベルに影響を与える要因として従来から考えられてきた。設立年を1985年以降と以前で分けると，1985年以前設立の現地法人が全体の約64％を占め，1985年以降が約36％である。

図表 8-1　回答企業の機能

販売のみ	製造のみ	研究開発のみ	販売・製造	販売・研究開発	製造・研究開発	販売・製造・研究開発	不明
9社	56社	1社	139社	2社	5社	38社	3社
3.6％	22.4％	0.4％	55.6％	0.8％	2.0％	15.2％	—

図表 8-2　従業員規模

10〜99人	50社	20.3％
100〜299	74社	30.1％
300〜499	37社	15.0％
500〜999	45社	18.3％
1,000人以上	40社	16.3％
不明	5社	—
計	253社	
最小	12人	
最大	7,800人	
平均	576.1人	

図表 8-3　合弁形態の場合の出資比率

20〜50％未満	35社	31.5％
50％	18社	16.2％
50％超〜80％未満	37社	33.3％
80％以上	21社	18.9％
無回答	8社	—

また，業績について見てみると，大雑把に黒字の企業が169社（70.4%），赤字の企業が52社（21.7%）であった。

第2節　回答企業に見る経営上の特徴

1．本社から在外子会社へのシステムの移転

　在外子会社のマネジメントの現状はどのような考え方でなされており，将来的にどのような方向で考えているのだろうか。図表8-4は，この点についての回答結果である。現状・将来の両方において，「本社の基本理念，基本システムなどを基本的なものは共通で，他は現地の状況に合わせて行っている」という回答が一番多く，「現地マネジメント方式を尊重しており，できる限り現地化してきている」がそれに次いでいる。両方に共通しているのは程度の差はあれ，現地適応の必要性である。ストレートに本社のマネジメント方式を定着させてきている企業は，現状・将来ともに数%にすぎない。しかしながら，多国籍企業化とは国境を超えた企業内での経営資源の移転を伴うものである。特に設立形態として新規設立で，設立初期の段階にある海外拠点では，多くの経営資源を本社およびその他経営資源レベルの高い拠点に依存せざるを得ない。したがって，この回答に関する分析では，操業年数による相違，および回答企業の経営資源レベルとの関係を見る必要があるだろう。

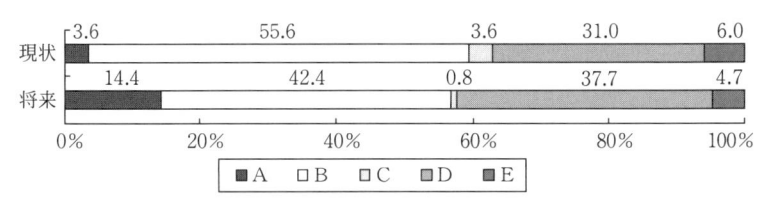

図表 8-4　現地でのマネジメント体制

現状：A 3.6 / B 55.6 / C 3.6 / D 31.0 / E 6.0
将来：A 14.4 / B 42.4 / C 0.8 / D 37.7 / E 4.7

A：本社のとマネジメント方式が融合し，新たな第3の方式となっている。
B：本社の基本理念，基本システムなど基本的なものは共通で，他は現地の状況に合わせて行っている。
C：地域内は共通だが，グローバルには統一していない。
D：現地のマネジメント方式を尊重しており，できる限り現地化してきている。
E：若干の修正はあるものの，できる限り本社のマネジメント方式を定着させてきている。

第 8 章　日系在外子会社の特徴　199

図表 8-5　本社マネジメント方式の現地定着化

項目	現状	将来
基本的経営理念	3.94	4.24
基本的行動規範	3.64	3.97
生産品質管理システム	4.16	4.42
マーケティング・システム	3.12	3.34
意思決定調整のシステム	3.05	3.25
情報共有化システム	3.59	4.03
従業員の教育システム	3.03	3.16
従業員の評価システム	3.01	3.09
拠点の業績評価	3.20	3.44
従業員の基本的行動	3.22	3.47

1：全く考えていない　〜　5：非常に強く考えている

　さらに，ここでは，本社一在外子会社関係に限定して，どのようなシステムを日本本社から在外子会社へ移転し，定着させたいと考えているのかを尋ねてみた。本社から在外子会社へ移転の必要性の高いものは何かということである。図表8-5は，5ポイント尺度（1：まったく定着化は考えていない〜5：非常に強く定着化を考えている）での平均値をグラフ化したものである。これらの項目では総じて高い得点となっているが，特に「生産品質管理システム」「基本的経営理念」「基本的行動規範」「情報共有化システム」の順でこれらの得点が高い。現状に対する回答の構成比でみても，生産管理システムで「非常に強く定着化を考えている」と回答した企業は40.1％，「どちらかといえば考えている」が同42.1％である。基本的経営理念に関しても同様に，「非常に強く定着化を考えている」が36.0％，「どちらかといえば考えている」が40.8％であった。また，前回1994年の本社事業部に対する調査結果（根本・諸上1996）も同様の傾向にあった。これらの結果から，「品質管理」に代表される日本企業の強みを移転するという側面，経営理念や行動規範といった価値の共有化の側面，そして情報共有化という3つの側面を重視しているように思われる。

2. 在外子会社での経営資源

他方，先に現地の経営資源レベルに関してはどのような特徴が見出されるだろうか。まず，当該現地法人の活動に関わる経営資源の国際的な分散度（全社レベル）を尋ねた（図表8-6）。技術と生産ノウハウは海外に分散化しておらず本社集中度が高く，5点尺度の平均値でも（1：本社に集中～5：在外子会社に分散）それぞれ2.00，2.43であった。生産設備に関しては，平均で見るとやや分散度が進んでいる（平均値は，3.16）が，回答の構成比を見ると，分散化の進んでいる企業と本社に集中している企業の割合にそれほど大きな差はなさそうである。

しかし，生産設備の分散度に比べると生産ノウハウのそれが低いことは，海外での生産がそれほど高度なノウハウを要しないのかあるいは生産ノウハウの海外への移転の遅れのいずれかであると思われる。また，海外分散度が相対的に高いのは，マーケティング・ノウハウや原材料・部品である（各平均値は，3.32，3.29）がこれもまた回答のばらつきが大きい。

この経営資源の全社レベルでの分散―集中度とは違って視点で，当該現地法人の経営資源の水準に関する質問の回答を集計したのが図表8-7である。これは他の拠点と比べた相対的な評価を尋ねたものである。機能的にみると製品開

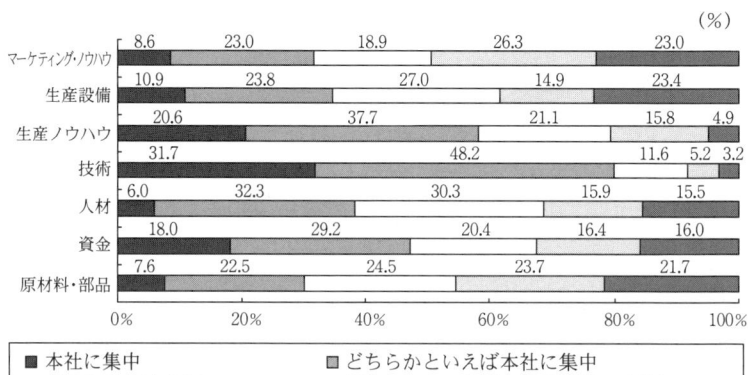

図表 8-6　経営資源の本国集中―海外分散（現状）

	本社に集中	どちらかといえば本社に集中	どちらとも言えない	どちらかといえば在外子会社に分散している	在外子会社に分散している
マーケティング・ノウハウ	8.6	23.0	18.9	26.3	23.0
生産設備	10.9	23.8	27.0	14.9	23.4
生産ノウハウ	20.6	37.7	21.1	15.8	4.9
技術	31.7	48.2	11.6	5.2	3.2
人材	6.0	32.3	30.3	15.9	15.5
資金	18.0	29.2	20.4	16.4	16.0
原材料・部品	7.6	22.5	24.5	23.7	21.7

図表 8-7　経営資源の水準（％）

	非常に劣っている	やや劣っている	どちらとも言えない	やや優れている	非常に優れている
製品開発能力	20.0	25.9	26.5	22.7	4.9
生産能力	1.7	24.5	27.5	36.1	10.3
マーケティング力	6.6	22.7	35.9	24.7	10.1
上級管理者能力	2.1	28.9	33.9	26.4	8.7
資金調達能力	7.0	16.2	40.4	25.0	11.4

発力が相対的に低い結果となっている。研究開発機能は，一般的にも本社への集中度が他の機能に比べ相対的に高いものであるといわれているが，今回の調査は他の拠点（他の子会社）との比較を前提にしているにもかかわらずこのような結果が出てきたことは，「製品開発の現地化」の遅れを意識しているようにも思われる。この経営資源のレベルは，調整メカニズムに大きな影響を与えると考えられてきた。先に見たように Ghsohal & Nohria (1989), Nohria & Ghoshal (1997) の研究によれば，現地法人の経営資源のレベルは，①集権化と負に相関し，②公式に正に相関し，③規範的統合に正に相関する。われわれの研究でも，①集中化（資源および権限の本社集中による調整），②プログラム化（公式化および標準化の程度），③社会化（価値の共有化）という調整メカニズムに影響を与えるものと仮説を立てている。

しかし，現地資源のレベルの高さは，そのまま調整の程度とは関係していない。むしろ，本社を含む拠点間の相互依存性の強さとその方向性が問題となる。たとえば，現地資源レベルが高くても，それが Porter のいうところのマルチドメスティック戦略を追求している場合には，むしろ自立化し他の拠点との調整の程度は低くなると考えられる。このような仮定に立つと，経営資源のレベルのみならず，拠点間の相互依存性の程度とその方向性を見る必要がある。われわれの研究では，今回は本社－在外子会社間に限定しているため，本

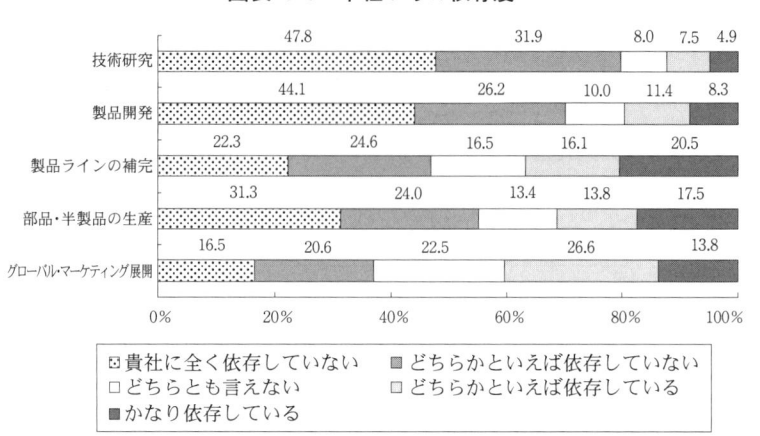

図表 8-8 本社からの依存度

	貴社に全く依存していない	どちらかといえば依存していない	どちらとも言えない	どちらかといえば依存している	かなり依存している
技術研究	47.8	31.9	8.0	7.5	4.9
製品開発	44.1	26.2	10.0	11.4	8.3
製品ラインの補完	22.3	24.6	16.5	16.1	20.5
部品・半製品の生産	31.3	24.0	13.4	13.8	17.5
グローバル・マーケティング展開	16.5	20.6	22.5	26.6	13.8

社と現地法人との依存性の程度と方向性に関する質問を用意した。その一つは，当該現地法人に対する本社の依存性である（図表8-8）。この依存度は総じて低い傾向にあり，特に技術研究と製品開発では低く，経営資源のレベルと同様の傾向も見て取れる。2つめの依存の方向性を示す項目として，「マネジメント・ノウハウ等の移転の方向性」について尋ねた（図表8-9）。これを見ると，在外子会社間でのマネジメント・ノウハウの移転はまだ少数である。本社と現地法人間に見られる移転の方向性では，本社から当該現地法人へという回答が多い傾向にある。しかし，当該現地法人から本社へのマネジメント・ノウハウの移転を「やや多く」および「非常に多く」行っている企業が約26％ほどあ

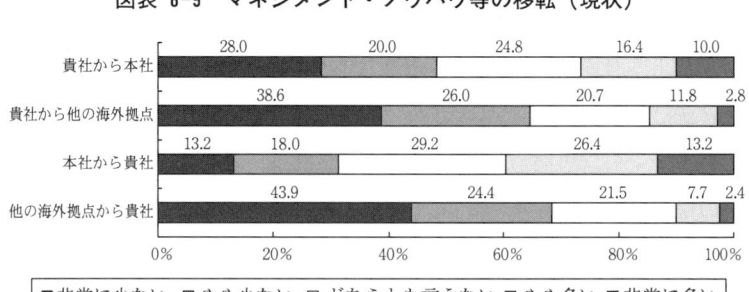

図表 8-9 マネジメント・ノウハウ等の移転（現状）

	非常に少ない	やや少ない	どちらとも言えない	やや多い	非常に多い
貴社から本社	28.0	20.0	24.8	16.4	10.0
貴社から他の海外拠点	38.6	26.0	20.7	11.8	2.8
本社から貴社	13.2	18.0	29.2	26.4	13.2
他の海外拠点から貴社	43.9	24.4	21.5	7.7	2.4

ることも注目に値する。日本企業の特徴としては，日本本国から在外子会社へという経営資源の一方向的なフローが指摘されてきたが，在外子会社から本国本社へというフローが見出されたことである。今後求められる組織能力として「グローバルな学習能力」が重視され，そのための仕組みをどのように構築していくかが国際経営管理上の大きな課題である考えられるからである。

　以上のように，回答企業の経営資源に関する質問項目では，第1に，「経営資源の集中一分散度」と「現地法人の経営資源レベル」「本社からの依存度」の各項目で，研究開発関連の機能とそれ以外の機能での相違が見出され，研究開発関連機能の本社集中度が高く，当該現地法人ではその経営資源レベルが相対的に低いことが見出される。第2に，経営資源に関する依存の方向性では，在外現地法人が本社に依存的な傾向が見られることである。

3．本社一在外子会社間調整

　次に，本社一在外子会社間の調整メカニズムに直接関わる質問項目に対する回答の特徴について見ることにする。先述のように，われわれの研究では，調整メカニズムを ①集中化（資源および権限の本社集中による調整），②プログラム化（公式化および標準化の程度），③社会化（価値の共有化）という3つの方法の組み合せとみなしている。

　まず，当該子会社と本国本社間での「グローバル政策の調整における主導性」および当該子会社に関わる「主要意思決定の位置」について尋ねた（図表8-10，8-11）。この2つの設問に対する回答では，同じ傾向が読み取れる。第1に，機能によって本社集権度が高い機能と分権化がなされている機能があること，第2に，技術研究や製品開発というような研究開発の側面で相対的に集権化されており，人事やマーケティングでは分権化がなされていることである。従来，日本企業の在外子会社コントロールではその集権的性格が強調されてきたが（Bartlett & Ghoshal 1989；Moran & Riesenberger 1994），機能別に見ると大きな相違があることが見て取れる。

図表 8-10　グローバル政策の調整（平均値）

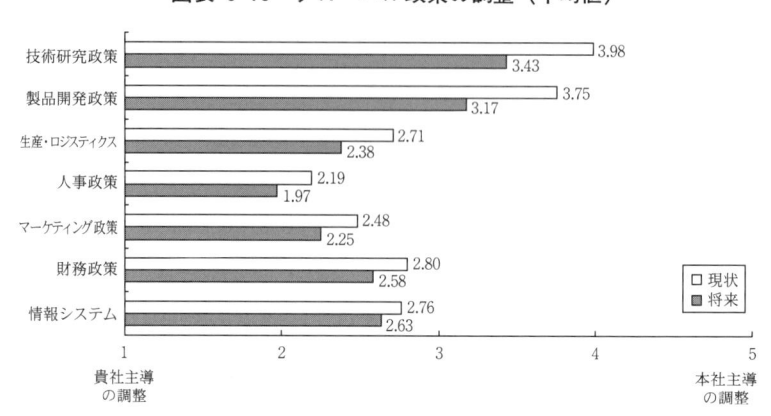

政策	現状	将来
技術研究政策	3.98	3.43
製品開発政策	3.75	3.17
生産・ロジスティクス	2.71	2.38
人事政策	2.19	1.97
マーケティング政策	2.48	2.25
財務政策	2.80	2.58
情報システム	2.76	2.63

（1：貴社主導の調整 ～ 5：本社主導の調整）

図表 8-11　在外子会社における主要意思決定の位置

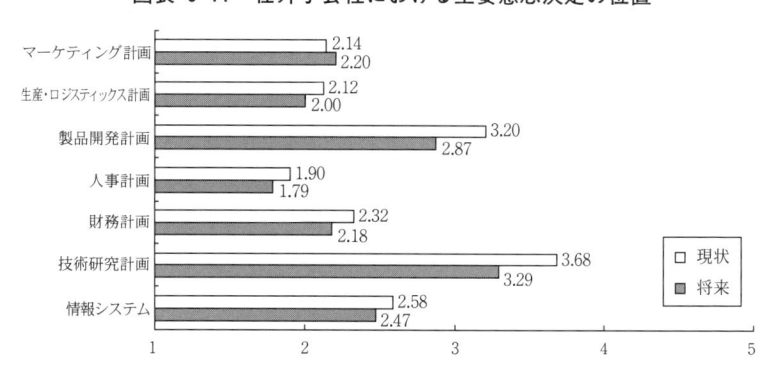

計画	現状	将来
マーケティング計画	2.14	2.20
生産・ロジスティックス計画	2.12	2.00
製品開発計画	3.20	2.87
人事計画	1.90	1.79
財務計画	2.32	2.18
技術研究計画	3.68	3.29
情報システム	2.58	2.47

　また，報告ルートについて見ると，日本本社の国際事業部，機能部門，製品事業部，そして地域本部（ないし地域本社）のいずれかに一元的に行っている回答企業が132社（53％）であり，それらの部門の複数に報告するとする回答企業は114社（45.7％）であった（回答企業数249社，無回答4社）。これを見ると半数弱の企業がマトリックス的管理を行っている。ちなみに，そのうち27社（10.8％）は3次元ルートが設定されており，国際事業部，機能部門，製品事業部，地域本部（地域本社）のすべてに主要報告ルートが設定されている企業も3社存在した。

　次に，調整の方法としての「プログラム化」について尋ねている。計画化

は，在外子会社の活動を導き，活動の方向性を明示化することで調整機能を果たすが，ここではその公式化と標準化について尋ねた。公式化は明文化・文書化の程度で測定され，その標準化はここでは世界的共通性の程度で測定した。公式化の程度では機能間の差異は小さいが，しかしその標準化（計画の世界的共通性）では，機能間に相違が見られた。人事計画とマーケティング計画では国ごとに異なるという回答が多く，技術開発計画と製品開発計画という研究開発分野ではその計画の世界的共通性が相対的に高いという結果であった（図表8-12，13）。

しかし，これら機能別に見る場合にも注意が必要である。第1に機能間の関係と，第2に，それぞれの機能を構成する下位機能において大きな相違が見られるからである。たとえば，マーケティング機能を見ると，マーケティングにおける製品政策は研究開発分野の製品開発計画と密接な繋がりを有しており，また，マーケティング下位機能を構成する項目により世界的共通化，標準化の程度は異なる（図表8-14）。マーケティング下位機能ごとによる「世界的共通化（標準化）―現地適応化」の相違についてはいくつかの実証研究もなされている（Sorenson & Wiechmann 1975；Takeuchi & Porter 1986）。

ここでは，研究開発機能とマーケティング下位機能との関係が問題となるだろう。

さらに，公式化に関する質問項目として，管理者に対する世界的に共通なマ

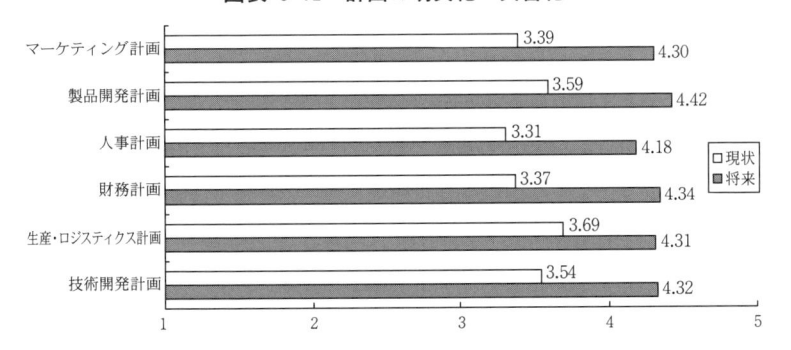

図表 8-12　計画の明文化・文書化

項目	現状	将来
マーケティング計画	3.39	4.30
製品開発計画	3.59	4.42
人事計画	3.31	4.18
財務計画	3.37	4.34
生産・ロジスティクス計画	3.69	4.31
技術開発計画	3.54	4.32

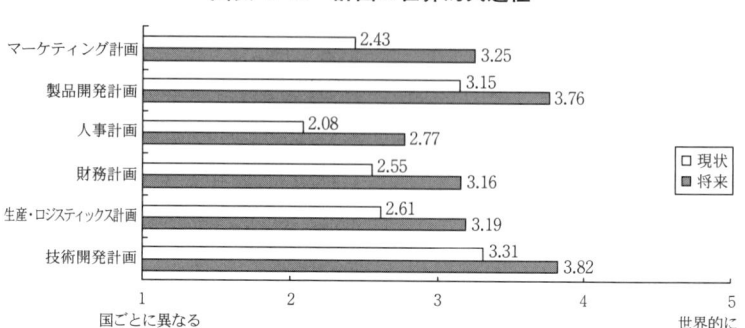

図表 8-13 計画の世界的共通性

項目	現状	将来
マーケティング計画	2.43	3.25
製品開発計画	3.15	3.76
人事計画	2.08	2.77
財務計画	2.55	3.16
生産・ロジスティックス計画	2.61	3.19
技術開発計画	3.31	3.82

(1:国ごとに異なる ～ 5:世界的に共通)

図表 8-14 マーケティング・プログラムの世界的共通化（現状）

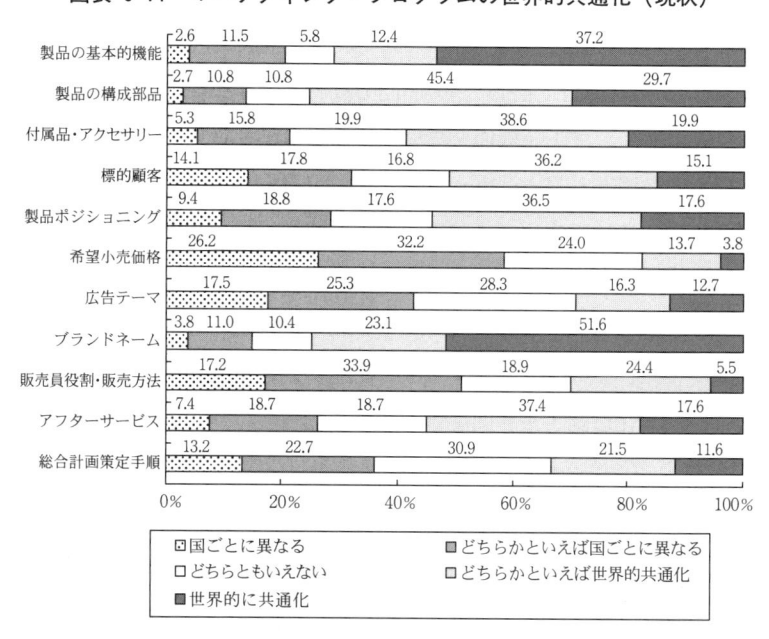

項目	国ごとに異なる	どちらかといえば国ごとに異なる	どちらともいえない	どちらかといえば世界的共通化	世界的に共通化
製品の基本的機能	2.6	11.5	5.8	12.4	37.2
製品の構成部品	2.7	10.8	10.8	45.4	29.7
付属品・アクセサリー	5.3	15.8	19.9	38.6	19.9
標的顧客	14.1	17.8	16.8	36.2	15.1
製品ポジショニング	9.4	18.8	17.6	36.5	17.6
希望小売価格	26.2	32.2	24.0	13.7	3.8
広告テーマ	17.5	25.3	28.3	16.3	12.7
ブランドネーム	3.8	11.0	10.4	23.1	51.6
販売員役割・販売方法	17.2	33.9	18.9	24.4	5.5
アフターサービス	7.4	18.7	18.7	37.4	17.6
総合計画策定手順	13.2	22.7	30.9	21.5	11.6

ニュアル類の整備度とその活用度を尋ねた（図表 8-15）。管理者マニュアルの整備度およびその活用度もともに低く，「ほとんどない」と「あまり整備されていない」と回答した企業が約 6 割を占め，また活用度に関しても「活用していない」と「あまり活用されていない」と回答した企業は約 56％である。さ

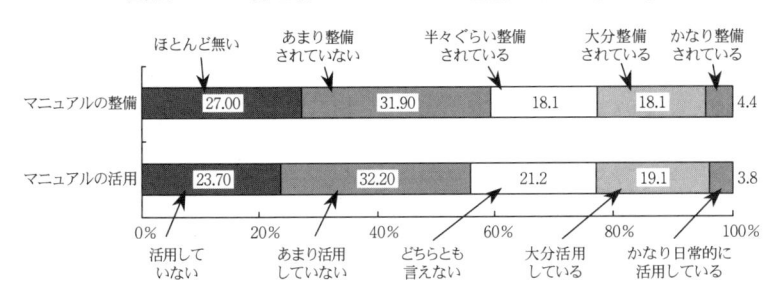

図表 8-15　管理者のマニュアルの整備と活用（現状）

	ほとんど無い	あまり整備されていない	半々ぐらい整備されている	大分整備されている	かなり整備されている
マニュアルの整備	27.00	31.90	18.1	18.1	4.4

	活用していない	あまり活用していない	どちらとも言えない	大分活用している	かなり日常的に活用している
マニュアルの活用	23.70	32.20	21.2	19.1	3.8

らに，管理者マニュアルの世界的共通性に尋ねたところ，「国毎に異なる」28.0％，「多くの点で異なる」28.4％と半数以上の企業が異なると回答したが，「世界的に共通」と回答した企業は5.0％，「ある程度世界的に共通化」と回答した企業が18.8％であり，整備度，活用度，世界的共通性のいずれもが低いポイントとなっている。

最後に，「社会化」による調整に関わる回答であるが，社会化による調整は，規範的統合とも呼ばれ，組織文化の形成によるソフトな調整方法として扱われてきた。経営理念を初めとする中核的価値の共有化の程度がその内容を指すが，それを促進するための方法として情報の共有化（形式知と暗黙知），研修や人材交流などがあげられてきた（Bartlett & Ghoshal 1989；Edstrom & Galbraith 1977；White & Poynter 1990）。

まず，経営理念の浸透度についてダイレクトに尋ねると，「どちらかといえば浸透している」という回答が多く，「浸透している」と「どちらかといえば浸透している」の回答を合わせると約42％になる（図表8-16）。また，経営理念関連の質問項目では，特に「貴社社員としての自覚」の項目ではその浸透度は高いようである。しかし，現時点での当該子会社（図表では貴社と表示）の「組織文化の特徴」についての回答結果は，日本本社との共通性よりもその子会社独自の組織文化を形成している傾向が強い（図表8-17）。このことは，中核的価値としての経営理念の浸透を図るが，組織文化自体は，その社会文化を反映した現地独自のものが形成されるという，複合的な文化体系を必要とする

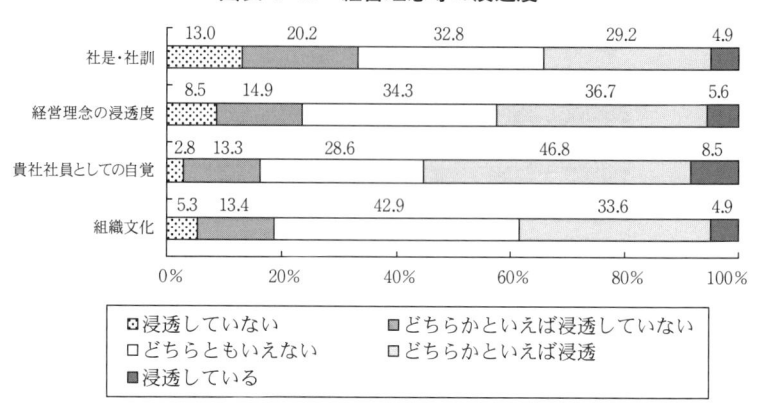

図表 8-16　経営理念等の浸透度

	浸透していない	どちらかといえば浸透していない	どちらともいえない	どちらかといえば浸透	浸透している
社是・社訓	13.0	20.2	32.8	29.2	4.9
経営理念の浸透度	8.5	14.9	34.3	36.7	5.6
貴社社員としての自覚	2.8	13.3	28.6	46.8	8.5
組織文化	5.3	13.4	42.9	33.6	4.9

図表 8-17　組織文化の特徴

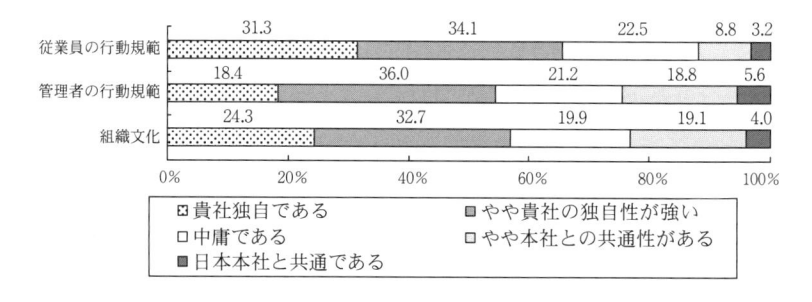

	貴社独自である	やや貴社の独自性が強い	中庸である	やや本社との共通性がある	日本本社と共通である
従業員の行動規範	31.3	34.1	22.5	8.8	3.2
管理者の行動規範	18.4	36.0	21.2	18.8	5.6
組織文化	24.3	32.7	19.9	19.1	4.0

ということなのであろうか（茂垣 1988，根本・ティレフォーシュ 1994）。このことに関しては，今回の質問票から読み取ることは難しい。

次に，日本本社での研修状況についての階層別の回答結果が図表 8-18 である。相対的にミドルクラスの日本での研修が多いのが特徴であるが，必要に応じて行っているという回答が半数を占めており，定期的（定期的および頻繁に定期的）に行っているという回答は少ない。よくいえば状況に応じて行っているということであろうが，体系的研修プログラムが整っていない企業が多いことをうかがわせ，場当たり的になっているとも解釈できる。人材交流の方向性についてみると，「日本本社から在外子会社へ」という頻度が相対的に多く，「在外子会社から日本本社へ」という人材のフローはきわめて少ない（図表 8-

図表 8-18 日本本社での研修（現状）

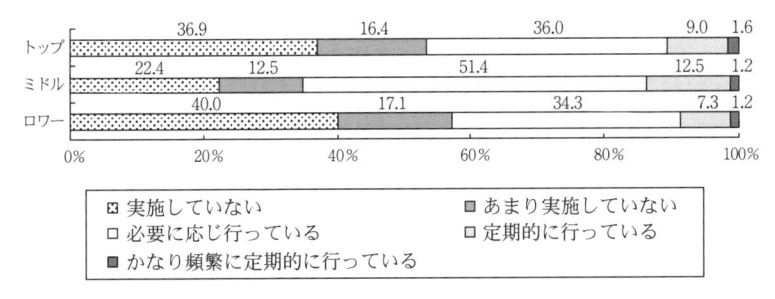

	実施していない	あまり実施していない	必要に応じ行っている	定期的に行っている	かなり頻繁に定期的に行っている
トップ	36.9	16.4	36.0	9.0	1.6
ミドル	22.4	12.5	51.4	12.5	1.2
ロワー	40.0	17.1	34.3	7.3	1.2

図表 8-19 人材交流の方向

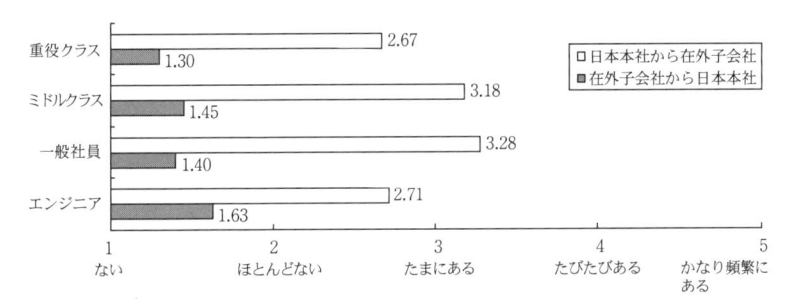

	日本本社から在外子会社	在外子会社から日本本社
重役クラス	2.67	1.30
ミドルクラス	3.18	1.45
一般社員	3.28	1.40
エンジニア	2.71	1.63

（1: ない　2: ほとんどない　3: たまにある　4: たびたびある　5: かなり頻繁にある）

19）。本社と在外子会社間の人材のフローでは，本社から在外子会社へというのが多く，相対的に子会社から本国本社へという異動が少ないのが一般的であり，驚くべき回答結果ではない。回答結果を注意深く見ると，子会社から本社への人材フローが「ない」と回答した企業が多い。重役クラスでは約85％の企業が本社への異動（出向）がないと回答しており，同様に，ミドルクラスでは約76％，一般社員では78％，エンジニアでは68％がないと回答している。これに対し，短期の人材交流を示す，管理者の本社/他拠点への出張頻度は，「2～3カ月に1回程度」と「半年に1回程度」が大勢を占めている（図表8-20）。人材交流の面から見れば，日本からの「派遣者による直接コントロール」と短期の拠点間出張によって国境を超えた拠点間の調整を行っているように思われる。

図表 8-20 管理者の本社・他拠点への出張頻度（%）

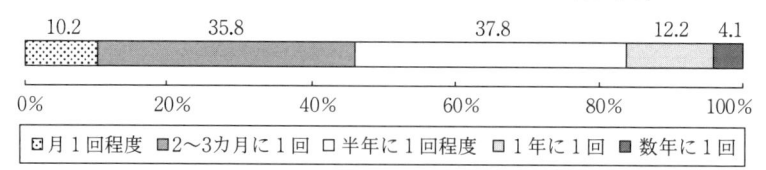

月1回程度	2～3カ月に1回	半年に1回程度	1年に1回	数年に1回
10.2	35.8	37.8	12.2	4.1

図表 8-21 グローバル情報共有のための重要度（%）

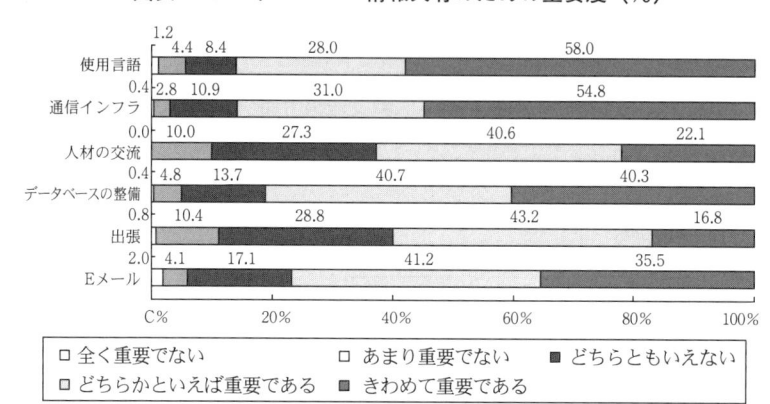

	全く重要でない	あまり重要でない	どちらともいえない	どちらかといえば重要である	きわめて重要である
使用言語	1.2	4.4	8.4	28.0	58.0
通信インフラ	0.4	2.8	10.9	31.0	54.8
人材の交流	0.0	10.0	27.3	40.6	22.1
データベースの整備	0.4	4.8	13.7	40.7	40.3
出張	0.8	10.4	28.8	43.2	16.8
Eメール	2.0	4.1	17.1	41.2	35.5

図表 8-22 現地国籍人スタッフとのコミュニケーション言語（%）

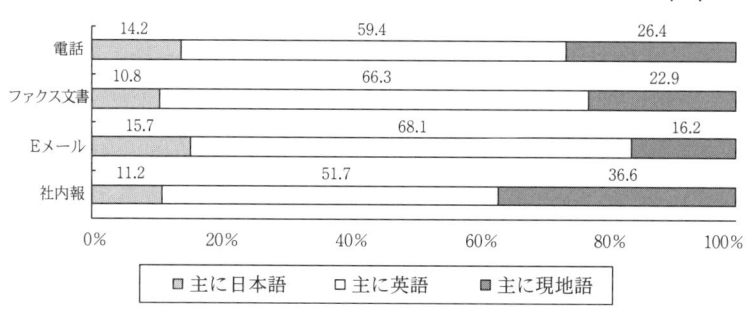

	主に日本語	主に英語	主に現地語
電話	14.2	59.4	26.4
ファクス文書	10.8	66.3	22.9
Eメール	15.7	68.1	16.2
社内報	11.2	51.7	36.6

図表 8-23 日本本社とのコミュニケーション言語

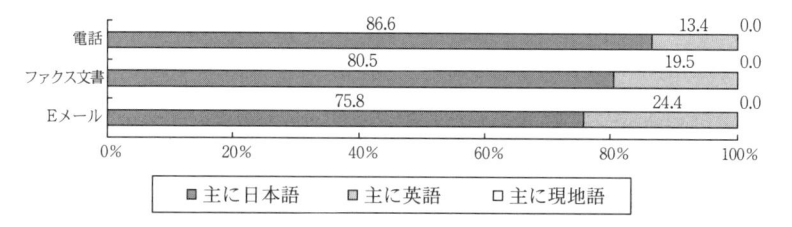

	主に日本語	主に英語	主に現地語
電話	86.6	13.4	0.0
ファクス文書	80.5	19.5	0.0
Eメール	75.8	24.4	0.0

しかしながら，情報共有化の側面についてのアンケート調査結果は，その問題点をも明らかにしている。グローバルな状況共有のためには多元的な仕組みを構築する必要性を示唆しているが，とりわけ使用言語の重要性は高いと認識されている（図表8-21）。他方，現地国籍人スタッフとのコミュニケーションが英語もしくは現地語でなされているのに対し，本社とのコミュニケーションは日本語である（図表8-22, 8-23）。この認識と現状のギャップが日系企業の国際経営上の問題点であることは指摘されてきた（吉原1996）。電話，ファクス，Eメールでの日本語での本社とのコミュニケーションは，現地国籍スタッフにとって未知の言語によるものであり，日本人同士の秘密会議の様相を呈し，彼らにとって不信感の源泉ともなりうる。あるいは彼らによる本社集権化という認識にもつながりかねないのである。いずれにしても，社会化による調整の場合，現状においては，日本人を媒介にした調整方法が主流であるように思われる。

第9章　日系在外子会社に見る本社間調整メカニズム

第1節　国際4類型とグローバル子会社4類型の操作化

第7章第6節で提示したように，われわれは在外子会社のタイプをまずPorter（1986）の国際競争戦略類型に基づき4類型に分類し（「国際4類型モデル」），さらにその中でも海外に経営資源を分散している事業に属し，拠点間の調整の程度が高い子会社群（グローバル子会社）をさらに4つに分類した（「グローバル4類型」）。本章では，これら在外子会社類型間での調整メカニズムの相違に焦点を当てず，「国際4類型モデル」と「グローバル4類型モデル」の操作手順について説明する。

1. 国際4類型モデルの操作化

Porter は，活動の配置（集中─分散）を一つの次元として設定しているが，われわれはこれを「経営資源の集中─分散度」で測定した。単純に当該企業が有する海外拠点数ではなく，経営資源をベースにした理由は3つある。第1に，Porter が指摘するように，彼の競争戦略の基盤をなす「価値連鎖」における川下活動（販売およびアフターサービス）は，買い手の近くに設置する必要があり，活動の集中─分散配置には含まれない。川上活動および支援活動を遂行している海外拠点だけを算入する必要があり，海外販売拠点をそれに含めることはできない。これを除くことは，現実的には難しい。第2に，彼の国際競争戦略の類型の基本単位は事業であり，現在の大規模多角化企業の場合，各事業ごとの在外子会社（販売拠点を除く主に川上活動に従事する拠点）を特定化しなければならない。しかも同一在外子会社に複数の事業を内包しているケースは多い。また，事業部が異なっても部材の購入等の関係が想定され，複数の事業部の傘下にあるケースもある。そのため，関連多角化の多い日本企業では

これを特定化することは困難である。第3に，海外直接投資を通じた企業の多国籍化とは単なる資本移転のみならず，経営資源，とりわけ競争優位を形成する経営資源の移転を意味する。そこでわれわれは，単に海外拠点数で測るよりも当該在外子会社に関わる経営資源の集中－分散度で測定することが妥当であると判断した。

　この「経営資源の集中―分散」の程度は，調査対象とした当該在外子会社に関わる経営資源が日本（日本国内の該当事業部および事業所）に集中していると考えているか，あるいは在外子会社に分散していると考えているか，回答者（在外子会社）の認識の程度で測定した。ここでの経営資源は，ヒト，モノ，カネのみならずいわゆる情報的経営資源をも考慮に入れた。具体的には，「マーケティング・ノウハウ」「生産設備」「生産ノウハウ」「技術」「人材」「資金」「原材料・部品の供給」の7項目を質問表で示し，それぞれ「本社に集中している」から「在外子会社に分散している」までの5ポイント尺度で測定した。「経営資源集中－分散度」変数を導き出すために，これら7変数間の相関関係を検討した。その結果，「マーケティング・ノウハウ」と「資金」は他の5変数との内部相関の程度が低く，この2変数は他の変数とは異なるベクトルを有する変数と判断した。つまり「生産設備」「生産ノウハウ」「技術」「人材」「原材料・部品」といった経営資源は比較的相互に連動しながら拠点間の資源の集中と分散の傾向を示すが，「マーケティング・ノウハウ」と「資金」はそれらと連動していないことを示している。たとえ「生産設備」「技術」や「人材」が地理的に集中しているとしても，「マーケティング・ノウハウ」と「資金」は必ずしも集中していない可能性を示唆している。したがって，この2変数を除外した5変数から「経営資源集中－分散度」の合成変数を計算した。なお，合成の方法は，各変数にウエイトづけを行わずに単純に総和を求めている。

　得られた合成変数（レンジ5，平均値2.77，標準偏差0.82）をもとに，経営資源が元来本社に集中している傾向があること，および今回のアンケート先として海外展開の進んでいる企業を対象としたことを考慮して，「どちらかと

いえば本社に集中」に相当する値2.0を分割の基準値とした。この基準に基づいて，全サンプルを経営資源が比較的本社に集中している群（46社，19.0％）と，経営資源が在外子会社に分散している群（196社，81.0％）に分割した。

Porterによる国際競争戦略を規定するもう一つの基準は，活動の調整度である。もちろんここで注意すべきは，調整度で区分することであって，調整メカニズムと直接関係しないような変数を使用することに注意する必要がある。Porterは，「調整とはもともと分散した活動の間にノウハウや専門知識を共有させ蓄積させることであり，……このような知識を各国の事業単位の間で蓄積し移動させる能力こそが，ドメスティックあるいは国を中心とした業者よりもグローバル企業が持つ優位性である」（1986邦訳：38）と述べている。

ここで強調されているように，調整の本質は活動拠点間でのノウハウや専門知識の共有化である。また，多国籍企業内での拠点間の「知識フロー」のパターンによって在外子会社を類型化し，そのコントロール・メカニズムに関する概念的提起を行ったGupta & Govindarajan（1991）もまた専門的知識およびスキルを重要視し，単なる月次データや財務データをこれに含めていない。さらに，拠点間で流れる情報は多岐にわたり，また，「情報」という言葉のもつ曖昧さも回答データのクオリティを下げる要因になる。そこで，これらの議論を踏まえ，「マネジメント・ノウハウ等についての拠点間でのやり取りの程度」により拠点間の調整の程度を測定した。ここでは，「貴社（当該在外子会社）から本社」「貴社から他の海外拠点」「本社から貴社」「他の海外拠点から貴社」の4項目について，「非常に少ない」から「非常に多い」までの5ポイント尺度で測定した。先の手順と同様に4変数の内部相関を比較検討して，これらすべて4変数を合成して「調整度」の基準変数とした。算出された合成変数（レンジ5，平均値2.45，標準偏差0.897）において，調整の程度が相対的に高い群と低い群に分割するための基準値を2.0とし，それ以下を調整度の低い群とした。これによって拠点間の調整度の相対的に高い群（149社，60.8％）と相対的に低い群（96社，39.2％）に分割された。

これら「経営資源集中―分散度」と「拠点間の調整度」という2軸の独立性に関しては，それぞれの合成変数間の相関係数は0.043と十分に低いといえる。したがって，これら2つの軸を用いてサンプルから4類型モデルを導き出すことは妥当性があると判断した。

2. グローバル4類型の操作化

本調査のもう一つの関心事は子会社の役割の違いが国際的なマネジメントにどのような影響を及ぼす可能性があるかについてである。グローバル4類型はそれを明らかにするためのモデルであるといえる。まず，前述の国際4類型で分類されたグローバル型子会社だけに注目する。グローバル子会社とは，比較的にグローバルに拠点が分散しており，その分散した子会社および本社の間で高度な調整が行われている子会社である。

次に，このようなグローバル型子会社の役割について注目した。子会社の役割は，さまざまな条件によって規定される。当該子会社の標的とする市場の特殊性や現地における競争状況，あるいは単純に操業年数によっても変化するであろう。こういった外部環境だけでなく，子会社のグローバルな視点で相対的な経営資源の重要性も子会社の役割に影響を与えている。Ghoshal & Nohria (1989, 1997) やGupta & Govindarajan (1991, 1994) が指摘するように，子会社の経営資源の水準は，本社および子会社間の相互依存関係のベクトルを決定づける要因である。たとえば，研究開発能力の高い子会社へは，本社や他の子会社からの依存度が高まるであろうし，逆に資源レベルの低い子会社は，本社や他の拠点への依存度が高まると考えられる。このように，子会社の経営資源レベルはグローバルなマネジメントの戦略と組織を特徴づける重要な要因の一つであるといえよう。

またここに分類されるような子会社ではグローバルな調整の程度が高いが，それは必ずしも本社主導による調整ということを意味しない (Bartlett & Ghoshal 1989, Hedlund 1993, Gupta & Govindarajan 1991, 1994)。具体的には，グ

ローバルな政策調整を本社主導で行うか，あるいは分化され相互依存関係にある水平的ネットワーク関係で行うかもしれず，グローバル戦略経営の戦略と組織を特徴づける重要な要因の一つであると考えられる。以上のことからグローバル4類型モデルは「子会社の経営資源レベル」と「グローバル調整の本社主導度」で規定されるモデルである。

子会社の経営資源レベルは，回答者が自社（子会社）の経営資源レベルを優れていると感じているか，あるいは劣っていると感じているか，その認識の程度で測定された。具体的には，「製品開発能力」「製造能力」「マーケティング力」「上級管理者能力」「資金調達能力」の5項目についてそれぞれ「非常に優れている」から「非常に劣っている」までの5ポイント・スケールで回答を求めた。この5変数から経営資源レベル変数を合成するために，それら5変数の内部相関を検討した結果，「上級管理者能力」を除く4変数を使って合成変数を導出した（レンジ4，平均値3.02，標準偏差0.81）。なお，合成に際しては，各変数にウエイトづけせず単純な総和で算出した。

他方，グローバル調整の本社主導度は，当該企業全体のグローバルな政策の調整が本社主導で行われていると考えているか，あるいは回答者の属する子会社主導で調整されていると考えているか，5ポイント・スケールでのその認識の程度として測定した。具体的には，「技術研究政策」「製品開発政策」「生産・ロジスティクス政策」「人事政策」「マーケティング政策」「財務政策」「情報システム」の7項目についてそれぞれ回答を求めた。この7変数の内部相関を検討して，ベクトルの異なる「技術研究政策」「製品開発政策」「人事政策」「情報システム」の4変数を除外し，「生産・ロジスティクス政策」「マーケティング政策」「財務政策」の3変数から合成変数を算出した。合成に当たっては，変数にウエイトづけしない単純な総和で求めている（レンジ4，平均値2.62，標準偏差0.88）。

上のような操作で求められた「子会社の経営資源レベル」軸と「グローバル調整の本社主導度」軸を基準にしてサンプル子会社を4分割した。その際に，

この2軸の独立性であるが，合成変数後の2変数の相関係数は−0.20であり，2変数が互いに影響している傾向は無視できないが，強い関連性を示すほどではない。つまり，高い経営資源能力をもつ子会社ほど，本社との調整は本社主導にはならない傾向をわずかながら示唆している。これは，能力の高い子会社ほど本社からの自立性が強くなる傾向を示唆するが，この傾向自体は経営理論一般に照らし合わせても何ら矛盾がないといえる。ただし，そこに強力な因果関係を認めるほどではないので，2軸を基準とする分割は妥当であると判断された。

なお，グローバル子会社4類型モデルの分析では，サンプル企業の業態によるスクリーニングを行っている。回答企業の中に，若干ではあるが生産機能を持たない子会社が含まれていた。グローバル子会社4類型の導出では，比較的生産面に関する質問項目が多いために，正確を期すためにこれら生産機能を持たない，販売子会社や研究開発子会社などは事前に除外した。

第2節　国際子会社4類型に見られる経営資源上の特徴

まず，ここでは前章と同じデータを用いて，国際子会社4類型に関して調整メカニズム以外の特徴についてデータから考察し，各タイプの子会社に見られる経営資源上の特徴と日本の親会社拠点との関係で見られる特徴について概観する。なお，国際4類型モデルについてその図表を再掲しておく（図表9-1）。

1. 活動の配置と経営資源の集中―分散の程度

第6・7章で述べたように，当該在外子会社の有する経営資源のレベル，いいかえれば現地での様々な能力が子会社のコントロール方式に大きな影響を与えることが指摘されてきた。C. K. Prahalad & Y. Doz (1981) は，在外子会社が成長し，戦略資源の本社への依存度が低下するにつれ，本社による資源フローの制御を通じた子会社のコントロール能力が低下し，その代替コントロール手段を開発する必要性を強調している。また，C. A. Bartlett & S. Ghoshal

図表 9-1　国際 4 類型

	分散　　活動の配置　　集中	
高　活動の調整　低	グローバル型 子会社 G 型	インプリメンター型 子会社 I 型
	ローカル型 子会社 L 型	アウトポスト型 子会社 O 型

(1989) は現地組織の能力のレベルが子会社の役割タイプを規定する一つの要因であり，その役割によって調整メカニズムが異なることを示唆した。同様に，S. Ghoshal & N. Nohria (1989, 1997) も，現地経営資源レベルが本社との相互依存性の方向性に影響を与え，用いられる調整メカニズムの組み合わせのウエイトが異なることを見出している。このように，製品開発能力，製造能力，マーケティング能力などの子会社の現地資源レベルが高まれば，本社の子会社への依存性または本社と子会社間の相互依存性が高まると想定されてきた。これら相互依存性の方向性とレベルは，調整メカニズムに影響を与えると考えられる。なお，各類型間の回答（5点尺度）について分割した各タイプ群によるワンウェイの分散分析を行うとともに，各タイプ間の平均値をペアで比較し，その統計的な有意水準の検定はフィッシャーの検定を使用した。

当該子会社の経営資源レベルでは，「製品開発能力」「製造能力」「マーケティング力」「上級管理者能力」「資金調達力」の5つの項目で，「自社グループ内での他の海外拠点との比較」と「現地での他社との比較」の両方で尋ねた。いずれも「非常に劣っている」から「非常に優れている」までの5ポイント尺度で測定した。その結果は，図表9-2で示してある。

今回の分析モデルでの現地資源レベルに関する各類型に見られる相対的な特

第9章　日系在外子会社に見る本社間調整メカニズム　219

図表 9-2　当該子会社の経営資源レベル

	アウトポスト O型	インプリメンター I型	ローカル L型	グローバル G型	全体	類型間比較
貴社グループ内の他の子会社との比較						
製品開発能力	2.55	2.69	2.56	2.78	2.66	
製造能力	2.88	3.13	3.29	3.39	3.29	O<G*
マーケティング力	2.56	2.71	3.17	3.29	3.09	O<L**, O<G**, I<L*, I<G**
上級管理者能力	3.13	2.90	3.21	3.18	3.11	
資金調達能力	2.69	2.81	3.28	3.33	3.18	O<L**, O<G**, I<L*, I<G**
他社との比較						
製品開発能力	2.73	3.44	3.23	3.23	3.18	O<I*
製造能力	3.06	3.38	3.61	3.65	3.53	O<L**, O<G***
マーケティング力	2.38	3.15	3.18	3.20	3.09	O<I**, O<L***, O<G***
上級管理者能力	2.88	3.07	3.24	3.27	3.17	O<L*, O<G*
資金調達能力	2.75	3.44	3.03	3.33	3.18	O<I**, O<G**, L<I*, L<G*

注）　* 10%水準，** 5%水準，*** 1%水準で有意差

徴は，ローカル型とグローバル型の子会社の経営資源レベルが相対的に高いことである。アウトポスト型子会社は，「自社グループ内での他の子会社との比較」（以下，「他の子会社との比較」と表記）では，「マーケティング力」と「資金調達力」で，経営資源の海外分散が相対的に進んでいるローカル型とグローバル型の子会社に比べ劣っており，さらにグローバル型とは「製造能力」の点で劣っている。「現地での他社との比較」（「以下，「他社との比較」と表記」）においても「マーケティング力」と「資金調達力」で他のすべてのタイプに比べ劣っており，「製品開発能力」ではインプリメンター型子会社に対して，「製造能力」と「上級管理者能力」でもローカル型とグローバル型に劣っている。このように，資源分散度が低いグループに属し，調整度も低いアウトポスト型子

会社は，本社に経営資源が集中しており，現地の経営資源レベルも低いという結果になっている。

同じ経営資源分散度が低いグループに属しているインプリメンター型子会社は，アウトポスト型と同様に「他の子会社との比較」ではローカル型，グローバル型より経営資源レベルが低い。ただし，インプリメンター型子会社は，「他社との比較」で「製品開発能力」と「マーケティング力」「資金調達力」の項目でアウトポスト型よりも高い結果となっている。また，インプリメンター型子会社は，「資金調達力」ではローカル型よりも高い。「他社との比較」では能力が相対的に高く，「他の子会社との比較」では低いという結果である。このようにアウトポスト型とインプリメンター型は，「他の子会社との比較」では差が見られず，相対的に経営資源のレベルは同様であるが，「他社との比較では」では差が見られた。

この差は，なぜ生じるのか。このアウトポスト型とインプリメンター型を分割した基準は，「拠点間の調整度」である。したがって，上のような結果の解釈をするために，本社との依存関係を見る必要がある。そこで，「当該子会社への本社の依存性」（以下，「本社の依存性」と表記）で見ると，アウトポスト型とインプリメンター型は異なっている（図表9-3）。アウトポスト型子会社は，この本社の依存性で他のタイプの子会社よりも低い傾向が顕著である。つまり，このタイプの子会社の事業活動に，本社はあまり係わり合いをもたず，影響もされていないタイプである。したがって，アウトポスト型子会社は周辺的子会社であるといえる。インプリメンター型子会社は，「本社の依存性」で見ると「グローバル・マーケティングの展開」に関しては，アウトポスト型とローカル型の子会社よりも高く，「製品開発能力」ではアウトポスト型よりも高い。これを先の経営資源レベルでの結果を合わせて考えると，インプリメンター型子会社は，「他の子会社」に比べると能力は低いが，現地での競争力は「マーケティング力」に関しては低くはない。そして本社は，インプリメンター型を「グローバル・マーケティングの展開」では利用する。このように，イ

図表 9-3　当該子会社への本社の依存性

	アウトポスト O型	インプリメンター I型	ローカル L型	グローバル G型	全体	類型間比較
技術研究	1.33	1.88	1.72	2.17	1.90	O<G***, L<G**
製品開発	1.07	1.88	2.25	2.31	2.14	O<I***, O<L***, O<G***
製品ラインの補完（製品分業）	1.73	2.46	2.86	3.16	2.88	O<L***, O<G***, I<G***
部品・半製品の生産（工程間分業）	2.06	2.46	2.48	2.86	2.62	O<G**
グローバル・マーケティングの展開	2.40	3.32	2.69	3.28	3.01	O<I**, O<G**, L<SG**, L<G***

注）＊10％水準　＊＊5％水準，＊＊＊1％水準で有意差

ンプリメンター型子会社は，グローバルなマーケティングの展開がその役割上大きな任務であり，そのために他の拠点との相対的に高い調整がなされてはじめて現地で競争力を発揮できるというタイプである。

　経営資源の分散度が相対的に進んでいる企業グループに属しているグローバル型とローカル型の子会社は，ともに経営資源レベルが相対的に高い傾向にある。「他の子会社との比較」でも，「マーケティング力」「資金調達能力」でそれぞれアウトポスト型・インプリメンター型子会社よりも高い。しかし，「本社の依存性」では，ローカル型子会社は，「技術研究」と「グローバル・マーケティングの展開」でグローバル型よりも低い結果となっている。しかも，ローカル型子会社は「他社との比較で」でインプリメンター型よりも能力が高いという認識にもかかわらず，「グローバルなマーケティングの展開」では，インプリメンター型よりも低いという結果となっている。先に述べたように，子会社の経営資源のレベルが依存関係の方向性に影響を与え，さらにその依存の方向性は調整メカニズムに影響を与えると見られているが，必ずしも単純な関係にはないことが示唆される。すなわち，当該子会社の経営資源レベルが高いとしても，それが直ちに拠点間，とりわけ本社との依存関係の方向性に影響を

与えるのではなく，当該子会社の戦略役割が介在するのである。能力が高くとも戦略役割が現地での適応化に基づく自律的行動である場合，他の拠点との相互依存関係は弱まることになる。この点から見れば，「製品開発」と「製品ラインの補完」において本社によるこのローカル型への依存性はアウトポスト型より有意に高いものの，「グローバル・マーケティングの展開」ではインプリメンター型やグローバル型に比べその役割を期待されておらず，補完製品の開発および供給にとどまることになる。その点で，このローカル型は相対的に経営資源レベルが高いが，自立的な傾向が見られ，Porterがマルチドメスティック戦略と名づけたものに近いものとなっている。したがって，ローカル型は，本社との活動の調整度は相対的に低くなると考えられる。

それに対し，グローバル型は，経営資源レベルが相対的に高く，また，「本社の当該子会社への依存性」も相対的に高くなっている。本社からの依存度の測定項目すべてにおいてアウトポスト型子会社よりも有意に高い。さらに「技術研究」と「グローバル・マーケティングの展開」ではローカル型子会社より高く，「製品ラインの補完」でもインプリメンター型よりも高い結果となっている。これらの点から，グローバル型子会社は経営資源レベルが相対的に高く，本社との関係でも相互依存性が相対的に高いと考えられる。したがって，グローバル型は自立型のローカル型に比べ活動の調整を高める必要がある。

以上，経営資源レベルと本社の依存関係から推定される在外子会社の特徴から見ると，この4類型化は，おおむねPorterの国際競争戦略類型の各特徴と一致しており，大きな矛盾はないように思われる。

第3節　調整メカニズムの操作化

今回の分析目的は，各子会社タイプで用いられる調整メカニズムの相違を明らかにすることである。第8章第1節で検討したように，われわれは先行研究をベースに調整メカニズムを ①権限の集権化，②プログラム化（公式化，標準化）そして，③社会化（理念浸透，人材交流）に区分した。ここでは，調

整メカニズムを構成するサブメカニズムの定義およびその特徴,そしてそれぞれの測定方法について述べる。

1. 調整メカニズムの構成概念

先に見たように,公式化は,政策,ルール,職務記述書等々がマニュアルおよびその他のドキュメントで書き留められている程度をさし,文書化の程度で測定される。このように定義される公式化は,行動の結果生じるアウトプットをコントロールするよりも,行動を修正することを通じてのコントロールを提供する (Ouchi 1977)。そのことは,本社と在外子会社双方の経営権限を減少させる傾向にあり,双方のマネジャーの自由裁量を低下させ (Bartlett & Ghoshal 1989),本社の子会社への直接関与を低下させる (Roth, Schwiger & Morrison 1991)。また,本社の資源を在外子会社へ効率良く移転するためにはかなり優れた面を有している (Bartlett & Ghoshal 1989)。しかし,公式化は,意思決定のルーチン化をもたらし,著しい経営の効率化に導き (Bartlett & Ghoshal 1989),比較的費用のかからない管理メカニズムであるが,それが創り出す潜在的慣性があり,変化している環境条件への迅速な適応に対する限界がある (Ghoshal & Nohria 1989)。

計画化による調整は,戦略計画,予算化,スケジュールの確立,目標設定のようなシステムとプロセスに関連している (Martinez & Jarillo 1991)。それらは,在外子会社の活動をガイドし,活動の方向性を明示化することで調整機能を果たすと考えられる。

標準化は,手続きおよびルールの等の標準化をさし,親会社と子会社での共通度である。組織規模の拡大と職務の多様性は,標準化を促進すると考えられるが,環境の異質性の増大は,標準化を阻害すると想定される。

「プログラム化」は,このような特徴から,環境の類似性が低く,子会社の現地資源レベルも低い場合に適用されるだろうと予期される。

次の調整メカニズムは,「集中化」である。これは,権限の集中化(集権化)

と資源の集中化の指標で測定されると考える。集権化は，ある決定が組織階層の上位レベルで行われる程度によって測定される。Ghoshal & Nohria (1989) の調査では，意思決定プロセスが，重要な戦略的および政策の決定のほとんどを本社によって階層的に組織化されている状態をさしている。集権化は，継続的モニタリングと意思決定のための管理資源を必要とするが，命令による管理を可能にする費用のあまりかからない管理メカニズムである（Bartlett & Ghoshal 1989 ; Ghoshal & Nohria 1989）。しかし，その集権的性格ゆえに，在外子会社の現地化のレベルは低く，現地環境への適応が不十分になり，現地環境を十分に捕捉して意思決定を下すことは困難になる。戦略資源の本社への集中は，その資源の偏在によりパワーが発生し，子会社の本社依存を強め，本社による子会社の活動の調整を容易にするが，集権化と同じ欠点を有している。したがって，この集中化による調整は，環境の類似性が高く，グローバルな統一行動を選好するユニ・グローバル・タイプにのみ適していると思われる。ただし，先述したように，このような方式は，多国籍企業の優位性の新たな「形成」という観点からみるとマイナス面が多いと思われる。

最後に，「社会化」による調整メカニズムである。これは，組織文化，あるいは共通化された価値による規範的統合である。この社会化による統合は，前述のように，近年特に注目を集めている。「共通の世界観」（Prahalad & Doz 1987），「共有化された経営哲学」（Bartlett & Ghoshal 1989）は，期待や物事をいかに行うかについての世界規模での統一性に寄与し，コーポレート・アイデンティティ，一体感を醸成し，共通の決定前提を形成する（White & Poynter 1990）。この社会化による調整は，集権化による本社過剰負担という問題と，公式化の柔軟性を克服するという点で魅力的であるが，その大きな欠点はコストである（Bartlett & Ghoshal 1989）。社会化プロセスは，マネジャーの教育と異動に大きく依存する。しかし，Galbraith & Edstrom (1976) および Edstrom & Galbraith (1977) は，本社・子会社間や子会社間の相互依存状況が高まるにつれ，派遣者の情報収集あるいは（相互）派遣による情報ネットワークの形成

が調整に大きな役割を果たすことを見出している。それら双方向の異動は，情報ネットワークを拡大し，その中で多元的なコンタクトを開発し，一種のインフォーマル組織を開発する。そのインフォーマル組織を通じて派遣者は連結ピンの役割を果たすことができる。このように，異動プロセスは，調整とコントロールに利用できる国際的な対人的情報ネットワークを創り出す。また，国際的なプロジェクト・チームの編成や，共同プロジェクト，委員会等は，そのような人材交流の場を提供するという意味で，同様の機能を果たすと考えられ，あわせて積極的な人材交流は，中核的な価値の共有に寄与すると考えられる(茂垣 1993)。したがって，このような社会化による調整は，相互依存性のレベルが高い場合に用いられると仮定できる。

2. 調整メカニズムの測定方法

1) 集権化による調整

「集権化」は，ある意思決定が本社で階層的に組織化されている程度と規定される。そこで本調査では，「グローバルな政策の調整の主導度」と「当該子会社に関わる主な意思決定の位置」の2つの質問項目で尋ねた。前者は，企業グループ全体に関わる意思決定の調整に関わるもので，「技術研究政策」「製品開発政策」「生産・ロジスティクス政策」「人事政策」「マーケティング政策」「財務政策」「情報システム政策」について，「貴社（当該子会社）主導の調整」から「本社主導の調整」までの5ポイント尺度で測定した（なお，当該子会社の機能上該当しない場合は，欄外に「該当しない」を設け，それを除外した。以下の測定でも同様である）。後者は，当該子会社に関係する諸計画についての意思決定が，その子会社で意思決定されているのか，あるいは当該子会社に関わる問題に関しても本社の方で意思決定権限を有しているのかを尋ねた。子会社の計画や問題の分野は，「マーケティング計画」「生産・ロジスティクス計画」「製品開発計画」「人事計画」「財務計画」「技術研究計画」「情報システム」である。本調査では，これら諸計画について「本社主導で決定」から「貴社

（当該子会社）主導で決定」までの5ポイント尺度で測定した。

2) プログラム化

「プログラム化」による調整とは，本社を含めた拠点間の相互調整あるいは一定の「型」に基づいて行うというものである。本調査において，プログラム化は「公式化の程度」と「標準化の程度」で測定した。

「公式化」は，計画，政策，ルール，職務報告等が明文化・文書化されている程度と規定される。本調査では，7つの項目についてどの程度文書化されているかについて，回答者が認識している程度で測定した。「マーケティング計画」「製品計画」「人事計画」「財務計画」「生産・ロジスティクス計画」「技術開発計画」「管理者の職務マニュアル」のそれぞれの文書化の程度を「まったく文書化されていない」から「ほとんど文書化されている」までの5ポイント尺度で測定した。

「標準化」は，ルールや手続きの国際的な共通度と定義した。本調査では，7つの分野での当該子会社における計画がどの程度世界的に拠点間で共通化していると認識しているか，その程度で測定した。「マーケティング計画」「製品開発計画」「人事計画」「財務計画」「生産・ロジスティクス計画」「技術開発計画」「管理者の職務マニュアル」について「国ごとに異なる」から「世界的に共通」までの5ポイント尺度で測定した。さらに，管理者の職務マニュアルについて，回答者の認識に基づいて，世界共通のマニュアルの整備度を「ほとんどない」から「かなり整備されている」までの5ポイント尺度で，そしてそのマニュアルの活用度を「活用していない」から「かなり日常的に活用している」までの5ポイント尺度で測定した。

3) 社会化

社会化は，組織構成員に共有された価値による規範的統合と規定される。その価値の中核となるべきものは経営理念とそれに基づく行動規範である。そこで，経営理念についていくつか回答を求めた。まず経営理念の内容について，それが「子会社ごとに異なる」から「世界共通である」まで5ポイント尺度で

測定した。さらに，その経営理念で「現地化」を唱えているかどうかを「そのような理念・方針はない」から「はっきりと明文化してうたっている」までの5ポイント尺度で測定した。次に，現地従業員にどの程度経営理念や企業文化が浸透しているかを「経営理念」「社是社訓」「組織文化」について「浸透していない」から「浸透している」までの5ポイント尺度で測定した。さらにこれに関連して，当該子会社の「組織文化」「管理者の行動規範」「従業員の行動規範」を「貴社（当該子会社）独自である」から「日本本社と共通である」までの5ポイント尺度で測定した。

　この社会化については，先述のように人材交流の側面からも測定した。価値の共有といった高コンテクストの情報交換（Hall 1976）は，非人的なコミュニケーションのみならず，むしろ人的な接触を通じてより実現されると考えられるからである（Edstrom & Galbraith 1977）。したがって，国際的な人材交流の程度が問題となろう。本調査では，「本社での研修の頻度」「国際的なプロジェクトチームへの参加の頻度」「本社から当該子会社への人材派遣の程度」「当該子会社から日本本社への人材派遣の程度」に対する当該子会社の回答者の認識の程度で測定した。

　「本社での研修の程度」は「マーケティング」「生産」「研究開発」「人事管理」「財務管理」の各分野ごとに「実施していない」から「かなり頻繁に定期的に行っている」までの5ポイント尺度で測定した。「国際的プロジェクトチームのような臨時組織への参加の頻度」は，同じく上記各分野ごとに「開催していない」から「かなり頻繁に開催している」までの5ポイント尺度で測定した。

　「日本本社から当該子会社への派遣の程度」と「当該子会社から日本本社への人材派遣の程度」は，それぞれ「重役クラス」「ミドルクラス」「一般社員」「エンジニア」について「ない」から「かなり頻繁にある」まで5ポイント尺度で測定した。

第4節 国際4類型に見る調整メカニズム

われわれの調査の焦点は,企業のグローバルな経営資源の分散程度とグローバルな拠点間での調整の程度によって,調整の仕組に多様性が見られ,その中である一定の調整メカニズムのパターンを発見することである。事前に分割されたアウトポスト型子会社,インプリメンター型子会社,ローカル型子会社,グローバル型子会社の群によるワンウエイの分散分析では,十分なP値を示す分析結果が多く示された。このことは,拠点間の調整メカニズムに関して,4タイプの拠点でそれぞれ異なったメカニズムのパターンをもつことを強く示唆している。

次に,4タイプ間の平均値をペアで比較し,その統計的な有意水準の測定では,フィッシャー検定を使用した。以下は,調整メカニズムごとに見たその結果である。

1. 集権化による調整

図表9-4および図表9-5は,「集権化」による本社―在外子会社間の調整での子会社タイプ間での有意差の有無を示している。「技術研究政策」では類型間の差異は認められなかった。これは技術研究が押しなべて本社に集中していることに起因すると思われる。各子会社タイプの平均値は,アウトポスト型4.18,インプリメンター型4.28,ローカル型3.83,グローバル型3.95といずれも集権化の傾向が高い(全サンプル平均3.98)。

これを除く多くの機能分野で集権度が相対的に高いのは,インプリメンター型子会社である。特に,「グローバルな政策の調整」では,本社主導性が高く,「人事政策」を除くすべての分野でローカル型とグローバル型の子会社に対し有意差が認められた。「当該子会社に関わる意思決定の位置」でも,「マーケティング計画」と「生産・ロジスティクス計画」に関する決定では,その他のいずれのタイプよりも集権的傾向が認められる。「製品開発計画」においてもロ

第9章 日系在外子会社に見る本社間調整メカニズム 229

図表 9-4 グローバル政策の本社主導度

	アウトポスト O型	インプリメンター I型	ローカル L型	グローバル G型	全体	類型間比較
技術研究政策	4.18	4.28	3.83	3.95	3.98	
製品開発政策	4.18	4.30	3.48	3.72	3.75	L<O*, L<I***, G<I**
生産ロジスティクス政策	3.25	3.48	2.51	2.61	2.71	L<O**, G<O**, L<I***, G<I***
人事政策	2.27	2.64	1.97	2.52	2.19	L<I***
マーケティング政策	2.81	2.95	2.28	2.48	2.48	L<I**, G<I*
財務政策	3.06	3.30	2.58	2.82	2.81	L<I***, G<I*
情報システム	2.81	3.29	2.27	2.86	2.76	L<O*, L<I***, G<I*, L<G***

注) * 10%水準, ** 5%水準, *** 1%水準で有意差

図表 9-5 当該子会社に関わる意思決定の位置（本社集権度）

	アウトポスト O型	インプリメンター I型	ローカル L型	グローバル G型	全体	類型間比較
マーケティング計画	2.25	3.05	1.90	2.60	2.13	O<I**, L<I***, G<I***
生産ロジスティクス計画	2.20	3.04	1.92	2.08	2.12	O<I**, L<I***, G<I***
製品開発計画	3.55	4.00	2.95	3.16	3.20	L<I***, G<I**
人事計画	2.07	2.11	1.73	1.98	1.90	
財務計画	2.81	2.54	2.21	2.30	2.32	L<O**, G<O*
技術研究計画	4.09	4.06	3.61	3.59	3.68	
情報システム	3.06	3.00	2.14	2.63	2.58	L<O***, L<I***, L<G***

注) * 10%水準, ** 5%水準, *** 1%水準で有意差

ーカル型およびグローバル型に対して集権化が高い結果となっている。それに対し，全般的に集権度が低いのがローカル型とグローバル型である。特に，「当該子会社に関わる意思決定の位置」で，4類型間で有意差が認められなかった「技術研究計画」を除いていずれも平均値が低い（図表9-5）。この点から

見るとローカル型子会社は分権化が進んでいる。しかし，ローカル型とグローバル型の差は小さく有意差はほとんど認められない。これら2つのタイプに有意差が認められたのは，「情報システム」に関してだけである。アウトポスト型子会社は，有意差の出方が機能別に異なっている。「グローバル政策の調整」では，「製品開発政策」と「情報システム」の分野でローカル型に対して，「生産・ロジスティクス政策」でローカル型とグローバル型に対して有意差が認められ，相対的に集権的であるが，「当該子会社に関わる主要意思決定の位置」では，「マーケティング計画」と「生産・ロジスティクス計画」でインプリメンター型に対して低く，「財務計画」ではローカル型とグローバル型に対して，「情報システム」に関してはローカル型に対して有意に集権度が高い結果となっている。アウトポスト型は，グローバルな政策で本社主導度が高いが，当該子会社に関わる位決定での本社集権度は，機能別に異なるという結果であった。

以上のように，本社集権度が一番高いのがインプリメンター型子会社である。同様の結果は，当該子会社の財務領域での個別的な活動での意思決定の位置について尋ねた結果と一致している（図表9-6）。これは「長期的資金調達」「短期的資金調達」「設備資金調達」「運転資金運用」「利益配分」の各項目について，「貴社（当該子会社）で決定」から「本社で決定」までの5ポイント尺

図表 9-6 現地での個別財務活動での意思決定の位置（本社集権度）

	アウトポスト O型	インプリメンター I型	ローカル L型	グローバル G型	全体	類型間比較
長期的資金調達	3.13	3.44	2.68	2.67	2.79	L<I***, G<I***
短期的資金調達	2.13	2.30	1.87	1.81	1.91	L<I*, G<I**
設備資金運用	2.73	2.93	2.25	2.19	2.30	L<I***, G<I***, O<G*
運転資金運用	1.93	2.07	1.65	1.66	1.72	L<I*, G<I*
利益配分	3.53	3.37	3.09	2.99	3.08	G<O*

注）* 10% 水準，** 5% 水準，*** 1% 水準で有意差

度で測定したものである。これら個別的な財務領域での決定に関しても、インプリメンター型子会社がローカル型とグローバル型よりも有意に高い結果となった。すなわち、相対的に、インプリメンター型子会社は集権度が高く、一方ローカル型とグローバル型はより分権的であることを示している。

2. プログラム化による調整

「プログラム化」による調整は、公式化（文書化）の程度と標準化（世界的共通性）の程度で測定した。その結果は、図表9-7で示した。「公式化」の程度で見ると、アウトポスト型子会社がその他のタイプの子会社に対してその程度が有意に低い傾向がある。アウトポスト型を除くタイプ間での有意差はほとんどなく、わずかに「製品開発計画」においてインプリメンター型子会社がグローバル型よりも低く、「人事計画」でローカル型が同じくグローバル型より低いだけである。しかし、「標準化」の程度を見ると、ローカル型子会社は、ほとんどの分野でインプリメンター型およびグローバル型の子会社よりも低い。したがって、ローカル型子会社は、公式化の程度は高いが、標準化度は低いという結果である。インプリメンター型とグローバル型の子会社は、ともに公式化と標準化の両方で相対的に高いパターンを示している。しかし、「世界共通の管理者マニュアルの整備・活用度」を見ると、グローバル型子会社がその整備度、活用度がともに相対的に高い傾向にあり、インプリメンター型との間にも「整備度」で有意差が見られた。

3. 社会化による調整

前述のように、社会化は、価値の共有化に基づく規範的統合あり、経営理念および組織文化に関する質問と人材交流の程度に関する質問という2つの側面で測定した。それら質問項目に対する類型間の差異は図表9-8および図表9-9のような結果となった。

まず、経営理念のタイプであるが、経営理念が全社グループで世界的に共通

図表 9-7　プログラム化による調整度

公式化：計画の文書化度						
	アウトポスト O型	インプリメンター I型	ローカル L型	グローバル G型	全体	類型間比較
マーケティング計画	2.36	3.21	3.46	3.49	3.38	O<I**, O<L***, O<G***
製品開発計画	2.67	3.20	3.51	3.82	3.59	O<Q*, O<G***, I<G***, L<G**
人事計画	2.50	3.24	3.12	3.51	3.31	O<I**, O<L*, O<G***, L<G***
財務計画	2.80	3.52	3.68	3.88	3.73	O<I**, O<L**, O<G***
生産ロジスティクス計画	2.85	3.57	3.68	3.78	3.69	O<I*, O<L**, O<G**
技術開発計画	2.25	3.39	3.52	3.71	3.54	O<I**, O<L***, O<G***
管理者マニュアル	2.40	3.23	3.39	3.56	3.38	O<I**, O<L***, O<G***
標準化：計画の標準化度						
マーケティング計画	2.31	2.95	2.14	2.50	2.43	L<I**
製品開発計画	2.90	3.94	2.82	3.32	3.15	O<I**, L<I***, G<I**, L<G***
人事計画	2.17	2.30	1.78	2.26	2.08	L<I**, L<G***
財務計画	2.31	2.87	2.28	2.68	2.55	L<I*, L<G*
生産ロジスティクス計画	2.71	3.05	2.26	2.73	2.61	L<I**, L<G**
技術開発計画	3.50	3.63	2.96	3.47	3.31	L<I*, L<G**
管理者マニュアル	2.57	2.71	1.90	2.68	2.44	L<O*, L<I***, L<G**
標準化：管理者の世界共通マニュアルの整備と活用						
整備度	2.00	2.18	2.07	2.70	2.40	O<G**, I<G***, L<G***
活用度	2.13	2.44	2.12	2.72	2.47	O<G*, L<G***

注）　* 10％水準，** 5％水準，*** 1％水準で有意差

第9章 日系在外子会社に見る本社間調整メカニズム 233

図表 9-8 経営理念・企業文化

	アウトポスト O型	インプリメンター I型	ローカル L型	グローバル G型	全体	類型間比較
経営理念の共通性と現地化表明						
世界的共通性	3.27	3.46	3.60	3.80	3.65	
現地化の表明	3.63	3.61	3.73	3.90	3.79	
当該子会社への経営理念等浸透度						
社是・社訓	2.25	3.11	2.74	3.06	2.93	O<I**, O<L*, O<G***, L<G**
経営理念	2.38	3.04	3.01	3.35	3.16	O<I**, O<L**, O<G***, L<G**
組織文化	2.50	3.00	3.23	3.35	3.19	O<I*, O<L***, O<G***, I<G*
当該子会社の組織文化の本社共通度						
組織文化	2.50	2.64	2.14	2.55	2.46	L<I**, L<G**
管理者の行動規範	2.50	2.68	2.30	2.69	2.57	L<G**
従業員の行動規範	2.31	2.00	1.97	2.28	2.18	L<G**

注) * 10%水準, ** 5%水準, *** 1%水準で有意差

性が高いのかあるいは国ごとに異なるのか,あるいは経営理念において現地化の表明をしているのかどうかという点については類型間で有意差は見出せない。経営理念の表面上の共通性よりもむしろ「価値の浸透度」と"浸透した価値の本社との共通性"で違いが見られた。当該子会社への「浸透度」を見ると,アウトポスト型子会社はその浸透度が最も低く,「経営理念」「社是社訓」「組織文化」の面で他のすべてのタイプとの有意差が見出された。ローカル型が中庸であり,「経営理念」と「社是社訓」の浸透度ではアウトポスト型よりも高いがグローバル型よりも低い結果となっている。インプリメンター型子会社も「経営理念」「社是社訓」の浸透度はアウトポスト型よりも高いが,「組織文化」の面では,グローバル型よりも有意に低い結果となっている。

図表 9-9 人材交流

本社での研修頻度						
	アウトポスト O型	インプリメンター I型	ローカル L型	グローバル G型	全体	類型間比較
トップ	2.19	2.04	1.94	2.42	2.22	I<G*, L<G***
ミドル	2.50	2.46	2.30	2.79	2.57	L<G***
ロワー	1.69	1.89	2.00	2.27	2.13	O<G**, I<G***, L<G*
臨時組織への参加度						
マーケティング	1.85	3.05	2.77	3.17	2.94	O<I***,O<L***,O<G***, L<G***
生産	2.36	2.86	2.77	3.29	3.00	L<G***, I<G*, O<G***
研究開発	1.70	2.28	2.48	2.92	2.66	O<G***,I<G***,L<G**, O<L**
人事管理	1.33	1.71	1.94	2.26	2.04	O<G***,I<G**,L<G**, O<L**
財務管理	1.64	2.08	2.14	2.63	2.36	
本社から当該子会社への出向・異動						
重役クラス	2.75	2.64	2.51	2.82	2.67	
ミドルクラス	2.93	3.18	3.06	2.29	3.17	
一般社員	2.27	2.58	2.59	2.88	2.71	
エンジニア	2.94	3.14	3.11	3.40	3.23	
当該子会社から本社への出向・異動						
重役クラス	1.31	1.29	1.20	1.41	1.30	L<G*
ミドルクラス	1.31	1.39	1.24	1.69	1.45	L<G***
一般社員	1.38	1.32	1.26	1.57	1.40	L<G**
エンジニア	1.44	1.54	1.51	1.82	1.63	L<G**

注) * 10% 水準, ** 5% 水準, *** 1% 水準で有意差

　その「組織文化」について，その本社との共通性を見ると，ローカル型子会社はインプリメンター型とグローバル型に比べ共通度が低いことが分かる。ローカル型子会社は，経営理念等の浸透度が中庸であり，その組織文化も本社と

第9章　日系在外子会社に見る本社間調整メカニズム　235

図表 9-10　日本本社のマネジメント方式の現地定着化

	アウトポスト O型	インプリメンター I型	ローカル L型	グローバル G型	全体	類型間比較
基本的経営理念	3.06	3.86	3.71	4.15	3.94	O<I**, O<L**, O<G**, L<G***
基本的行動規範	3.31	3.61	3.25	3.86	3.64	O<G*,　L<G***
品質管理システム	4.38	4.12	4.08	4.19	4.16	
マーケティング・システム	2.88	3.13	2.75	3.26	3.05	L<G***
意思決定調整システム	3.00	3.14	2.73	3.16	3.59	L<I*,　L<G***
情報共有化システム	3.44	3.71	3.20	3.75	3.03	L<I**,　L<G***
教育システム	3.06	3.14	2.64	3.15	3.12	L<I**,　L<G***
従業員評価システム	2.81	3.04	2.73	3.16	3.01	L<G***
拠点の業績評価	3.00	3.39	2.93	3.34	3.21	L<I*,　L<G**
規律等基本的行動	3.06	3.21	2.93	3.36	3.22	L<G*

注）　* 10％水準，** 5％水準，*** 1％水準で有意差

は異なる独自文化を形成しているようである。その点，グローバル型子会社は，理念浸透度も高く，その組織文化も本社との共通性が高いことが示唆される。この点については，別の質問である「日本本社のマネジメント方式をどの程度貴社（当該子会社）に定着させたいか」という質問に対する回答が参考になる（図表9-10）。ローカル型子会社は，「品質管理システム」を除いて日本本社の方式を積極的に移転，導入を図っていない。現地独自の方式を追求しており，経営理念，組織文化の現地独自性の傾向と一致する。

次に，人材交流の面で見ると（図表9-9），グローバル型子会社が他のタイプの子会社と比較して本社への出向や異動による人材交流の頻度が統計的に有意に高い。このグローバル型子会社は，「国際的なプロジェクトチームのような臨時組織への参加」をあらゆる機能分野で他のタイプの子会社よりも積極的に

行う傾向にある。特に,「生産分野」「研究開発分野」「人事管理分野」「財務管理分野」では他のいずれのタイプよりも有意に頻度が高い。ローカル型子会社もまたアウトポスト型よりも多用する傾向にあるが,グローバル型より低い。国際的な出向・異動に関してみると,「本社から当該子会社へ」では類型間で差は見出せない。他方,「当該子会社から本社へ」の出向・異動ではミドルクラスでグローバル型子会社がローカル型よりも多いことが示された。

4. 国際4類型分析結果の考察

まず,本分析で使用した子会社タイプの4類型により,拠点間の調整メカニズムが異なることを示した。図表9-11は,それらの特徴を示したものである。これは,子会社の戦略役割と子会社の有する経営資源レベルの違いにより,拠点間の調整メカニズムが変化することを示唆している。ただし,経営資源レベルの相違が単独でダイレクトに調整メカニズムに影響を与えているとはいえない。

次に,各子会社タイプでの調整メカニズムの特徴についていえば,アウトポスト型子会社は,企業全体のグループが海外にそれほど資源分散されておらず,本社-子会社間の調整度が低いケースである。その子会社の役割は周辺的であり現地資源レベルも相対的に低く,本社もほとんど当該子会社に活動上の依存が相対的に低い。したがって,調整メカニズムもほとんど低レベルでしか用いられていない。中心となるべき調整メカニズムも存在していない。

インプリメンター型子会社は,経営資源の分散度が相対的に進んでいないが,本社との調整度が高い子会社である。経営資源レベルは「他の子会社との比較と」と「他社との比較」で異なっており,本社による依存度もそれほど高くないが,中でも「グローバル・マーケティングの展開」でアウトポスト型,ローカル型よりも有意に高い。しかし,そのマーケティングの展開に当たっては,本社集権度とプログラム化が相対的に高いのが特徴である(公式化および標準化の双方において相対的に高い)。全般的に見ても,「集権化」が高いのが

第9章　日系在外子会社に見る本社間調整メカニズム　237

図表 9-11　国際子会社 4 類型間での特徴

	グローバル型子会社 現地資源レベル：高 本社からの依存性：高		インプリメンター型子会社 現地資源レベル：低 本社からの依存性：中	
高	集権化： 　政策本社主導度 　意思決定集権度 　個別的財務決定 プログラム化 　公式化 　標準化 　マニュアル化 社会化 　浸透度 　組織文化共通度 　本社研修 　国際臨時組織 　国際的異動	：低　(2.78) ：低　(2.47) ：低　(2.47) ：高　(3.68) ：高　(2.94) ：高　(2.70) ：高　(3.25) ：高　(2.55) ：高　(2.50) ：高　(2.85) ：高　(1.45)	集権化 　政策本社主導度 　意思決定集権度 　個別的財務決定 プログラム化 　公式化 　標準化 　マニュアル化 社会化 　浸透度 　組織文化共通度 　本社研修 　国際臨時組織 　国際的異動	：高　(3.29) ：高　(3.22) ：高　(3.22) ：高　(3.34) ：高　(3.04) ：低　(2.31) ：高　(3.05) ：高　(2.64) ：低　(2.13) ：中　(2.37) ：－　(1.39)
	ローカル型子会社 現地資源レベル：高 本社からの依存性：中		アウトポスト型子会社 現地資源レベル：低 本社からの依存性：低	
低	集権化 　政策本社主導度 　意思決定集権度 　個別的財務決定 プログラム化 　公式化 　標準化 　マニュアル化 社会化 　浸透度 　組織文化共通度 　本社研修 　国際臨時組織 　国際的異動	：低　(2.50) ：低　(2.22) ：低　(2.28) ：高　(3.48) ：低　(2.30) ：低　(2.09) ：中　(3.00) ：低　(2.14) ：低　(2.08) ：中　(2.41) ：低　(1.24)	集権化 　政策本社主導度 　意思決定集権度 　個別的財務決定 プログラム化 　公式化 　標準化 　マニュアル化 社会化 　浸透度 　組織文化共通度 　本社研修 　国際臨時組織 　国際的異動	：中　(3.01) ：中　(2.70) ：中　(2.93) ：低　(2.56) ：中　(2.70) ：低　(2.06) ：低　(2.38) ：－　(2.50) ：低　(2.13) ：低　(1.79) ：－　(1.31)

　　分　　散　　　　　　　　　活動の配置　　　　　　　　集　　中

注）図表における高・中・低の表記は，類型間の有意差に基づく「相対的評価」によるものである．平均値のでの比較は，（ ）を参照のこと．なお，ここで示した平均値は，4 類型の分散分析で 10% 水準で有意差が認められた項目の合成変数によってサブメカニズムを構成する測定項目の平均値である．また，「高」〜「低」の表記で，「－」の場合は，平均値は中間的であったが，他のタイプと何ら有意差が認められなかった場合である．

なお，図表中での下記の言葉は，「：」に続く用語を短縮して用いた．
　「政策本社主導度」：「グローバル政策調整での本社主導性」
　「意思決定集権度」：「当該子会社に関わる意思決定の位置（集権度）」
　「マニュアル化」：「管理者のマニュアルの整備と活用度」
　「国際的異動」：「本社－子会社間での異動・出向（子会社から本社へ）」

他のタイプに比べた場合の大きな特徴である。それに加えて,「プログラム化」での計画の公式化および標準化がなされており,社会化においても理念浸透度および組織文化の本社との共通性も比較的ある。ただし,人材交流の面ではグローバル型よりも低い傾向にある。その人材交流を除いて,調整を行うために比較的多くの調整メカニズムを用いているのがこのタイプの子会社と本社間調整メカニズムの特徴といえよう。

ローカル型子会社は,経営資源の分散度も高く,現地の経営資源レベルも高い。しかし,本社との関係ではその調整度が低く,現地適応化が基本的な戦略であり,本社からの依存度は低い。したがって,現地での自律的な活動が中心であり,そのため集権度も相対的に低く,プログラム化,社会化の調整も低い。唯一相対的に高いのが公式化であるが,先述したように,これは文書化の程度であり,他の拠点との調整で機能するには標準化が必要になる。しかし,その標準化の点ではインプリメンター型とグローバル型に比べて低い。したがって,プログラム化による調整メカニズムという点から見るとその調整度は低いといわざるを得ない。このように,ローカル型子会社は,比較的高い能力を有するが,その現地適応化という戦略役割上,本社との調整のためのメカニズムをあまり有していない。

グローバル型の子会社は,企業グループ全体として経営資源の分散化が進んだ海外拠点の一つであり,本社との調整度も高い。しかも経営資源レベルでは,「マーケティング力」と「資金調達力」の点で相対的に高く,「技術研究」「製品開発」「製品ラインの補完」「部品・半製品の生産」「グローバルマーケティングの展開」で本社からの依存性も相対的に高いタイプである。そのため,他のタイプの子会社に比べ,経営資源と依存の方向性に基づくバーゲニング・パワーが本社に集中していない。本社は集権化による調整を行おうとすると自立化能力が比較的高いこのタイプの子会社とはコンフリクトを引き起こす可能性がある。同じく調整度の高いインプリメンター型と比べると,「グローバル政策の本社主導度」では,「製品開発政策」「生産・ロジスティクス政策」「マ

ーケティング政策」「財務政策」「情報システム」で有意に低い結果となっている。同様に，当該子会社に関わる意思決定についても，「マーケティング計画」「生産・ロジスティクス計画」「製品開発計画」でインプリメンター型よりも本社集権度が低い。

しかし，集権化による調整が低く，他の調整メカニズムがなければ，本社との調整度は下がってしまう。相対的に高い調整を行うためには，その集権化に代わる調整メカニズムを用意する必要がある。したがって，このグローバル型子会社に対しては，「プログラム化」による調整メカニズムと「社会化」による調整メカニズムを多用し，全体の調整能力の低下を阻止しなければならない。今回の調査結果の分析でも，そのことは裏づけられた。「プログラム化」における「公式化」「標準化」および「管理者マニュアルの整備」および「管理者マニュアルの活用度」においても相対的に高い傾向にある。特に，管理者マニュアルの整備度は，いずれのタイプに対しても有意差が見出された。

社会化による調整メカニズムも多用している。「経営理念の浸透度」においてアウトポスト型子会社と有意差が認められ，「組織文化の本社との共通性」では，ローカル型と有意差がある。しかし，インプリメンター型とはこの点で有意差は見出されなかった。ここでのグローバル型子会社の大きな特徴は，「社会化」でも「人材交流」をより積極的に行っていることである。理念の浸透度で有意差のなかったインプリメンター型と比べても，「本社での研修の頻度」でトップとロワーの階層で有意に高く，さらに「国際的プロジェクトチームのような臨時組織への参加」でも，「生産分野」「研究開発分野」「人事管理分野」「財務管理分野」で有意差が認められた。このような本社での研修や国際プロジェクトチームへの参加の相対的な多さがこのグローバル型の大きな特徴であるといえよう。

このように，当該子会社の属する事業での全体的な経営資源の分散度が高く，本社との調整度も高いグローバル型子会社は，その能力の高さと本社の当該子会社への依存性の高さが相俟って，集権化を除く調整メカニズムを最も高

度に多用しているといえよう。

第5節　グローバル子会社4類型の分析

第1章におけるわれわれの調査モデルで述べたように，分析の第2段階として，世界的な事業部レベルで見た場合の経営資源の分散度が比較的高く，当該子会社が本社（事業部）と相対的に調整度が高いグループを抽出し，それらをさらに4類型化した。その類型は，本社リーダーシップの高・低と経営資源レベルの高・低の組み合わせによっている。その図表を再掲しておく（図表9-12）。

1. 複雑なコンテクストにあるグローカル型子会社

まず，グローバル子会社4類型において各タイプの子会社に見られる属性について見ることにする。第1章で紹介した先行研究から明らかなように，在外子会社の経営資源レベルは，相互依存関係の方向性の決定因であるとされてきた。その依存性についての類型間での回答結果の差異を示しているのが図表9

図表 9-12　グローバル子会社4類型

	経営資源レベル		
	高	低	
本社リーダーシップ 高	グローカル型子会社	ユニ・グローバル型子会社	インプリメンター型子会社 （高 活動の調整）
	グローバル型子会社		
低	ローバル型子会社	グローバル・リアクター型子会社	
	ローカル型子会社		アウトポスト型子会社 （低）
	分散　活動の配置　集中		

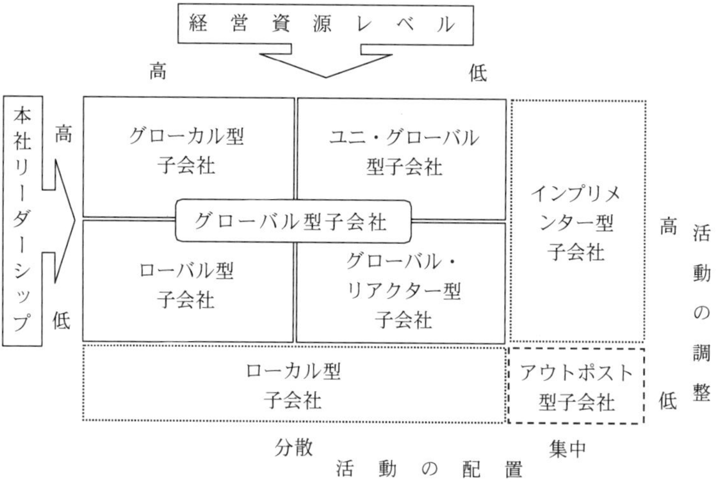

第9章 日系在外子会社に見る本社間調整メカニズム 241

図表 9-13 本社の当該子会社への活動の依存度

	グローカル GL型	ローバル LB型	ユニ・グローバル UG型	グローバル・リアクター GR型	類型間比較
技術研究	2.18	1.97	1.71	1.89	UG＜GL*
製品開発	2.39	2.28	1.92	2.10	
製品分業	3.16	2.54	2.51	2.42	LB＜GL**，UG＜GL**，GR＜GL*
工程分業	2.81	2.10	2.35	1.94	LB＜GL**，GR＜GL**
グローバル・マーケティング展開	3.40	3.39	2.68	2.80	UG＜GL**，GR＜GL*，UG＜LB**，GR＜LB*

注) ** 5％水準，* 10％水準で有意差

-13である。

「技術研究」「製品開発」「製品分業」に関して，4類型の分散分析では有意差は見出されなかったものの，各類型間のペア比較では，グローカル型子会社が，「技術研究」ではユニ・グローバル型子会社に対して10％水準で有意差（p=0.07）が，「製品分業」では他のいずれのタイプの子会社に対しても有意差を示した（対ローバル型 p=0.050，対ユニ・グローバル型 p=0.044，対グローバル・リアクター型 p=0.058）。同様に，「工程分業」に関してもグローカル型子会社は，ローバル型とグローバル・リアクター型に対してそれぞれ5％水準で有意に高い結果を示した。「グローバル・マーケティング展開」に関する本社の当該子会社への依存性も，グローカル型とローバル型がそれぞれユニ・グローバル型とグローバル・リアクター型に有意に高い結果を示した。総じていえば，グローカル型子会社は，多くの機能において相対的に本社から頼られているという図式が見えてくる。ローバル型は，グローバル・マーケティングの展開において本社から頼られている度合いが高いが，それ以外の機能ではそれほどではない。

次に，本社リーダーシップと意思決定権限の関係について見てみる。本社リーダーシップは，第3章で述べたように，グローバル政策調整の本社主導性によって測定した。すなわち，世界事業グループとしてのリーダーシップを測定

図表 9-14　当該子会社の意思決定の位置（本社集権度）

	グローカル GL型	ローバル LB型	ユニ・グローバル UG型	グローバル・リアクター GR型	類型間比較
マーケティング	2.34	1.64	2.27	1.43	LB<GL***,　GR<GL***, LB<UG***,　MR<UG***
生　産	2.25	1.56	2.37	1.67	LB<GL***,　GR<GL**, LB<UG***,　MR<UG**
製品開発	3.56	2.39	3.90	2.33	LB<GL***,　GR<GL***, LB<UG***,　MR<UG***
人　事	2.20	1.77	2.35	1.33	LB<GL*,　GR<GL***, LB<UG**,　MR<UG***
財　務	2.66	1.72	2.90	1.95	LB<GL***,　GR<GL**, LB<UG***,　MR<UG***
技術研究	4.20	2.87	4.35	2.60	LB<GL***,　GR<GL***, LB<UG***,　MR<UG***
情報システム	3.05	2.03	3.16	1.81	LB<GL***,　GR<GL***, LB<UG***,　MR<UG***

注）　* 1% 水準，　** 5% 水準，　*** 10% 水準で有意差

した。それに対し，各在外子会社における各機能ごとの本社集権度―分権度を尋ねたのが「当該子会社に関わる意思決定の位置」である。この分析結果は，図表 9-14 で示してある。

　この本社リーダーシップと当該子会社に関わる意思決定の位置（本社集権度―分権度）の結果はまったく一致しており，今回の調査において，本社のリーダーシップは本社集権度とほぼ同意である。また，先の本社の当該子会社への依存度と考えると，国際経営管理上難しいと思われるのは，グローカル型子会社である。この子会社は相対的に能力が高く，本社もその子会社への依存性も相対的に高い。したがって，他のタイプの在外子会社と比較すると，このグローカル型子会社は，相対的に大きなバーゲニング・パワーを有するはずである。しかるに本社はこの子会社を集権化によってコントロールしている。そのため本社―在外子会社間でコンフリクトが発生する可能性が高く，それを補うための調整メカニズムが用いられると予想される。

2. プログラム化では公式化に相違

次に，プログラム化による調整について見る。これは各機能分野ごとの公式化（文書化の程度）とその世界的な標準化の程度（共通性）によって測定した（図表9-15）。

公式化の程度では，グローカル型とローバル型の子会社が相対的に高く，ユニ・グローバル型とグローバル・リアクター型の子会社が低いという結果であった。しかし，その世界的共通性となると各子会社類型間での有意差は，「技術計画」と「管理者マニュアル」でのみ見出された。後者の職務記述書等の「管理者マニュアル」に関しては，公式化の程度および整備・活用度のいずれの項目でも有意差は見出されず，標準化の程度（マニュアルの世界共通性の程度）でのみグローバル・リアクター型子会社がグローカル型とユニ・グローバル型よりも低いという結果であった。このようにプログラム化での各類型間の相違は，公式化が中心であり，グローカル型とローバル型の子会社が相対的に高く，ユニ・グローバル型とグローバル・リアクター型の子会社が低いという特徴が見出された。

3. 社会化による調整は理念浸透が鍵

まず，最初にその経営理念の世界的共通性と経営理念において現地化を明示化しているかどうかについての回答を分析した（図表9-16）。グローバル・リアクター型子会社がその他のタイプの子会社に対して有意にその程度が低いことが示された。しかし，現地化をその理念で表明しているかどうかについては有意差は見出されなかった。

社会化による調整の中心は中核的価値の共有にあるが，経営理念を中心とする価値や規範の現地での浸透度について類型間で比較した。その結果，グローバル・リアクター型子会社は，「経営理念」「社是社訓」「貴社社員としての自覚」の項目でグローカル型とローバル型の子会社よりも有意に低い傾向が認められた。ユニ・グローバル型子会社は，他のタイプとの有意差はあまり見られ

図表 9-15　プログラム化による調整度

	公式化：計画の文書化度				
	グローカル GL型	ローバル LB型	ユニ・グローバル UG型	グローバル・リアクター GR型	類型間比較
マーケティング計画	3.74	3.81	2.89	3.00	UG＜GL***，GR＜GL**，UG＜LB***，GR＜LB***
製品開発計画	3.70	4.03	3.28	2.91	GR＜GL**，UB＜LB**，GR＜LB***
人事計画	3.36	3.44	2.92	3.14	UG＜GL**，UB＜LB*
財務計画	4.08	3.83	3.56	3.55	UG＜GL**，GR＜GL*
生産ロジスティクス計画	3.82	3.74	3.37	3.05	UG＜GL*，GR＜GL**，GR＜LB**
技術開発計画	3.71	3.83	3.21	3.10	UG＜GL*，GR＜GL*，UG＜LB**，GR＜LB**
管理者マニュアル	3.54	3.60	3.14	3.29	
	標準化：計画の標準化度				
マーケティング計画	2.43	2.44	2.57	2.29	
製品開発計画	3.25	3.08	3.09	2.70	
人事計画	2.33	2.03	2.21	2.06	
財務計画	2.88	2.40	2.70	2.70	
生産ロジスティクス計画	2.65	2.86	2.44	2.44	
技術開発計画	3.46	3.29	3.45	2.75	GR＜GL**，GR＜UG**
管理者マニュアル	2.75	2.56	2.77	2.12	GR＜GL*，GR＜UG*
	標準化：管理者の世界共通マニュアルの整備と活用				
整備度	2.45	2.63	2.30	2.62	
活用度	2.58	2.61	2.27	2.62	

注）　* 10％水準，** 5％水準，*** 1％水準で有意差

ず，「経営理念の浸透度」においてグローカル型子会社よりもその浸透度が低い結果であった。全般的にはそれら浸透度においてはグローカル型が高い傾向にある。「当該子会社の組織文化の本社との共通度」においてもグローカル型

第 9 章　日系在外子会社に見る本社間調整メカニズム

図表 9-16　経営理念・企業文化

	グローカル GL型	ローバル LB型	ユニ・グローバル UG型	グローバル・リアクター GR型	類型間比較
経営理念の共通性と現地化表明					
世界的共通性	4.00	3.58	3.57	2.67	GR＜GL***，GR＜LB***，GR＜UG**
現地化の表明	3.85	3.77	3.84	3.52	
当該子会社への経営理念等浸透度					
社是・社訓	3.08	3.13	2.76	2.35	GR＜GL**，GR＜LB**
経営理念	3.45	3.21	2.97	2.75	UG＜GL**，GR＜GL**
貴社社員自覚	3.50	3.59	3.34	3.05	GR＜GL*，GR＜LB**
組織文化	3.26	3.31	3.05	3.10	
当該子会社の組織文化の本社共通度					
組織文化	2.66	2.32	2.50	2.00	GR＜GL**
管理者の行動規範	2.76	2.45	2.61	2.10	GR＜GL**，GR＜UG**
従業員の行動規範	2.27	2.11	2.21	1.95	

注)　* 10％水準，** 5％水準，*** 1％水準で有意差

は，グローバルリアクター型よりも有意に高い結果になっている。これらのことから，グローバル・リアクター型子会社が経営理念浸透度と組織文化の類似性の両方の項目で低く，逆にグローカル型は社会化による調整の程度が相対的に高いことが明らかとなった。このグローカル型に続くのがローバル型で，「社是・社訓」「貴社社員としての自覚」は相対的に浸透しているものの，「経営理念」の浸透度や組織文化の本社との共通性では他のタイプとの有意差は見出されず中庸である。

さらに，図表 9-17 は，人材交流の面での分析結果である。在外子会社類型間比較では経営理念等の浸透度が最も高かったグローカル型子会社は，臨時組織への参加度が相対的に高く，同じく本社リーダーシップの高いユニ・グローバル型に対して「マーケティング分野」「生産分野」「研究開発」分野で有意に

図表 9-17 経営理念・企業文化

	グローカル GL型	ローバル LB型	ユニ・グローバル UG型	グローバル・リアクター GR型	類型間比較
本社での研修頻度					
トップ	2.25	2.47	2.11	1.90	GR＜LB*
ミドル	2.66	2.84	2.50	2.33	GR＜LB*
ロワー	2.05	2.30	1.84	2.20	UG＜LB*
臨時組織への参加度					
マーケティング分野	3.24	2.86	2.50	2.79	UG＜GL***
生産分野	3.23	2.78	2.60	2.84	LB＜GL*, UG＜GL***
研究開発分野	2.87	2.81	2.38	2.42	UG＜GL**, UG＜LB*
人事管理分野	2.17	1.92	1.94	1.84	
財務管理分野	2.43	2.27	2.16	2.37	
本社から当該子会社への出向・異動					
重役クラス	3.07	3.11	2.58	2.35	GR＜GL*, UG＜LB*, GR＜LB**
ミドルクラス	3.10	3.45	2.73	2.95	UG＜LB***
一般社員	2.90	2.78	2.57	2.47	
エンジニア	3.39	3.43	3.05	2.86	
当該子会社から本社への出向・異動					
重役クラス	1.36	1.45	1.32	1.10	
ミドルクラス	1.48	1.55	1.53	1.29	
一般社員	1.55	1.49	1.45	1.29	
エンジニア	1.85	1.94	1.50	1.62	UG＜LB**

注）＊ 10％水準，＊＊ 5％水準，＊＊＊ 1％水準で有意差

高い。また，国際的な異動でもユニ・グローバル型よりも頻度が高いことが見出された。それに対し，グローカル型に次いで理念浸透度が見られたローバル型は，本社での研修頻度が相対的に高い結果であった。しかし，グローカル型子会社とローバル型の間にはあまり有意差は見出されず，唯一「臨時組織への

第9章 日系在外子会社に見る本社間調整メカニズム　247

参加度」の「生産分野」でのみ見出されただけである（p=0.052）。また，「当該子会社から本社への異動」では，グローカル型とその他のタイプの子会社との間には何ら有意差は見出されなかった。

4. 多様な調整メカニズムを用いるグローカル型子会社

　グローバル子会社4類型においても，少なからずその調整メカニズムの差異が見出された。上記のような結果をまとめて示したのが，図表9-18である。これを見ると，最も多様な調整メカニズムを用いているのがグローカル型子会社といえよう。ただし，前回1994年の日本事業部サイドへのアンケート調査の分析では，グローカル型が他のタイプよりも子会社から本社への異動頻度が有意に高いという結果であったが（諸上・根本 1996：97），今回の調査結果はそれとは一致しなかった。先に述べたように，グローカル型は，本社のリーダーシップが高いが，他方で当該子会社の経営資源レベルが相対的に高く，本社も活動上その子会社への依存性が高いために本社リーダーシップの基での相互調整が想定される。その本社リーダーシップでの相互調整を可能にするのが，在外子会社から本社事業部への異動により実現されると仮定される。しかし，今回の調査結果からは，集権化に加え，プログラム化，経営理念の浸透と国際的プロジェクトチームや委員会・会議体への参加を通じて調整を図っているように思われる。全体として見れば，グローカル型子会社は，集権化，プログラム化，社会のいずれの調整メカニズムをも最も多用している子会社群であるといえよう。

　それに対して，ユニ・グローバル型子会社は，集権化を中心に調整が図られている。プログラム化も若干見られるものの，それは一部にとどまっている。

第6節　結びにかえて

　企業がその事業活動拠点を海外に分散配置するにつれ，それに伴い経営資源が海外拠点への分散することになる。そして経営資源の移転がそれら拠点に進

み，また現地での事業活動を通じて経営資源を形成・蓄積するにつれ在外子会社の能力は高まってくる。しかし，現実には，機能別にも製品別にも企業内国際分業体制が敷かれ，在外子会社の役割は一定ではなく，その能力には大きな相違がある。われわれはそれら子会社のタイプによって調整メカニズムがどのように異なるのか，特に企業の戦略選択（資源分散と拠点間の調整の程度：国際子会社4類型）と相互依存性の管理（本社リーダーシップと子会社能力の程度：グローバル子会社4類型）の2段階で分析を行った。ここでの発見事実は，第1に，国際子会社4類型とグローバル子会社4類型のいずれの分析でも，各子会社タイプにより用いられる調整メカニズムが異なること，第2に，経営資源の海外への分散化と子会社の能力が高まるにつれ，分権化が促進される傾向にあること，第3に，分権化の下で子会社との調整を高度に行うには，それ以外の調整メカニズム，すなわち，プログラム化と社会化による調整メカニズム，特に，人材交流の場が必要になること，第4に，当該子会社能力が高い場合にも本社がリーダーシップを握るには，プログラム化における公式化の程度，社会化における経営理念の浸透度をあげる必要があることである。このことは，日本企業がグローバル戦略を追求するためには，新たな国際経営上での仕組みづくりが必要であることを示唆しているように思われる。そこで，日本企業の国際経営管理上の課題に対する本研究のインプリケーションについて触れておきたい。

　日本企業の在外子会社のマネジメントは，日本から多くの管理者を派遣し，彼らが現地子会社の経営に当たるという特徴づけが昔からなされてきた。その体制は，日本でのバブル崩壊による企業収益の悪化と，アジア地域に関してはアジア通貨危機およびそれによる経済悪化により派遣者数を減らす傾向が出てきたが（日本在外企業協会 2000），基本的には派遣者による「直接コントロール」体制である。欧米系の多国籍企業では，在外子会社の現地国籍人材の活用のみならず，第三国国籍人材の活用を行っている企業も多く見られ，欧州系企業では本社経営幹部の多国籍化も進んでいる。これは，派遣費用の面のみなら

ず,「多文化組織の持つ創造性」の活用という面でも遅れをとりかねない。しかし,本社との日本語によるハイ・コンテクスト状況でのコミュニケーションという特徴から(これは,在外子会社の現地訪問による聞き取り調査では必ずといっていいほど日本本社サイドでの国際化の遅れであるという指摘がなされた),日本人派遣者が引き揚げると,本社との調整問題を引き起こす,というのが現実である。

この日本人管理者の多さの原因は,国際経営管理の仕組みづくりの遅れである。彼ら派遣管理者に頼るため,日本国内の延長線上で国際経営に当たっている企業は多い。それを打破する一つの方法は,多様な調整方法を身に付けることである。長年その企業に勤めた日本人にしかわからないような公式性の低い経営のあり方を見直し,公式性の高いものにすることである。今回の分析では,調整度の高いグローバル型とインプリメンター型の在外子会社では,「公式化」「標準化」のレベルが相対的に高いものとなっているのは,その証左であると言えよう。しかし,これは類型間の相対比較でのことであり,その絶対値を見ると,「計画の標準化」と「管理者マニュアルの整備・活用度」では,平均値が2点台にあり,必ずしも高いとはいえないのである。そのことからも,「プログラム化」による調整の高度化が求められよう。

さらに,国際経営管理を構築するために必要なことは,国際的なマネジメントについて全社的に学習するメカニズムを作ることが必要であろう。海外子会社では,日本人とは異なる文化的背景をもつ人々と協働していかねばならない。そこは国際経営管理の仕組みを作るための貴重な「学習の場」と見ることができる。日本人派遣者はそこで貴重な学習をしているのである。そのような学習に基づく知識を国際経営の仕組みづくりに生かすことである。しかし,もっと進めて,現地の人材を本社や第三国に出向あるいは派遣することは,彼らにとっても自社メンバーとして国際的な学習の場になるのである。しかも,日本本社への異動は,日本本社での「内なる国際化」,あるいは彼らとの協働により日本人スタッフの学習にもつながるだろう。

図表 9-18　グローバル子会社 4 類型間での特徴

	経営資源レベル	
	高 ← → 低	

本社リーダーシップ　高 ↕ 低

グローカル型子会社（左上：経営資源レベル高・本社リーダーシップ高）
- 現地資源レベル：高
- 本社からの依存性：高
- 集権化：
  - 政策本社主導度：高
  - 意思決定集権度：高
- プログラム化
  - 公式化：高
  - 標準化：高
  - マニュアル化：高
- 社会化
  - 浸透度：高
  - 組織文化共通度：高
  - 本社研修：―
  - 国際臨時組織：高
  - 国際的異動：―

ユニ・グローバル型子会社（右上：経営資源レベル低・本社リーダーシップ高）
- 現地資源レベル：低
- 本社からの依存性：低
- 集権化：
  - 政策本社主導度：高
  - 意思決定集権度：高
- プログラム化
  - 公式化：低
  - 標準化：高
  - マニュアル化：高
- 社会化
  - 浸透度：低
  - 組織文化共通度：中
  - 本社研修：低
  - 国際臨時組織：低
  - 国際的異動：低

ローバル型子会社（左下：経営資源レベル高・本社リーダーシップ低）
- 現地資源レベル：高
- 本社からの依存性：低
- 集権化：
  - 政策本社主導度：低
  - 意思決定集権度：低
- プログラム化
  - 公式化：高
  - 標準化：―
  - マニュアル化：―
- 社会化
  - 浸透度：高
  - 組織文化共通度：―
  - 本社研修：高
  - 国際臨時組織：中
  - 国際的異動：高

グローバル・リアクター型子会社（右下：経営資源レベル低・本社リーダーシップ低）
- 現地資源レベル：低
- 本社からの依存性：低
- 集権化：
  - 政策本社主導度：低
  - 意思決定集権度：低
- プログラム化
  - 公式化：低
  - 標準化：高
  - マニュアル化：高
- 社会化
  - 浸透度：低
  - 組織文化共通度：中
  - 本社研修：低
  - 国際臨時組織：―
  - 国際的異動：―

注）図表における高・中・低の表記は，類型間の有意差に基づく「相対的評価」によるものである．また，「高」～「低」の表記で，「―」の場合は，平均値は中間的であったが，他のタイプと何ら有意差が認められなかった場合である．
　なお，図表中での下記の言葉は，「：」に続く用語を短縮して用いた．
　　「政策本社主導度」：「グローバル政策調整での本社主導性」
　　「意思決定集権度」：「当該子会社に関わる意思決定の位置（集権度）」
　　「マニュアル化」：「管理者のマニュアルの整備と活用度」
　　「国際的異動」：「本社―子会社間での異動・出向（子会社から本社へ）」

前述のように，日本企業の場合，人材交流は日本人が中心で，しかも日本からの一方向的な派遣が中心であった。本社－在外子会社間調整に限定していえば，今回の国際子会社4類型の分析でも，海外への分散化が進み，それら拠点間で高い調整を行うグローバル型子会社では，同様に分散化が進んでいるが調整度の低いローカル型よりも在外子会社から本社への出向・異動の頻度は相対的に高くなっている。在外子会社から本社への出向・異同が調整度を高める上では重要であると考えられるが，しかし，プログラム化と同様，その絶対値で見るとそれはかなり低いレベルにとどまっている（図表9-9参照）。日本でもいくつかの企業は，在外子会社社員の日本への逆出向制度や地域異動制度を設け始めている。しかし，それはまだ少数にとどまっているのが現状であるが，この動きは注目すべきであると思われる。

今回の調査では本社－在外子会社間調整に限定しているが，これを敷衍すれば，在外子会社間の水平的調整を考える際に，同様な在外子会社間での人材交流の果たす役割を検討する必要があるだろう。さらにいえば，日本からの経営資源の移転という視点のみならず，企業グループ全体の能力の向上のためには，グローバルな組織学習という視点からも人材交流を検討する必要があろう。グローバル戦略経営においては，各在外子会社がそれぞれの役割に応じた戦略性の発揮が求められ，能力のグレードアップが不可欠である。そうするためには，本社中心の学習からグローバルに学習する組織に変革する必要があり，ナレッジの共有化を進める仕組みづくりが必要とされよう。とりわけ暗黙知の共有化には，その性質上，人材の交流は不可欠であると思われる。

参 考 文 献

アベグレン, J. C. & ボストン・コンサルティング・グループ (1977)『ポートフォリオ戦略』プレジデント社

Adler, N. J. (1991) *International Dimensions of Organizational Behavior*, 2 nd edition, PWS-Kent. (江夏健一・桑名義晴監訳『異文化組織のマネジメント』マグロウヒル, 1992)

Agarwal & S. N. Ramaswami (1992) "Choice of Foreign Market Entry Mode: Impact of ownership, location and internationalization factors" *Journal of International Business Studies*, Vol. 23, No. 1, pp. 1-27.

Ajiferke, M. & J. Boddewyn (1970) "Socioeconomic Indicators in Comparative Management" *Administrative Science Quarterly*, Vol. 15, No. 4, pp. 453-458.

Ansoff, H. I. (1965) *Corporate Strategy*, McGraw-Hill. (広田寿亮訳『企業戦略論』産業能率大学出版部, 1977)

Ansoff, H. I. (1978) *Strategic Management*, The Macmilan Press. (中村元一訳『戦略経営論』産業能率大学出版部, 1980)

Ansoff, H. I. (1984) *Implanting Strategic Management*, Prentice-Hall.

Ansoff, H. I. (1988) *The New Corporate Strategy*, John Wiley & Sons Inc. (中村元一・黒田哲彦訳『最新・戦略経営』産能大学出版部, 1990)

Arimura, S. (1999) "How Matsushita Electric and Sony Manage Global R&D" *Resarch/Technology Management*, March-April, pp. 41-52.

『朝日新聞』(1998),「アジア大異変 日系企業は今③:人もモノも現地化徹底, 機器がリストラ後押し」4月24日付け朝刊

Baliga, B. R. & A. M. Jeager (1984) "Multinational Corporations: Control Systems and Delegation Issues" *Journal of International Business Studies*, Fall, pp. 25-40.

Bartlett, C. A. & S. Ghoshal (1989) *Managing Across Borders: The Transnational Solution*, Harvard Business School Press. (吉原英樹監訳『地球市場時代の企業戦略』日本経済新聞社, 1990)

Bedian, A. G. (1975) "Comparison and Analysis of German and United States Managerial Attitudes Toward the Legitimacy of Organizational Influence" *Academy of Management Journal*, Vol. 18, No. 4, pp. 897-904.

Birkinshaw, J. & N. Hood (1998) "Multinational Subsidiary Evolution: Capability and Charter Change in Foreign-Owned Subsidiary Companies" *Academy of Management Review*, Vol. 23, No. 4, pp. 773-795.

Buckly, P. J. & M. Casson (1976) *The Future of Multinational Enterprise*, The Macmillan Press.

Chakravarthy, B. C. & H. V. Perlmutter (1985) "Strategic Planning for A Global Business" *Columbia Journal of World Business*, Summer, pp. 1-15.

Chandler, A. D. Jr. (1962) *Structure and Strategy*, M.I.T. Press. (三菱経済研究所訳『経営戦略と組織』実業之日本社, 1967)

Chandler, A. D. Jr. (1986) "Evolution of Modern Global Competition" M.E. Porter (ed.) *Competition in Global Industries*, Harvard Business School Press, pp. 405-448.

Child, J. (1981) "Culture, Contingency and Capitalism in Corss-National Study of Organizations" L. L. Cummings and B. M. Staw, eds., *Research in Organizational Behavior*, Vol. 3, JAI Press, pp. 303-356.

Crozier, M. (1964) *The Bureaucratic Phenomenon*, University of Chicago Press.

Doz, Y. L. (1979) *Government Control and Multinational Strategic Management*, Preager.

Doz, Y. L. (1986) *Strategic Management in Mulitnational Companies*, Pergamon Press.

Doz, Y. L., C. A. Bartlett and C. K. Prahalad (1981) "Global Competitive Pressures and Host Country Demands: Managing Tensions in MNCs", *California Management Review*, Spring, Vol. 23, No. 3.

Duning, J. H. (1980) "Toward an eclectic theory of international production: Some Emprical Tests" *International Journal of International Business*, Vol 11, No. 2. pp. 9-31.

Edstrom, A. & J. R. Galbraith (1977) "Transfer of Managers as a Coordination and Control Strategy in Multinational Organizations" *Administrative Science Quarterly*, June, Vol. 27, pp 248-263.

England, G. W. & R. Lee (1971) "Organizational Goals and Expected Behavior among American, Japanese and Korean Managers: Comparative Study" *Academy of Management Journal*, December, pp. 425-438.

Fayerweather, J. (1969) *International Business Management*, McGraw-Hill. (戸田忠一訳『国際経営論』ダイヤモンド社, 1975)

Ferdows, K. (1997) "Making the Most of Foreign Factories" *Harvard Business Review*, March-April, pp. 73-88.

Franko, L. (1974) "The Move toward a Multi-Divisional Structure in European Organizations" *Administrative Science Quarterly*, Vol. 19, pp. 493-506.

Franco, L. (1976) *The European Multinationals*, Greylock-Press.

Galbraith, J. R. (1973) *Designing Complex Organizations*, Addison-Wesley. (梅津裕良訳『横断組織の設計』ダイヤモンド社, 1980)

Galbraith, J. R. & D. A. Nathanson (1978) *Strategy Implementation*: The Role of Structure and Process, West Publishing. (岸田民樹訳『経営戦略と組織デザイン』白桃書房, 1989)

Galbraith, J. R. & A. Edstrom (1976) "International Transfer of Managers: Some Important Policy Considerations" *Columbia Journal of World Business*, Summer, pp. 100-112.

Ghoshal, S. (1978) "Global Strategies: An Organizing Framework" *Strategic Management Journal*, Vol. 8. pp. 425-440.

Ghoshal, S. & N. Nohria (1989) "Internal Differentiation within Multinational Corporations" *Strategic Management Journal*, Vol. 10, No. 4, pp. 323-337.

Gupta, A. K. & V. Govindarajan (1991) "Knowledge Flows and the Structure of Control within Multinational Corporations" *Academy of Management Review*, Vol. 16, No. 4, pp. 768-792.

Gupta, A. K. & V. Govindarajan (1994) "Organizing for Knowlege Flows within MNCs" *International Business Review*, Vol. 13, No. 4, pp. 443-457.

Haire, M., Ghiselli, E. E. and L. W. Porter (1966) *Managerial Thinking : An International Study*, Wiley.

Hakanson, L. & R. Nobel, "Determinants of Foreign R&D in Swedish Multinationals" *Resarch Policy*, No. 22, pp. 373-396.

Hall. W. K. (1980) "Survival Strategies in a Hostile Environment" *Harvard Business Review*, Sept-Oct.

Hamel, G. & C. K. Prahalad (1985) "Do You Really have a Global Strategy ?" *Harvard Business Review*, July-Augst.

Hamel, G. & C. K. Prahalad (1988) "Creating Global Strategic Capability", N. Hood & J.E. Vahlne eds., *Strategies in Global Competition*, Croom-Helm.

Hamel, G. & C. K. Prahalad (1994) *Competing for the Future*, Harvard Business School Press (一條和生訳『コア・コンピタンス経営』日本経済新聞社, 1995)

Harbison, F. & C. A. Myers (1959) *Management in the Industrial World : An International Analysis*, McGraw-Hill.

Harrel, C. D. & R. O. Kiefer (1981) "Multinational Strategic Portfolios" *MSU Business Topics*, Winter, pp. 5-15.

Hedlund, G. (1993) "Assumptions of Hierarchy and Heterarchy with Applications to the Management of the Multinational Corporation" S. Ghoshal and D. E. Westney, eds. *Organization Theory and the Multinational Corporation*, ST. Martin's Press, pp. 211-236.

Hedlund, G. & D. Rolander (1990) "Action in Heterarchies: New Approaches to the Management of Multinational Corporation", C.A. Bartlett, Y. Doz, & G. Hedlund (eds.), *Managing the Global Firm*, Routledge, pp. 15-46.

Heenan, D. A. & H. V. Perlmutter (1979) *Multinational Organization Development*, Addison-Wesley.（江夏健一・有沢孝義・重里俊行訳『多国籍企業』文眞堂，1982）

Henderson, B. D. (1979) *On Corporate Strategy*, The Boston Consulting Group.（土岐坤訳『経営戦略の核心』ダイヤモンド社，1981）

Hofer, C. W. & D. Shendel (1978) *Strategy Formulation : Analytical Concepts*, West Publishing.（奥村昭博・榊原清則・野中郁次郎訳『戦略策定』千倉書房，1981）

Hofstede, G. (1980) *Culture's Consequences : International Differences in Work-Related Values*, Sage Publications.（萬成博・安藤文四郎監訳『経営文化の国際比較』産能大学出版部，1984）

Hofstede, G. (1991) *Cultures and Organizations : Software of The Mind*, McGraw-Hill.（岩井紀子・岩井八郎訳『多文化世界』有斐閣，1995）

Hoogvelt, A. (1987) *Multinational Enterprise : An Encyclopedic Dictionary of Concepts and Terms*, Macmillan.（江夏健一・中島潤監訳『多国籍企業辞典』中央経済社，1989）

Hymer, S., *The International Operations of National Firms : A Study of Direct Foreign Investment*, Cambridge, MIT Press, 1976.（宮崎義一編訳『多国籍企業論』所収，岩波書店，1979，pp.1-175）

石井淳蔵・奥村昭博・加護野忠男・野中郁次郎（1985）『経営戦略論』有斐閣

伊丹敬之（1984）『新・経営戦略の論理』日本経済社

Jarillo, J. & J. I. Martinez (1990) "Different Roles for Subsidiaries : The Case of Multinational Corporation in Spain" *Strategic Management Journal*, Vol. 11, No. 7, pp. 501-512.

ジェトロ（1994）『世界と日本の貿易』JETRO（日本貿易振興会）

ジェトロ（1977）『世界と日本の海外直接投資』JETRO（日本貿易振興会）

角松正雄・大石芳裕編著（1996）『国際マーケティング体系』ミネルヴァ書房

Kelley, L. & R. Worthley (1981) "The Role of Culture in Comparative Management : A Cross-Cultural Perspective" *Academy of Management Journal*, Vol. 24, No. 1, pp. 164-173.

Kemp, B. W. (1973) "Organizational Influence and Its Relation to Received Leader Behavior" T. B. Green and D. F. Ray, eds., *Management in an Age of Rapid Technological and Social Change*, Southern Management Association.

Kerr, C., J.T. Dunlop, F. Harbison and C.A. Myers (1960) *Industrialism and Industrial Man : The Problems of Labor and Management in Economic Growth*, Harvard University Press.（中山伊知郎監修・川田寿訳『インダストリアリズム』東洋経済新報社，1975）

Kindlberger, C. P. (1969) *American Business Abroad*, Yale University Press. (小沼敏訳『国際化経済の理論』ぺりかん社, 1970)

Knickerbocker, F.T. (1973) *Oligopolistic Reaction and Multinational Enterprise*, Harvard University Press. (藤田忠訳『多国籍企業の経済理論』東洋経済新報社, 1978)

小林規威 (1980)『日本の多国籍企業』中央経済社

Kobrin, S. (1991) "An Empirical Analysis of the Determinants of Global Integration" *Strategic Managment Journal*, Vol. 22, pp. 17-31.

Kobrin, S.K. (1987) "Expatriate Reduction and Strategic Control in American Multinational Corporations" *Human Resource Management*, Vol. 27, No. 1, pp. 63-75.

古賀武陽 (1999)「グローバル経営理念を求めて:その構築と運用はどこまで進んでいるか」『日外協 Monthly』1999 年 10 月号, 在外企業協会, pp. 20-25.

Kogut, B. (1985) "Designing Global Strategies: Profiting from operational Flexibility" *Sloan Management Review*, Fall, pp. 27-38.

Kogut, B. (1990) "International Sequential Advantages and Network Flexibility" C.A. Bartlett, Y. Doz, & G. Hedlund (eds.), *Managing the Global Firm*, Routledge, pp. 47-94.

Kolde, E. J. (1968) *International Business Enterprise*, Prentice-Hall. (山田栄作・野村忠訳『多国籍企業の経営学』鹿島出版会, 1973)

R. Kopp (1994) "International Human Resource Policies & Practices in Japanese, European, and United States Multinationals" *Human Resource Management*, Winter.

Kuemmerle, W. (1999) "The Drivers of Foreign Direct Investment into Research and Development: Empirical Investigation" *Journal of International Business Studies*, Vol. 30, No. 1, pp. 1-24.

Laurence, P.R. & J.W. Lorsch (1967) *Organization and Environment: Managing Differentiation and Integration*, Harvard University Press. (吉田博訳『組織の条件適応理論』産業能率短期大学出版部, 1977)

Martinez, J.I. & J.C. Jarillo (1991) "Coordination Demands of International Strategies" *Journal of International Business Studies*, Vol. 22, No. 3, pp. 429-444.

Miles, R.E. & C.C. Snow (1978) *Organizational Strategy, Structure, and Process*, McGraw-Hill. (土屋守章訳『戦略型経営』ダイヤモンド社, 1982)

Minzberg, H. (1987) "The Strategic Concept I: Five Ps for Strategy" *California Management Review*, Vol. XXX, No. 1, Fall.

三井物産貿易研究所 (1995)『WTO』JMAM

茂垣広志（1985）「国際人事政策に関する一考察」『経営論集』（明治大学）第33巻第1号, pp. 105-125.

茂垣広志（1988）「国際経営理念と組織文化の進化」根本・諸上編著『国際経営の進化』学文社, pp. 21-38.

茂垣広志（1993）「現代企業の国際化と組織」水谷内徹也・村上亨編著『現代企業の新展開』高文堂出版社, pp. 130-159.

茂垣広志（1994）「グローバル戦略と調整メカニズム」『横浜経営研究』Vol. 14, No. 4, pp. 75-90.

茂垣広志（1996）「日本企業の多国籍化と調整メカニズム」『横浜経営研究』Vol. 17, No. 1, pp. 42-53.

茂垣広志（1998）「日系海外子会社の特徴について：アンケート調査の予備的考察」『横浜経営研究』Vol. 19, No. 3, pp. 93-104.

茂垣広志（1999）「国際経営論」飫冨順久編著『現代社会の経営学』学文社, pp 142-154.

茂垣広志・池田芳彦（1998）『国際経営論』学文社

茂垣広志・池田芳彦（1999）「日系海外子会社の類型と調整メカニズム：在外日系子会社の実証研究」『横浜経営研究』Vol. xx, No. 1, pp. 41-62.

Moran, R.T. & J.R. Riesenberger (1994) *The Global Challenge*, McGraw-Hill. （梅津裕良訳『グローバル・チャレンジ』日経PB社, 1997）

諸上茂登（1992）「国際マーケティングにおける市場細分化研究の現状と課題」『明大商学論叢』第75巻第2・3・4号

諸上茂登（1993）『国際市場細分化の研究』同文舘

諸上茂登（2000）「国際マーケティングにおける標準化/適応化フレームの有効性についての実証的検討」『高井真先生御退任記念論集』

諸上茂登・根本孝編著（1996）『グローバル経営の調整メカニズム』文眞堂

永尾正章・茂垣広志編著（1996）『これからの国際経営戦略』ジェトロ

Neganghi, A.R. (1973) "A Model for Analyzing Organizations in Cross-Cultural Settings: A Conceptual Scheme and Some Research Findings" A.R. Negandhi ed., *Modern Organizational Theory*, Kent State University Press.

根本孝（1990）『グローバル技術戦略論』同文舘

根本孝（1995）「グローバル企業文化とコア・カルチャーの形成」『経営論集』（明治大学）第43巻第1号, pp. 62-83.

根本孝（1999）「グローバル人材活用の新展開：Inpatriatesの活用」『経営論集』（明治大学）第46巻第3・4合併号, pp. 1-12.

根本孝（1999）「グローバル企業文化の構築：日本企業の二つのアプローチ」『広報研究』第3号, 日本広報学会, pp. 3-16.

根本孝・諸上茂登編著（1992）『国際経営の進化（改訂版）』学文社

根本孝・諸上茂登・坂本恒夫・茂垣広志・池田芳彦（2000）『グローカル経営の動向と課題に関する実態調査研究』文部省平成10年度科学研究費補助金研究成果報告書

根本孝・Tyrefors吉本容子（1994）『国際経営と企業文化』学文社

日本在外企業協会（1997）『ASEANにおける日系企業の子会社経営と人的資源管理のあり方』社団法人日本在外企業協会

日本在外企業協会（2000）『グローバル経営における組織・人材戦略：日本企業のあり方』社団法人日本在外企業協会

西岡正（1998）『進展するエレクトロニクス産業における設計・開発機能のグローバル化：アジアを中心として』中小企業金融公庫調査部

Nohria, N. & S. Ghoshal (1997) *The Differentiated Network : Organizing Multinational Corporations for Value Creation*, Jossey-Bass Publishers.

Odagiri, H. & H. Yasuda (1996) "The determinants of overseas R&D by Japanese firms: an empirical study at the industry and company levels" *Research Policy*, 25, pp. 1059-1079.

大石芳裕「国際マーケティング複合化戦略」角松正雄・大石芳裕編著『国際マーケティング』ミネルヴァ書房, pp. 126-149.

大前研一（1987）『日本企業生き残り戦略』プレジデント社

岡本康雄（1987）「多国籍企業と日本企業の多国籍化（1）」『経済学論集』（東京大学）53-1, pp. 2-37.

Ouchi, W.G. (1977) "The Relationship between Organizational Structure and Organizational Control" *Administrative Science Quarterly*, Vol. 22, No. 1, pp. 95-113.

Ouchi, W.G. (1979) "A Conceptual Framework for the Design of Organizational Control Mechanisms" *Management Science*, September.

Pearce, R.D. (1989) *The Internationalisation of Resarch and Development by Multinational Enterprises*, MacMillan.

Penrose, E.T. (1959) *The Theory of the Growth of the Firm*, Basil Blackwell Publishers.（末松玄六訳『会社成長の理論』ダイヤモンド社, 1962）

Perlmutter, H.V. (1969) "The Tortuous Evolution of the Multinational Corporation" *Columbia Journal of World Business*, January-February, pp. 9-18.

Peters, T.J. & R.H,.Waterman, Jr., *In Search of Excellence*, Harper & Row.（大前研一訳『エクセレント・カンパニー』講談社, 1983）

Pfeffer, J. (1982) *Organizations and Organization Theory*, Pitman.

Pfeffer, J. & Salancik (1978) *The External Control of Organizations : A Resource Dependence Perspective*, Harper & Row.

Porter, M.E. (1980) *Competitive Strategy : Techniques for Analyzing Industries* and Competitors, Free Press.(土岐坤・中辻萬治・服部照夫訳『競争の戦略』ダイヤモンド社)

Porter, M.E. (1985) *Competitive Advantage : Creating and Sustaining Superior Performance*, Free Press.(土岐坤・中辻萬治・小野寺武夫訳『競争優位の戦略』ダイヤモンド社, 1988)

Porter, M.E. (1986 a) "Changing Patterns of International Competition" *California Management Review*, Vol. XXVIII, No. 2. Winter.

Porter, M.E. (1986 b) *Competition in Global Industries*, Harvard Busienss School Press.(土岐坤・中辻萬治・小野寺武夫訳『グローバル企業の競争戦略』ダイヤモンド社)

Porter, M.E. (1998) *On Competition*, Harvard Business School Press.(竹内弘高訳『競争戦略Ⅰ・Ⅱ』ダイヤモンド社, 1999)

Prahalad, C.K. & Y.L. Doz (1987) *The Multinational Mission : Balancing Local Demands and Global Vision*, The Free Press.

Robinson, R.D. (1984) *Internationalization of Business*, Holt, Rinehart & Winston.

Roger, G. (1999) "How R&D is coordinated in Japanese and European multinationals" *R&D Management*, Vol. 29, No. 1, pp. 71-88.

Ronen, S. and A. Kraut, (1977) "Similarities among Countries based on Employee Work Values and Attitudes" *Columbia Journal of World Business*, Summer.

Ronstadt, R. (1984) "R&D Abroad by U. S. Multinationals" R. Stobaugh and L. T. Wells, Jr., eds., *Technology Crossing Boarders : The Choice, Transfer, and Management of International Technology Flows*, Harvard Business School, pp. 241-264.

Root, F.R. (1982) *Foreign Market Entry Strategies*, AMACOM.(中村元一監訳『海外市場戦略』HBJ 出版局, 1984)

Roth, K. & A.J. Morrison (1992) "Implementing Global Strategy : Characteristics of Global Subsidiary Mandates" *Journal of International Business Studies*, Vol. 23, No. 4, pp. 715-735.

Roth, K., Schwiger, D. & Morrison, A.J. (1991) "Global Strategy Implementation at the Business Unite Level" *Journal of International Business Studies*, Vol. 22, No. 3, pp. 369-402.

Rugman, A.M. (1981) *Inside the Multinationals : The Economics of Internal Markets*, Croom Helm.(江夏健一・中島潤・有沢孝義・藤沢武史訳『多国籍企業と内部化理論』ミネルヴァ書房, 1983)

Rugman, A.M., Lecraw, D.J. and L.D. Booth (1985) *International Business :*

firms and Environment, McGraw-Hill.（多国籍企業研究会訳『インターナショナル・ビジネス（上）（下）』マグロウヒル，1987）

Rumelt, R. (1974) *Strategy, Structure and Economic Performance*, Harvard Business School.（鳥羽欣一郎・山田正喜子・川辺信雄・熊沢孝訳『多角化戦略と経済成果』東洋経済新報社，1977）

坂本和一（1997）『新版 GE の組織革新』法律文化社

Simon, H.A. (1947) *Administrative Behavior : A Study of Decision-Making Process in Administrative Organization*, Macmillan.（松田・高柳・二村訳『経営行動』ダイヤモンド社，1965）

Simon, H.A. (1960) *The New Science of Management Decision*, Prentice-Hall.

Sirota, D. & M.J. Greenwood (1971) "Understand Your Overseas Work Force" *Harvard Business Review*, January-February, pp. 53-60.

Solvell, O. & I. Zamder (1995) "Organization Of the Dynamic Multi-National Enterprise" *Academy Management Review*, Vol. 16, pp. 340-361.

Sorenson, R.Z. & U.E. Wiechmann (1975) "How Multinationals View Marketing Standardization" *Harvard Business Review*, Vol. 53, May-June.

Stopford, J. & L. Wells (1972) *Managing the Multinational Enterprise*, Longmang.（山崎清訳『多国籍企業の所有政策』ダイヤモンド社，1976）

Stopford, J.M. & L.T. Wells (1972) *Managing the Multinational Enterprise*, Basic Books.（山崎清訳『多国籍企業の組織と所有政策』ダイヤモンド社，1976）

鈴木典比彦（1988）「国際経営論の史的展開」車戸實編『国際経営論』八千代出版，pp. 22-42.

鈴木典比古（1988）『多国籍企業経営論』同文館

周佐善和（1989）「グローバル成長のダイナミック・プロセス：海外子会社の戦略的役割」『組織科学』Vol. 23, No. 2, pp. 19-34.

高橋意智郎（1999）「グローバル企業と海外子会社による研究開発活動の役割獲得」『商経論集』第 75 号，pp. 65-73.

竹田志郎（1985）『日本企業の国際マーケティング』同文館

竹田志郎（1992）「国際マーケティングにおける販売経路構築の先行的役割に関する再論：在日外資系企業の分析を中心に」『横浜経営研究』第 XIII 巻第 2 号．

竹田志郎（1992）『国際戦略提携』同文館

竹田志郎編著（1994）『国際経営論』中央経済社

竹田志郎（1998）『多国籍企業と戦略提携』文眞堂

竹内弘高・M. E. ポーター「グローバル・マーケティングの戦略的役割：世界規模でのコーディネーションの管理」土屋守章編『技術革新と経営戦略』日本経済新聞社，pp. 55-81.

Thompson, J.D. (1976) *Organizations in Action*, McGraw-Hill. (鎌田伸一郎他訳『オーガニゼーション・イン・アクション』同文舘，1987)

Vernon, R. (1966) "International Investment and International Trade in the Product Cycle" *Quarterly Journal of Economics*, May, pp. 190-207.

Vernon, R. (1971) *Sovereignty at bay : The Multinational Spread of U. S. Enterprises*, Basic Books. (霍見 芳浩訳『多国籍企業の新展開：追いつめられる国家主権』ダイヤモンド社，1973)

Vernon, R. (1977) *Storm over the Multinationals : The Real Issues*, London : Macmillan.

White, R.E. & T.A. Poynter (1990) "Organization for Worldwide Advantage" C. A. Bartlett, Y. Doz, and G. Hedlund eds., *Managing the Global Firm*, Routledge, pp. 95-113.

Wrigley, L. (1970) *Divisional Autonomy and Diversification*, Doctral Dissertation, Harverd Business School.

谷地弘安（1999）『中国市場参入──新興市場における生販平行展開──』千倉書房

安室憲一（1981）「日本的経営と現地化政策」池本清・上野明・安室憲一『日本企業の多国籍的展開』有斐閣

安室憲一（1992）『グローバル経営論』千倉書房

Yip, G.S. (1992) *Total Global Strategy : Managing for Worldwide Competitive Advantage*, Prentice-Hall.

吉原英樹（1986）『戦略的企業革新』東洋経済新報社

吉原英樹（1989）『現地人社長と内なる国際化』東洋経済新報社

吉原英樹（1996）『未熟な国際経営』白桃書房

吉原英樹・佐久間昭光・伊丹敬之・加護野忠男（1981）『日本企業の多角化戦略』日本経済新聞社

吉森賢（1993）『EC 企業の研究：その発想と行動』日本経済新聞社

吉森賢（1996）『日本の経営・欧米の経営：比較経営の招待』財団法人放送大学教育振興会

〈資料〉在外子会社調査票

日本企業の拠点間調整メカニズムに関する実態調査票

　この調査は，在外日系企業の国際マネジメントに関する調査で，文部省国際学術調査研究の一環として実施しております。御社におかれましては誠にお忙しいところ恐縮でございますが，ご回答のほどよろしくお願い申し上げます。

　この調査研究は，日本企業の海外事業展開に当たり，拠点間でどのような活動の調整方法をとっているのかに主要な関心があります。すでに，本社サイドには1994年4月に調査を実施致しました。その結果，調整の方法として，「集中化」（意思決定権限および経営資源の本社集中による調整方法），「プログラム化」（公式化：計画や規則，手続き等の明確化による調整），「社会化」（価値や規範の共有化による調整の方法）の3つの組み合わせに相違があることが分かりました。

　今回の調査は，以上の研究に基づき主に海外日系現地法人サイドについてのものです。アンケート調査自体は統計処理を致しますので，企業個別の名前が出ることはございません。この調査票の性格上お答えにくいところがあるかとも思いますが，お答えになれる範囲で結構でございますので，ご回答のほどよろしくお願い申し上げます。

下記の項目に御記入願います。

御　　社　　名	
御 回 答 者 氏 名	
御 回 答 者 役 職 名	

〈資料〉在外子会社調査票　263

Q 1. 貴社（現地法人）の主力製品（売上トップ製品）を記入して下さい。

　　　　主力製品＿＿＿＿＿＿＿＿＿＿＿＿＿＿＿＿＿＿＿＿

※以下Q 2～Q 26の質問は，お答えいただいた売上トップ製品を念頭においてお答え下さい。

Q 2. 貴社の主要報告ルートについてお尋ねします。主に本社および地域本社などのどこに報告しますか。下記のうち該当する番号すべてを○印で囲んで下さい（複数回答可）。

　　　1. 国際事業部（海外事業部）へ
　　　2. 本社の機能部門へ
　　　3. 本社の製品事業部へ
　　　4. 各地域事業部ないし地域本社へ
　　　5. その他：記入【　　　　　　　　　　　　　　　】

Q 3. 貴社が生産機能を担当している場合にのみお答え下さい。貴社はグローバルな分業体制においてどのような役割を担当されているのでしょうか。該当する番号すべてに○印をつけて下さい。

　　　1. 部品・半製品生産　　2. 最終組立
　　　3. 生産機能を持たないので該当しない

Q 4. 貴社で製造される製品（完成品・半製品・部品）の販路と，原料（部品・半製品）の調達先についてお聞かせ下さい。

　　　製造した製品は：
　　　1. 現地国市場向け　　　約（　　　　）％
　　　2. 隣接国市場向け　　　約（　　　　）％
　　　3. 日本市場向け　　　　約（　　　　）％
　　　4. その他市場向け　　　約（　　　　）％
　　　5. 生産機能を持たないので該当しない

　　　原料（部品・半製品）の調達は：
　　　1. 現地国から　　　　　約（　　　　）％
　　　2. 隣接国から　　　　　約（　　　　）％

3. 日本から　　　　約（　　　）％
4. その他地域から　約（　　　）％

Q5. 貴社を取り巻く環境についてお尋ねします。以下の項目で当てはまる記号に○印をつけて下さい（ここでも先にお答えいただいた売上トップ製品を念頭においてお答え下さい）。

1. 貴社の当地での競争業者の数（昨年度）は，およそどのくらいの数ですか（市場シェアが1％以下の競争業者は無視して下さい）。

    A：3社未満　　B：4〜6社　　C：7〜9社
    D：10〜19社　E：20社以上

2. 当該業界における4大会社の売上高が業界総売上高に占める割合はおよそどのくらいですか。

    A：30％未満　B：30〜50％　C：51〜70％
    D：71〜90％　E：91％以上

3. 当該業界の過去3年間の市場（総売上高）成長率は平均するとどのくらいですか。

    A：3％未満　　B：3〜10％　C：11〜20％
    D：21〜30％　E：30％以上

4. 貴社の当地での市場シェア（昨年度）はどのくらいですか。

    A：1％未満　B：2〜3％　C：4〜9％　D：10〜19％
    E：20％以上　Z：該当しない

5. 貴社の当地での市場シェアの順位（昨年度）をお教え下さい。

    A：1位　　B：2位　　C：3位　　D：4位
    E：5位以下　Z：活動上該当しない

6. 貴社ならびに主要な競争業者による製品ラインの変更（一部変更を含む）の平均的な頻度はどのくらいでしょうか。

    A：月毎　B：季節毎　C：年毎　D：定期的だが1年以上の間隔
    E：不定期かつ1年以上の間隔

7. 貴社ならびに主要な競争業者による製品ないし製造法の大きな技術変化が過去5年間に起こりましたか。（大きな変化かどうか判断できない場合には「起

こらなかった」で回答して下さい）

　　　Ａ：起こった　　　　Ｂ：起こらなかった

8．貴社の当地での競争上の地位は次のどれと最も近いですか。1つ選んで下さい。

　　　Ａ：リーダー（市場のフルカバレージ）
　　　Ｂ：チャレンジャー（市場のセミフルカバレージ）
　　　Ｃ：ニッチャー（特定市場セグメント狙い）
　　　Ｄ：フォロワー（経済性重視/低価格品購買セグメント狙い）

9．貴社の当地でのマーケティング活動を主要な競争会社のそれと比較して下さい。なお，貴社が製造機能のみの活動でマーケティング活動に関係していない場合「該当しない」に印をつけて下さい。

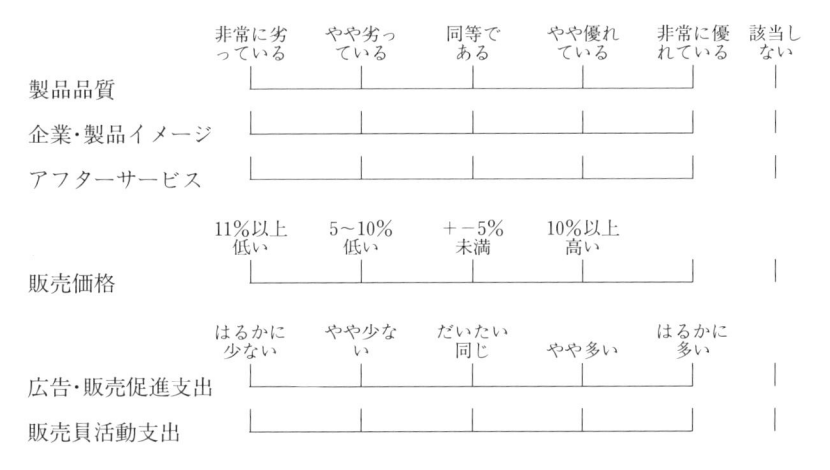

	非常に劣っている	やや劣っている	同等である	やや優れている	非常に優れている	該当しない
製品品質						
企業・製品イメージ						
アフターサービス						

	11％以上低い	5〜10％低い	＋−5％未満	10％以上高い	
販売価格					

	はるかに少ない	やや少ない	だいたい同じ	やや多い	はるかに多い
広告・販売促進支出					
販売員活動支出					

Ｑ６．貴社に関係する経営資源（ヒト，モノ，カネのみならず特に経営資源：知識，ノウハウ等）は，主にどこにありますか。それぞれ現状と目指している将来の方向性について該当する所に印（現状＝○，将来方向＝×）をつけて下さい。

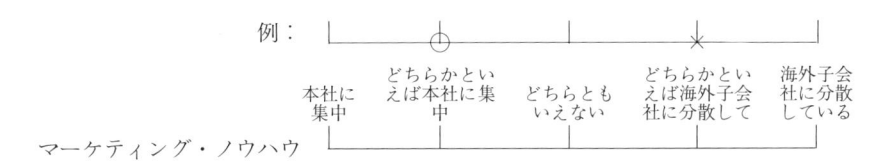

	本社に集中	どちらかといえば本社に集中	どちらともいえない	どちらかといえば海外子会社に分散して	海外子会社に分散している
例：		○		×	
マーケティング・ノウハウ					

生産設備				
生産ノウハウ				
技術				
人材				
資金				
原材料・部品				

Q 7. 本社は貴社に対して以下の活動についてどの程度依存していますか。それぞれ現状と目指している将来の方向性について該当する所に印（現状＝○，将来方向＝×）をつけて下さい。なお，貴社の活動において該当しない場合は，「該当しない」に○をつけて下さい。

	貴社に全く依存していない	あまり依存していない	どちらともいえない	やや依存している	かなり依存している	該当しない
技術研究						
製品開発						
製品ラインの補完（製品分業）						
部品・半製品の生産（工程間分業）						
グローバル・マーケティング展開						

Q 8. 貴社の経営資源の水準についてお尋ねします。それぞれ現状と目指している将来の方向性について該当する所に印（現状＝○，将来方向＝×）をつけて下さい。（貴社と貴社の他の海外子会社との相対的な比較によってお答え下さい。また，貴社の活動において該当しない場合は，右端の「該当しない」に○をつけて下さい。）

	非常に劣っている	やや劣っている	どちらともいえない	やや優れている	非常に優れている	該当しない
製品開発能力						
製造能力（労働力の質を含む）						
マーケティング力						
上級管理者能力						

〈資料〉在外子会社調査票 267

資金調達能力

Q 9. 同様に，貴社の経営資源の水準について競合他社との比較の上で，お尋ねします。それぞれ現状と目指している将来の方向性について該当する所に印（現状＝○，将来方向＝×）をつけて下さい。（貴社と競合する他社との相対的な比較によってお答え下さい。また，貴社の活動において該当しない場合は，右端の「該当しない」に○をつけて下さい。）

	非常に劣っている	やや劣っている	どちらともいえない	やや優れている	非常に優れている	該当しない
製品開発能力						
製造能力（労働力の質を含む）						
マーケティング力						
上級管理者能力						
資金調達能力						

Q 10. 以下のグローバルな政策の調整は，どのように行われていますか。それぞれ現状と目指している将来の方向性について該当する所に印（現状＝○，将来方向＝×）をつけて下さい。なお，貴社の機能上該当しない場合には，「該当しない」に○印をつけて下さい。

	貴社主導の調整	どちらかといえば貴社主導の調整	本社と貴社との共同調整	どちらかといえば本社主導の調整	社会主導の調整	該当しない
技術研究政策						
製品開発政策						
生産・ロジスティクス政策						
人事政策						
マーケティング政策						
財務政策						
情報システム						

Q 11. 貴社に関わる下記諸活動で，主要な意思決定は主にどこでなされますか。それぞれ現状と目指している将来の方向性について該当する所に印（現状＝○，将来方向＝×）をつけて下さい。

	貴社で決定	共同だが貴社主導の決定	本社と貴社との共同決定	共同だが本社主導で決定	主に本社で決定	該当しない
マーケティング計画						
生産・ロジスティクス計画						
製品開発計画						
人事計画						
財務計画						
技術研究計画						
情報システム						

Q 12. 貴社における下記諸計画は，どの程度世界的に共通化，標準化していますか。それぞれ現状と将来の方向性について該当する所に印（現状＝○，将来方向＝×）をつけて下さい。なお，貴社の機能上関与していない場合には，「該当しない」に丸印をつけて下さい。

	国毎に異なる	多くの点で異なる	半々である	ある程度世界的に共通化	世界的に共通	該当しない
マーケティング計画						
製品開発計画						
人事計画						
財務計画						
生産・ロジスティクス計画						
技術開発計画						
管理者の職務マニュアル						

Q 13. マーケティング・プログラムはどの程度世界的に共通化，標準化していますか。それぞれ現状と目指している将来の方向性について該当する所に印（現状＝○，将来方向＝×）をつけて下さい。なお，貴社が製造のみの機能でマーケティング活動に関係していない場合にはお答えにならなくて結構です。

	国毎に異なる	どちらかといえば国毎に異なる	どちらともいえない	どちらかといえば世界的に共通	世界的に共通化
製品の基本的機能					

〈資料〉在外子会社調査票　269

製品の構成部品					
製品の付属品, アクセサリー					
標的顧客					
製品ポジショニング					
希望小売価格					
広告テーマ					
ブランドネーム					
セールスマンの役割・販売方法					
品質保証, アフターサービス					
総合マーケティング計画の作成手順					

Q 14. 貴社における下記諸計画は，どの程度明文化，文書化されていますか。現状と目指している将来の方向性について該当する所に印（現状＝○，将来方向＝×）をつけて下さい。なお，貴社の機能上関与していない場合は，「該当しない」に○をつけて下さい。

	全く文書化されていない	ほとんどされていない	半々ぐらいである	多くはなされている	ほとんど文書化されている	該当しない
マーケティング計画						
製品開発計画						
人事計画						
財務計画						
生産・ロジスティクス計画						
技術開発計画						
管理者の職務マニュアル						

Q 15. マネジャー・クラスの世界的に共通なマニュアル類は，どの程度整備されていますか。また，それらは日常的に活用されていますか。それぞれ現状と将来の方向性について該当する所に印（現状＝○，将来方向＝×）をつけて下さい。

マニュアルの整備 | ほとんどない | あまり整備されていない | 半分ぐらい整備されている | 大分整備されている | かなり整備されている

マニュアルの活用 | 活用していない | あまり活用されていない | どちらともいえない | 大分活用している | かなり日常的に活用している

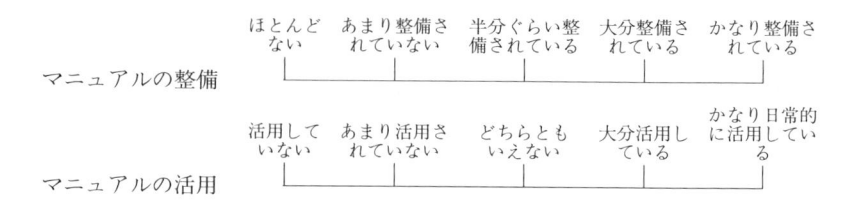

Q 16. 貴社では，国際事業展開において，どのくらい他の拠点（本社含む）との間で国際的プロジェクトチームのような臨時組織に参加していますか。それぞれ現状と目指している方向性について該当する所に印（現状＝○，将来方向＝×）をつけて下さい。なお貴社の機能上該当しない場合には，「該当しない」に印をつけて下さい。

分野	ない	ほとんどない	たまにある	たびたびある	かなり頻繁にある	該当しない
マーケティング分野						
生産分野						
研究開発分野						
人事管理分野						
財務管理分野						

Q 17. 貴社の管理者の場合，どのくらいの頻度で本社または他の拠点への海外出張はどのくらいありますか。該当する所に○印をつけて下さい。なお，貴社の機能上該当しない場合には，「該当しない」に印をつけて下さい。

月1回程度 | 2～3ヶ月に1回 | 半年に1回程度 | 1年に1回 | 数年に1回 | 該当しない

Q 18. 貴社に関わる人材交流についてお尋ねします。それぞれ現状と目指している将来の方向性について該当する所に印（現状＝○，将来方向＝×）をつけて下さい。

（1） 日本本社から貴社への人材派遣（人事異動・出向）は：

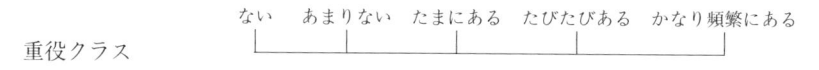

重役クラス | ない | あまりない | たまにある | たびたびある | かなり頻繁にある

〈資料〉在外子会社調査票

	ない	あまりない	たまにある	たびたびある	かなり頻繁にある
ミドルクラス					
一般社員					
エンジニア					

（2） 貴社から日本本社への人材派遣（人事異動・出向）は：

	ない	あまりない	たまにある	たびたびある	かなり頻繁にある
重役クラス					
ミドルクラス					
一般社員					
エンジニア					

Q 19. 貴社の従業員の教育・研修についてお尋ねします。日本本社での研修は、どのくらい行っていますか。それぞれ現状と将来の方向性について該当する所に印（現状＝○，将来方向＝×）をつけて下さい。

	実施していない	あまり実施していない	必要に応じて行っている	定期的に行っている	かなり頻繁に定期的に行っている
トップ					
ミドル					
ロワー					

Q 20. 貴社のコミュニケーションで使われる言語についてお聞かせ下さい。

現地人スタッフとのコミュニケーション

	主に日本語	主に英語	主に現地語
電話			
ファクス（文書）			
Eメール			
社内報			

日本本社スタッフとのコミュニケーション

	主に日本語	主に英語	主に現地語
電話			
ファクス（文書）			
Eメール			

Q 21. 貴社の事業活動に関するデータの報告・伝達についてお聞かせ下さい。

　　　事業活動の報告・伝達に，一定のサイクルが：
　　　　　　　　　　　　　　　　　　1. ない　2. ある（　　）回/月
　　　一定の伝達事項が：　　　　　　1. ない　2. ある　約（　　）項目

Q 22. 下記の項目は，グローバルな情報共有のために貴社にとってどの程度重要ですか。該当するところに印（現状＝○，将来方向＝×）をつけてください。

	まったく重要でない	あまり重要でない	どちらともいえない	やや重要である	極めて重要である
使用言語					
通信インフラ					
人材の交流					
データベースの整備					
ビジネス旅行(出張)					
Eメール					

Q 23. 貴社はマネジメントノウハウなどについてどの程度貴社グループ拠点間でやり取りしていますか。該当するところに印（現状＝○，将来方向＝×）をつけてください。

	非常に少ない	やや少ない	どちらともいえない	やや多い	非常に多い
貴社から本社					
貴社から他の海外拠点					
本社から貴社					
他の海外拠点から貴社					

Q 24. 貴社は技術料（ロイヤリティー）等を本社に送金していますか。それぞれ現状と目指している将来の方向性について該当する所に印（現状＝○，将来方向＝×）をつけて下さい。

	していない	一部している	している
貴社から本社			

〈資料〉在外子会社調査票　273

ロイヤリティを送金している
日常的な技術支援は指導料（技術者の本社からの派遣など）を送金している

※ここからの質問は，主力製品に拘わらず貴現地法人全般を念頭においてお答え下さい。

Q 25．貴社のマネジメントの現状は，下記のどれに最も近いですか。また，将来の方向性としてはどの方向ですか。それぞれ現状と目指している将来の方向についてそれぞれ最も近いもの1つを選びその番号を回答欄に記入して下さい。

1. 本社とのマネジメント方式が融合し，新たな第3の方式となってきている。
2. 本社の基本的理念，基本システムなど基本的なものは共通で，他は現地の状況にあわせて行っている。
3. 地域内では共通だが，グローバルには統一していない。
4. 現地のマネジメント方式を尊重しており，できる限り現地化してきている。
5. 若干の修正はあるものの，できる限り本社のマネジメント方式を定着させてきている。
6. その他【記入：　　　　　　　　　　　　　　　】

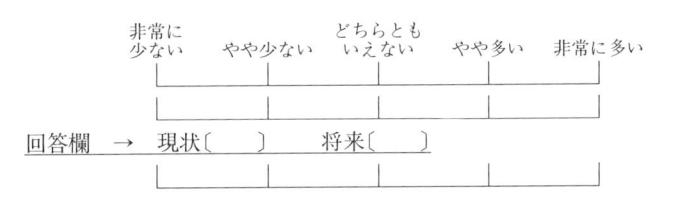

	非常に少ない	やや少ない	どちらともいえない	やや多い	非常に多い

回答欄　→　現状〔　〕　将来〔　〕

Q 26．日本本社のマネジメント方式をどの程度貴社に定着させたいとお考えですか。それぞれ現状と目指している将来の方向性の該当する所に印（現在＝○，将来＝×）をつけて下さい。

	全く定着化は考えていない	あまり考えていない	どちらともいえない	やや考えている	非常に強く定着化を考えている
基本的経営理念					
基本的行動規範					

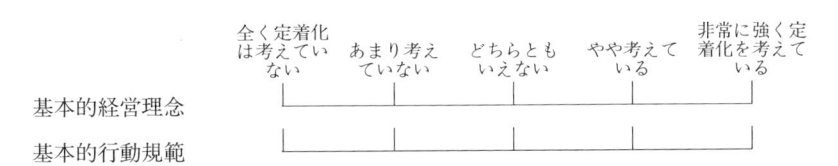

生産品質管理システム				
マーケティング・システム				
意思決定調整のシステム				
情報共有化システム				
従業員の教育システム				
従業員の評価システム				
拠点の業績評価，管理システム				
従業員のマナー，規律などの基本的行動				

Q 27. 貴社の財務領域における個別的な活動での意思決定は，どのように行われていますか。それぞれ現状と目指している将来の方向性について該当する所に印（現状＝○，将来方向×）をつけて下さい。

	貴社で決定	共同だが貴社主導で決定	共同で決定	共同だが本社主導で決定	本社で決定
長期的資金調達					
短期的資金調達					
設備資金運用					
運転資金運用					
利益配分					

Q 28. 人事管理関係の標準化および現地適応化の程度についてお尋ねします（ホワイトカラーを念頭に回答して下さい）。それぞれ現状と目指している将来の方向性について該当する所に印（現状＝○，将来方向＝×）をつけて下さい。

	現地独自である	やや現地の独自性が強い	どちらともいえない	ある程度世界的に共通化	世界的に共通化
昇給の基準は：					
基本給の性格は：					
諸手当の種類は：					
福利厚生の内容は：					
教育訓練プログラムは：					

採用の方法および基準は：

Q29. 管理会計システムの共通化および現地適応化についてお尋ねします。それぞれ現状と目指している将来の方向性について該当する番号を回答欄に記入して下さい。

　　システムの作成基準は：
　　　1：現地独自の基準である　2：各地域内で共通化している
　　　3：世界的に共通化している
　　　　回答欄　現在＿＿＿＿＿＿　将来＿＿＿＿＿＿

　　管理システムの利用者は：
　　　1：貴社　2：貴社と本社　3：地域本社　4：地域本社と本社　5：本社
　　　　回答欄　重役クラス　　　現状＿＿＿＿　将来＿＿＿＿
　　　　　　　　ミドルクラス　　現状＿＿＿＿　将来＿＿＿＿
　　　　　　　　一般社員クラス　現状＿＿＿＿　将来＿＿＿＿

Q30. 貴社の経営理念は，拠点毎に異なりますか。また，経営理念における海外事業方針で「現地化」を明示的に打ち出していますか。それぞれ現状と目指している将来の方向性の該当するところに印（現在＝○，将来方向＝×）をつけて下さい。

	子会社毎に全く異なる	子会社毎の違いが幾分大きい	どちらともいえない	世界共通だが子会社毎に幾分修正している	世界共通である
経営理念は：					

	そのような理念・方針はない	あまり強調していない	どちらともいえない	やや強調している	はっきりと明文化し，強く打ち出して
現地化：					

Q31. 貴社の組織文化（貴社の社員によって共有化されている価値や規範）などの特徴についてお尋ねします。それぞれ現状と目指している将来の方向性について該当する所に印（現状＝○，将来方向＝×）をつけて下さい。

	貴社独自である	やや貴社の独自性が強い	中庸である	やや本社との共通性がある	日本本社と共通である
貴社の組織文化は：					
貴社の管理者の行動規範は：					

貴社の従業員の行動
規範は：

Q32. 貴社では世界の社員の統合，連帯を強めるための施策がありますか。該当する番号に○印をつけて下さい。

	本社と共通	子会社独自	本社共通と子会社独自の両方	ない
社旗・社章	1	2	3	4
社歌	1	2	3	4
社内報	1	2	3	4
統合のシンボルとしての社外の冠スポーツやイベント	1	2	3	4
朝礼	1	2	3	4
スポーツ・文化サークル	1	2	3	4
QCサークル	1	2	3	4

Q33. 貴社の社員の間では，以下の11項目についてどの程度重視されていますか。それぞれ現状と目指している将来の方向性について該当するところに印（現在＝○，将来方向＝×）をつけて下さい。

	重視しない	あまり重視しない	どちらともいえない	やや重視	非常に重視
個人・個性					
相互信頼					
協調・連帯					
規則・規律					
柔軟性・行動					
安定・継続					
変革・挑戦					
顧客志向					
能力開発・学習					
情報共有					
共感・共創					

〈資料〉在外子会社調査票　277

Q34. 貴社の現地従業員へ貴社の経営理念や組織文化（価値や規範）がどの程度浸透しているかお聞かせ下さい。

	浸透していない	どちらかといえば浸透していない	どちらともいえない	どちらかといえば浸透している	浸透している
社是・社訓は現地従業員に					
経営理念は現地従業員に					
貴社の社員としての自覚は					
組織文化は現地従業員に					

Q35. 最後に貴社の概要についてお尋ねします。下記の項目にご記入下さい。

(1) 設立年（西暦）＿＿＿＿＿＿年

(2) 進出形態（該当する番号に〇をつけて下さい）
　　1. 新規設立　2. 買収　3. 合弁（出資比率　　％）

(3) 貴社が遂行している機能について該当する番号に〇をつけて下さい。
　　（例：販売と製造 → 1と2に〇）
　　1. 販売　2. 製造　3. 研究開発

(4) 貴社の昨年度の業績等についてお聞かせ下さい。
　　経常利益（該当する番号に〇をつけて下さい）
　　1. 黒字　2. イーブン　3. 赤字
　　対前年度比経常利益アップ率　　　％
　　売上高　　　　円　対前年度比売上高成長率　　　％

(5) 貴社の従業員数（昨年度）等について以下の分類にしたがってご記入下さい。
　　総従業員数　　　名　内日本人従業員数（日本からの派遣者）　　　名
　　　　　　　　　　　　〃現地国籍従業員数　　　名
　　　　　　　　　　　　〃その他国籍の従業員数　　　名
　　平均年齢　　　歳　平均勤続年数　　　年　退職率　　　％
　　現場技能者（ブルーカラー）比率　　　％

(6) 貴社のマネジメント層の構成と日本人派遣者の役割についてお尋ねします。トップの国籍およびマネジメント層の構成についてお答え頂くと同

時に，貴社における日本からの日本人派遣者の役割が概ね「ラインとしての役割」であるのかそれとも「アドバイザーないしコーディネイター的役割」であるのかについて該当するところに〇印をつけて下さい。

経営トップの国籍＿＿＿＿＿＿
常勤役員数　　　　　名　内日本人役員数　　　名
部長クラスの人数　　　名　内日本人数　　　　　名
課長クラスの人数　　　名　内日本人数　　　　　名

ラインの役割である	どちらかといえばラインの役割	どちらともいえない	どちらかといえばアドバイザー的	アドバイザー役割である

お忙しいところご協力いただき，誠にありがとうございました。

索　引

あ　行

アウトプット・コントロール　156
アウトポスト型子会社　187, 219
アクティブ子会社　163
ASEAN産業協力計画　77
AFTA　75
アメリカ系多国籍企業　147
EEA　74
EPRGモデル　122
EU　74
移転価格　110
異文化マネジメント　83
インターナショナル組織モデル　134
インパトリエイト　157
インフォーマル・メカニズム　164
インプリメンター型子会社　187, 219
内なる国際化　157
APEC　78
SSPロジック　137
Ethnocentric　122
SBU　19
円圏離脱　151

か　行

海外工場の役割　179
海外工場類型と特徴　180
海外トレーニー制度　157
海外分散度　200
階層的統治　172
開発の現地化　55, 154
寡占企業優位モデル　41
寡占反応論　44
価値連鎖　22, 100, 163
活動の調整　102, 162, 228
活動の配置　100, 162
活用プログラム　137
金の成る木　14

環境認識　65
間接輸出　51
管理者マニュアル　207
管理能力の利用　157
官僚制的コントロール　165, 194
関連型　10
企業戦略　2
企業内国際分業　64, 82
規範的統合　138
競争戦略　2, 20
競争優位　21
共通効果特恵関税協定　76
グローカル型子会社　190
グローバル　140
グローバル・イノベーター　174
グローバル業界　102
グローバル構造　111
グローバル子会社4類型　188, 240
グローバル戦略経営　37
グローバルな競争優位　120
グローバル・マトリックス構造　115
グローバル・マンデート型　164
グローバル・リアクター型子会社
　　190
経営戦略　1
経営伝統　133
経営パースペクティブ　126
経営理念の浸透度　207
経験曲線　13
ケイパビリティ　182
権限格差　88
現地化の程度　162
現地志向型企業　123
現地生産　53
現地組織の基本役割　169
現地反応戦略　131
現場主義　151
貢献者　169

公式化　172, 195
合理性の限界　5
子会社コンテクスト　170
国際競争戦略　99
国際経営組織　99
国際事業部　107
国際製品ライフサイクル論　42
国際4類型　186, 212
個人主義化指標　91
コストリーダーシップ　23
混合型　114
コンピテンシー　160

さ 行

サクセッション・プラン　160
差別化　24
参加的リーダーシップ　90
実験プログラム　137
実行者　169, 175
JIT　150
シナジー　8
社会化　172, 195, 226
社会化によるコントロール　165
社会化による調整　207, 231
集権化　171
集権モード　130
集中化　193
受動的子会社　163
情報的経営資源　153
自律的子会社　163
人材交流　227
シンプル・グローバル戦略　103
水平的組織　167
Stopford & Wells　30
政治的要請　129
成長ベクトル　7
世界志向型企業　125
世界的製品統合戦略　130
世界的製品別事業部制　113
世界的地域別事業部制　111
折衷理論　46

専業型　10
戦略経営　26
戦略－構造パラダイム　137
戦略的選好性　131
戦略リーダー　169
創発戦略　28
組織開発　165
組織構造　4
組織文化　94
組織文化の特徴　207

た 行

第三国生産　57
多角化戦略　3, 5
多国間関係　64
多国籍企業　39, 81
WTO　70
男性化指標　93
地域志向型企業　124
地域本社制　118
中央中枢型　134
調整型連邦制　135
調整メカニズム　186
調整問題　107
直接的コントロール　155
直接輸出　51
適応サイクル　26
統合ネットワーク　136
統合－反応グリッド　131
統合プレーヤー　175
同族資本主義　145
Doz　128
トランスナショナル企業　135
トランスナショナル・モデル　132

な 行

内部化理論　45
NAFTA　75
ナレッジ・フロー　174
日本的生産方式　152
日本本社での研修　209

能力プロフィール　8

は　行

Vernon　42
Hymer　41
派遣者を送る理由　156
発展段階論　50
花形　15
パワー・バランス・モード　130
P 型　123
PPM　13
BBC　76
比較経営　81
非関連型　10
ビジネス・スクリーン　19
ヒトの現地化　155, 158
ビヘイビアル・コントロール　156
標準化　223
フォーマル・メカニズム　164
不確実性の回避　90
複合的な文化体系　208
プラザ合意　151
ブラック・ホール　170
プログラム化　193, 205
分化　192
文化的コントロール　167
分権的連邦制　133
分権モード　130
ヘテラルキー　136
Porter　21, 99
Hofstede　88

本業型　10
本国志向型企業　122
本社主導的投資　183

ま　行

負け犬　14
マザー・ドーター構造　146
マトリックス的管理　204
マルチドメスティック業界　101
マルチドメスティック戦略　104
マルチナショナル組織モデル　133
マルチフォーカル組織　128
マルチフォーカル戦略　131
無形的ベネフィット　182
MERCOSUR　78
目標による管理　89
問題児　16

や　行

有形的ベネフィット　182
ユーロ　74
ユニ・グローバル型子会社　189
ヨーロッパ系多国籍企業　144

ら　行

ラテラル・リレーション　164
リージョナリズム　73, 124
立地特殊優位　119
ローカル型子会社　187, 221
ローバル型子会社　190

著者紹介

茂垣　広志（もがき　ひろし）

1957年	福島県に生まれる
1987年	明治大学大学院経営学研究科博士後期課程修了
	富山大学経済学部助教授を経る
現　職	横浜国立大学経営学部教授
専　攻	国際経営論，国際人事管理論，経営戦略論
主要著書	『国際経営の進化』（共著）学文社，1992
	『現代企業の新展開』（共著）高文堂出版社，1993
	『企業管理の新動向』（共著）学文社，1994
	『国際経営論』（共著）中央経済社，1994
	『これからの国際経営戦略』（共編著）ジェトロ，1996
	『グローバル経営の調整メカニズム』（共著）文眞堂，1996
	『国際経営の基礎知識Ⅰ』（単著）産能大学，1998
	『国際経営管理1』（共著）産能大学，1998
	『国際経営論』（共著）学文社，1998
	『現代企業の自己革新』（共著）学文社，1999
	『現代社会の経営学』（共著）学文社，1999

━━━━━ グローバル戦略経営 ━━━━━

2001年2月20日　第一版第一刷発行
2005年4月1日　第一版第三刷発行

著　者　　茂　垣　広　志
発行所　　㈱学　文　社
発行者　　田　中　千津子

東京都目黒区下目黒3-6-1　〒153-0064
電話 03(3715)1501　振替 00130-9-98842
ホームページ　http://www.gakubunsha.com

落丁，乱丁本は，本社にてお取替します。
定価は売上カード，カバーに表示してあります。　　検印省略
ISBN 4-7620-0986-5　　・印刷／㈱中央印刷